16.09.2022

365

Geschichten für MÄDCHEN

Entwurf und Realisation: Aztec Design
Layout: Mik Martin, Caroline Reeves, Kilnwood Graphics

Coverabbildungen: Fotolia.com: Hintergrund © mrswilkins; Schloss © azzzya; Wolken © tanycya; Blumen © KatyaKatya; Meerjungfrau, Seepferdchen © JungleOutThere; großer Stern © jacartoon; kleine Sterne © MicroOne; Einhorn © primus44; Prinzessin © MarinaMays

First published by Parragon Books, Ltd.

5005 Newport Drive, Rolling Meadows, Illinois 60008
Parragon Books is an imprint of Cottage Door Press, LLC

Im Vertrieb der:
Schwager & Steinlein Verlag GmbH
Emil-Hoffmann-Straße 1, D-50996 Köln
Gesamtherstellung: Schwager & Steinlein Verlag GmbH

www.schwager-steinlein-verlag.de

Redaktion der deutschen Ausgabe und Neuübersetzungen: Kirsten E. Lehmann, Köln
Satz: Kirsten Reinhold, Köln
Koordination: trans texas GmbH, Köln

365

Geschichten für MÄDCHEN

Inhalt

Püppchen

Püppchen, wasch dich,
Kämm dich,
Putz dich schön,
Denn wir wollen heut'
Zum Tanzen gehn.
Kämm dir deine blonden Haare,
Braune, schwarze,
Wunderbare,
Lange Zöpfchen,
Kurze Löckchen –
Auf dem kleinen Trotzeköpfchen.

Püppchen, stell dich,
Dreh dich,
Setz dich fein,
Denn wir wollen heut'
Eine Familie sein.
Lass uns spielen, lachen,
Trinken, essen,
Den Spaziergang nicht
vergesssen.
Und bist du
Dabei schön brav,
Wieg ich dich abends in den Schlaf.

Ringel, ringel, Reihe

Ringel, ringel, Reihe,
Es sind der Kinder dreie,
Sitzen auf dem Holderbusch,
Schreien alle: husch, husch, husch!

Hänsel und Gretel

Hänsel und Gretel
Verirrten sich im Wald.
Es war so finster
Und auch so bitterkalt.
Sie kamen an ein Häuschen
Von Pfefferkuchen fein.
Wer mag drin wohnen
In diesem Häuschen klein?

Hu, hu – da schaut
Eine alte Hexe raus!
Sie lockt die Kinder
Ins Pfefferkuchenhaus.
Sie stellte sich gar freundlich.
Oh, Hänsel, welche Not!
Sie will dich braten
Im Ofen, braun wie Brot.

Als nun die Hexe
Zum Ofen schaut hinein,
Wird sie gestoßen
Von unserm Gretelein.
Die Hex', die muss nun braten,
Die Kinder gehn nach Haus.
Nun ist das Märchen
Von Hans und Gretel aus.

Brüderlein, komm tanz mit mir

Brüderlein, komm tanz mit mir!
Beide Hände reich ich dir.
Einmal hin, einmal her,
Rundherum, das ist nicht schwer.

Mit den Händen klapp, klapp, klapp,
Mit den Füßchen trapp, trapp, trapp!
Einmal hin, einmal her,
Rundherum, das ist nicht schwer.

Mit dem Köpfchen nick, nick, nick,
Mit dem Fingerchen tick, tick, tick!
Einmal hin, einmal her,
Rundherum, das ist nicht schwer.

Ei, das hast du gut gemacht.
Ei, das hätt ich nicht gedacht.
Einmal hin, einmal her,
Rundherum, das ist nicht schwer.

Noch einmal das schöne Spiel,
Weil es mir so gut gefiel.
Einmal hin, einmal her,
Rundherum, das ist nicht schwer!

Tra, ri, ra

Tra, ri, ra,
Der Sommer, der ist da!
Wir wollen in den Garten
Und auf den Sommer warten,
Ja, ja, ja,
Der Sommer, der ist da.

Tra, ri, ra,
Der Sommer, der ist da!
Wir wollen hinter Hecken
Und wolln den Sommer wecken.
Ja, ja, ja,
Der Sommer, der ist da!

Der Sommer, der Sommer!
Der Winter hat verloren,
Ja, ja, ja,
Der Sommer, der ist da!

Erbsbrei

Erbsbrei, grün und heiß,
Erbsbrei, grün und kalt,
Erbsbrei, grün, im tiefen Topf –
Neun Tage alt.

Manche mögen's heiß,
Manche mögen's kalt,
Manche mögen's nur im Topf –
Neun Tage alt!

Cinderella

Es war einmal ein hübsches kleines Mädchen, dessen Mutter war bereits früh gestorben. Der Vater heiratete wieder, aber die Stiefmutter war eine gehässige Frau mit zwei hässlichen Töchtern. Die Stiefschwestern waren neidisch auf die Schönheit des Mädchens und behandelten es wie eine Magd. Sie wiesen ihm gar einen Platz an der Feuerstelle in der Küche zu und nannten es nur noch Cinderella – das bedeutet „Aschenmädchen". Eines Tages luden der König und die Königin alle jungen Damen des Königreiches zu einem großen Fest ein. Cinderellas Stiefschwestern waren bereits seit dem Morgen sehr aufgeregt.

„Ich lege mein rotes Samtkleid an!", rief die eine Schwester.

„Und ich werde mein blaues Seidenkleid anziehen", rief die andere.

„Cinderella! Hilf uns beim Vorbereiten!",

verlangten die beiden Stiefschwestern. Cinderella half ihnen in die seidenen Strümpfe und Rüschenröcke. Sie bürstete ihnen die Haare und puderte ihre Wangen. Schließlich zwängte sie die beiden in ihre prächtigen Ballkleider. Doch selbst in den vornehmen Kleidern konnten sie nicht an die Schönheit ihrer Stiefschwester heranreichen.

„Schade, dass du nicht mit zum Ball gehen kannst!", spotteten sie.

Ach, wie gern wäre sie mitgegangen! Als die Stiefschwestern gegangen waren, setzte Cinderella sich nieder und weinte.

„Trockne die Tränen, Kleines!", sprach da eine freundliche Stimme. Cinderella blickte erstaunt auf. Vor ihr stand eine alte, freundlich blickende Frau mit einem Zauberstab in der Hand. Die Fee ließ Cinderella den größten Kürbis aus dem Garten holen. Mithilfe ihres Zauberstabs verwandelte sie ihn in eine goldene Kutsche.

Und die Mäuse aus der Mausefalle in der Küche verzauberte sie in stattliche Pferde. Eine dicke Ratte wurde schließlich in einen Kutscher verwandelt.

Lächelnd schwang die Fee ihren Zauberstab noch einmal, und plötzlich stand Cinderella in einem traumhaften Ballkleid da. An ihren Füßen trug sie zierliche, gläserne Schuhe.

„Mein Zauber erlischt um Mitternacht“, sagte die Fee. „Und nun mach dich auf den Weg – viel Glück!“

Als Cinderella auf dem Ball erschien, drehten sich alle nach ihr um. Die Gäste flüsterten, wer wohl dieses bezaubernde Mädchen sein mochte. Und selbst die Stiefschwestern erkannten Cinderella nicht. Als der Prinz sie erblickte, verliebte er sich sofort in sie.

„Würdest du mir die Ehre erweisen, mit mir zu tanzen?“, fragte er.

„Mit Vergnügen, Eure Majestät“, sagte Cinderella. Und der Prinz wusste, dass er die Frau fürs Leben gefunden hatte.

Der Abend verging wie im Flug, und schon bald schlug die Uhr Mitternacht.

„Ich muss fort!“, sagte Cinderella, denn sie erinnerte sich an die Worte der guten Fee. Sie stürzte aus dem Ballsaal und lief eilig die Treppe aus dem Palast hinunter. Der Prinz folgte ihr, aber als er vor den Palast trat, war Cinderella bereits verschwunden. Die unscheinbare Magd, die am Ende der Palasttreppe auf den Stufen hockte, mit dem großen Kürbis in der Hand und zu deren Füßen kleine Mäuse und eine Ratte umherliefen, bemerkte er gar nicht.

Aber da, auf der Treppe, lag ein einzelner gläserner Schuh. Der Prinz hob ihn auf und lief eilig zurück in den Palast. „Wem gehört dieser Schuh?“, rief er. „Dem Mädchen, dem dieser Schuh passt, gilt meine wahre Liebe“, sagte der Prinz. „Ich werde im ganzen Königreich nach ihm suchen, bis ich es gefunden habe.“

Nach einer langen vergeblichen Suche im ganzen Land klopfte der Prinz eines Abends bei Cinderella und ihrer Familie an. Die beiden Schwestern drängten sich sogleich wetteifernd eine vor die andere, um den Schuh anzuprobieren.

Jede versuchte, ihren Fuß in den zierlichen Schuh zu zwängen, aber ihre Füße waren viel zu plump.

Da trat Cinderella einen Schritt vor. „Majestät“, fragte sie schüchtern, „darf ich den Schuh anprobieren?“ Voller Staunen sahen die Schwestern, wie Cinderella in den Schuh hineinschlüpfte – und er passte wie angegossen!

Der Prinz schaute Cinderella in die Augen

und erkannte, dass vor ihm das Mädchen stand, mit dem er auf dem Ball getanzt hatte.

Und am Tag ihrer Hochzeit läuteten im ganzen Land die Glocken, und die Sonne strahlte mit dem Volk um die Wette.

Alle feierten mit Cinderella und ihrem Prinzen. Selbst die Stiefschwestern waren zu ihrer Hochzeit eingeladen.

Und Cinderella und ihr Prinz lebten fortan glücklich bis an ihr Lebensende.

Der kleine Ritter

Hurra, mein neues Steckenpferd
Hat feine flinke Beine!
Nun kauf ich mir ein großes Schwert
Und reite ganz alleine.
Und reite, wie der Sturmwind weht,
Rund dreimal um den Garten.
Und wo der große Schneemann steht,
Da muss mein Rösslein warten.

GUSTAV FALKE

Inserat

Die verehrlichen Jungen,
Welche heuer meine Äpfel und
Birnen zu stehlen gedenken,
Ersuche ich höflichst, bei
Diesem Vergnügen
Womöglich insoweit
Sich zu beschränken,
Dass sie daneben
Auf den Beeten
Mir die Wurzeln und Erbsen
Nicht zertreten.

THEODOR STORM

Der Puppendoktor

Ach, lieber Doktor Pillermann,
Sieh dir mal mein Püppchen an:
Drei Tage hat es nichts gegessen,
Hat immer so stumm dagesessen.

PAULA DEHMEL

Ein Jäger aus Kurpfalz

Ein Jäger aus Kurpfalz,
Der reitet durch den grünen Wald,
Er schießt das Wild daher,
Gleich wie es ihm gefällt.
Ju ja, ju ja! Gar lustig ist die Jägerei
Allhier auf grüner Heid.

Sing für mich

Sing für mich,
Du kleines Kind.
Ich weiß nicht,
Was ich für dich singen soll!
Singe doch,
Die Katze ist toll,
Die Katze, die ist weggelaufen.
Jetzt müssen wir eine neue kaufen

Die Schnecke

Die Schneck, die Schneck,
Die trägt ein Haus,
Aus diesem schaut
Sie manchmal raus.

Der Papagei

Der Papagei, der Papagei,
Der bringt uns
Ein Geschenk vorbei.
Bringt uns auch einmal
Toast ans Bett –
drum finden wir ihn richtig nett.

Lied des Rattenfängers

Ich kenn eine Weise,
Und stimm ich mein Rohr,
Da spitzen die Mäuse,
Die Ratten das Ohr.
Sie kommen gesprungen,
Als ging es zum Fest,
Die Alten, die Jungen
Aus jeglichem Nest.

EMANUEL GEIBEL

Kommt das Mäuschen

Kommt das Mäuschen
In dein Häuschen –
Frisst den Speck
Von ... weg!
(Name des Kindes einsetzen)

Der Steckenpferd-Reiter

Ei, ei, Herr Reiter,
Sein Ross will ja nicht weiter!
Mich dünkt, es wird schon müde sein.
Drum kehr er hier ins Wirtshaus ein.
Geb Er dem Rösslein frisches Heu,
Trink selbst Er einen Schluck dabei.
So, so, Herr Reiter!
Nun kann Er wieder weiter!

ROBERT REINICK

Rosen sind rot

Rosen sind rot,
Veilchen sind blau.
Zucker ist süß –
Das weiß ich genau!

Ballerina Bella

Ballerina Bella ist eine bezaubernde Balletttänzerin. Sie tanzt furchtbar gern in ihrem gekräuselten Tutu und ihren seidenen Ballettschuhen. Ihre beste Freundin Pussy – das weiße Kätzchen mit den großen blauen Augen – schaut zu, wie Bella auf dem Tanzboden ihre Pirouetten dreht.

Heute bereitet sich Bella auf eine ganz besondere Show vor. Das kleine Kätzchen sitzt auf Bellas pinkfarbenem Schminktischchen und schnurrt vor Vergnügen, während Bella sorgfältig ihr Gesicht pudert.

Bella ist heute besonders aufgeregt. Denn heute Abend tanzt sie für den König und die Königin.

Pussy schnurrt vor Bewunderung, während Bella

ihr blaues Tutu voller glitzernder Steine anzieht. Dann bindet sie die hübschen Schleifen an ihren Schuhen zu. Zum Schluss steckt sie ihr wundervolles langes Haar mit silbernen Spangen zusammen. Pussy findet Bella wunderschön. Und nun ist Bella bereit und betritt auf Zehenspitzen die Bühne ...

Die Musik erklingt, und Bella beginnt, sich graziös über den Tanzboden zu drehen. Der König und die Königin bewundern ihren Tanz – sie ist die schönste Ballerina von allen.

Als das Publikum applaudiert, schnurrt Pussy vor Vergnügen. Und Bella ist die glücklichste Ballerina der Welt!

Luzi und die grüne Tür

Luzi lebte in einem ganz normalen Haus, in einer ganz normalen Straße, in einer ganz normalen Stadt. Hinter dem Haus befand sich ein ganz normaler Garten mit ebensolchen Blumen. Doch am Ende des Gartenweges stand ein Baum, der nicht normal war! In dem Fuß der alten Eiche befand sich nämlich eine kleine grüne Tür, gerade groß genug, dass Luzi hindurchpasste. Diese Tür war Luzis Geheimnis. Und das, was hinter der Tür lag, war ein noch viel größeres Geheimnis!

Jeden Nachmittag ging Luzi in den Garten und klopfte an die Tür. Beim dritten Klopfen schwang die Tür auf, und der Elfenkönig bat sie herein.

„Komm herein, kleine Luzi!", sagte er. „Du kommst pünktlich zum Nachmittagstee."

Drinnen traf Luzi ihre anderen Freunde. Das waren Helena und Amalia, zwei der nettesten und hübschesten Feen, die man sich vorstellen kann. Und Hans und Moritz, zwei lustige Schlingel, die Luzi mit ihren Streichen zum Lachen brachten. Außerdem traf sie hier Geschichtenerzähler, die stundenlang spannende Dinge aus aller Welt erzählten. Der Chef von allen war der Elfenkönig. Er konnte so wunderbare Speisen zubereiten wie Schokoladenkuchen mit Schokostreuseln und Zauberkakao.

Die Welt hinter der grünen Tür war zauberhaft, und Luzi ging jeden Abend fröhlich wieder nach Hause. Einmal, als sie wieder zu Besuch in der Eiche war und gerade eine herrliche Mahlzeit aus Regenbogeneis und Toast mit Zuckerstreuseln gegessen hatte, spielte sie mit Hans und Moritz. Sie spielten Blindekuh, und Luzi gluckste vor Lachen, als Hans sich an Moritz heranschlich, dessen Augen verbunden waren, und ihn so lange kitzelte, bis er um Nachsehen flehte.

Dann erfuhr Luzi, dass sie bald in die Schule gehen würde. Sie war sehr traurig darüber, denn das hieß, dass sie ihre Freunde nicht mehr so oft besuchen konnte.

Aber sie versprachen, dass sie Luzi nie vergessen würden und dass sie ihnen immer willkommen sei. Das munterte Luzi ein wenig auf. Dann setzte sie sich zu den Geschichtenerzählern, die ihr von den Walen erzählten, die singen konnten, und von dem Land, aus dem die Sterne kommen, wenn die Sonne untergeht.

Da ihre Freunde so gar nicht traurig zu sein schienen, war auch Luzi wieder fröhlich, als der große Tag kam, an dem sie gemeinsam mit den anderen Kindern ihres Alters das erste Mal zur Schule ging. Sie würde nun jeden Morgen zur Schule gehen und anschließend ihre Freunde hinter der grünen Tür besuchen.

Doch als der Winter kam und es früh dunkel wurde, kam sie die Freunde in der Eiche nur noch am Wochenende besuchen. Sie freute sich schon auf die Ferien, wenn sie wieder öfter durch die grüne Tür gehen konnte.

In der Schule hatte Luzi inzwischen eine Freundin gefunden, die Jessica hieß. Obwohl sie ihr alles über ihre Familie und ihr Zuhause erzählte, brachte sie es nicht fertig, ihr von dem Baum mit der kleinen grünen Tür und der magischen Welt dahinter zu berichten.

Sie erzählte ihr allerdings die Geschichten, die sie dort gehört hatte, und Jessica wurde sehr neugierig. Sie wollte wissen, woher Luzi all die wunderbaren Erzählungen kannte. Jeden Tag stellte sie neue Fragen, und Luzi fiel es immer schwerer, ihr Geheimnis für sich zu behalten. Eines Tages gab sie schließlich nach und erzählte Jessica von den Abenteuern hinter der grünen Tür.

Jessica lachte ungläubig, als Luzi ihr vom Elfenkönig und von Hans, Moritz, Helena und Amalia erzählte. Vor Lachen liefen ihr die Tränen über das Gesicht, als sie von den Nachmittagstees hörte. Sie war davon überzeugt, dass Luzi sich das alles nur ausgedacht hatte. Als Luzi ihr beteuerte, das alles wahr sei, fand Jessica, so etwas könne überhaupt nicht wahr sein, denn es gäbe weder Elfen, noch Feen oder Kobolde. Und schon gar nicht eine geheimnisvolle Welt hinter einer kleinen Tür in einem Baum. Luzi war sehr enttäuscht darüber, dass Jessica ihr nicht glaubte. Deshalb beschloss sie, ihr die grüne Tür zu zeigen.

Auf dem Weg dorthin fing sie an zu grübeln. Was war, wenn sie sich alles nur eingebildet hatte? Aber die wunderbare Zeit mit ihren märchenhaften Freunden hatte es doch wirklich gegeben! Jessica lief neben ihr her und neckte sie wegen ihrer unsichtbaren Freunde.

Als Luzi und Jessica an der alten Eiche ankamen, wollte Luzi gerade an die kleine grüne Tür klopfen. Doch sie war nicht mehr da. Luzi rieb sich die Augen und sah genau hin, aber die Tür blieb verschwunden!

Jessica verspottete Luzi und nannte sie kindisch und albern. Dann rannte sie schnell zurück zur Schule. Luzi aber hatte nun gar keine Lust mehr, weiter in die Schule zu gehen. Ihre Mutter dachte, sie sei krank – so unglücklich sah sie aus! Luzi ging früh ins Bett und weinte sich in den Schlaf.

In der folgenden Nacht hatte sie einen Traum. Sie träumte vom Elfenkönig, von Hans und Moritz, den beiden Feen und den Geschichtenerzählern. Helena und Amalia küssten sie, und das war so wirklich, dass Luzi sogar im Schlaf hoffte, es sei gar kein Traum.

Dann wurde sie auch von den anderen umarmt und geküsst. Sie fragten, wo Luzi so lange gewesen sei, und warum sie nur im Schlaf zu ihnen kam. Luzi erklärte ihnen, was bei ihrem letzten Besuch passiert war. Sie erzählte ihren Freunden auch von Jessica.

Da sagte Helena: „Liebe Luzi! Du bist etwas Besonderes! Du glaubst an die Zauberwelt und an uns kleine Leute. Und weil du an uns glaubst, kannst du uns sehen und mit uns leben. Aber diejenigen, die nicht an uns glauben, werden immer ausgeschlossen sein. Deshalb können sie auch die Tür im Baum niemals finden. Du aber, kleine Luzie – du musst deinen Glauben bewahren!"

Luzi wachte glücklich auf, zog sich schnell an und lief aus dem normalen Haus durch den ganz normalen Garten bis zur Eiche. Und da war die grüne Tür wieder! Sie klopfte vorsichtig an, und nach dem dritten Klopfen schwang die winzige Tür auf. Vor ihr stand der Elfenkönig. „Komm herein, kleine Luzi!", sagte er glücklich. „Du kommst gerade rechtzeitig zum Teetrinken."

Schneespaziergang

Eines Morgens streckte der alte Bär die Nase aus seiner Höhle und sah, dass es in der Nacht kräftig geschneit hatte. „Ich mache einen Spaziergang durch den Wald“, sagte er. Und dann stapfte er mit seinen mächtigen Tatzen los. Wie er den Schnee liebte!

Er ging weit in den Wald hinein, tief in Gedanken versunken, und achtete gar nicht darauf, wo er entlangging. Nach einer Weile blieb der alte Bär stehen und sah sich um. Bestürzt stellte er fest, dass er sich verlaufen hatte. Dann sah er seine Tatzenspuren hinter sich. „Ach“, dachte er, „ich kann meiner Spur nach Hause folgen!“

„Was bin ich doch für ein schlauer alter Bär“, murmelte er und ging weiter, bis er müde wurde. „Ich werde mich etwas ausruhen“, sagte er sich. Er machte die Augen zu und schlief fest ein. Und es schneite immer weiter.

Als der alte Bär endlich aufwachte, war seine Spur jedoch ganz zugeschneit! „Jetzt finde ich nie mehr nach Hause!“, stöhnte er.

Da bemerkte er einen alten Baumstumpf in der Nähe. „Der kommt mir bekannt vor. Und dieser umgefallene Baum da drüben auch. Ich glaube, ich bin im Kreis gelaufen und wieder zu Hause gelandet!“, lachte er. „Was bin ich doch für ein schlauer alter Bär!“

Das Lied von der Hochseekuh

Zwölf Tonnen wiegt die Hochseekuh.
Sie lebt am Meeresgrunde.
Ohei! – Uha!
Sie ist so dumm wie ich und du
Und läuft zehn Knoten in der Stunde.
Ohei! – Uha!

Sie taucht auch manchmal aus dem Meer
Und wedelt mit dem Schweife.
Ohei! – Uha!
Und dann bedeckt sich ringsumher
Das Meer mit Schaum von Seife.
Ohei! – Uha!

Die Kuh hat einen Sonnenstich
Und riecht nach Zimt und Nelken.
Ohei! – Uha!
Und unter Wasser kann sie sich
Mit ihren Hufen melken.
Ohei! – Uha!

JOACHIM RINGELNATZ

An den Mond

Guter Mond, du gehst so stille
Durch die Abendwolken hin.
Deines Schöpfers weiser Wille
Hieß auf jener Bahn dich ziehn.
Leuchte freundlich jedem Müden
In das stille Kämmerlein!
Und dein Schimmer gieße Frieden
Ins bedrängte Herz hinein!

THEODOR ENSLIN

In einen Harung

In einen Harung jung und stramm,
Zwo, drei, vier, huppsassa tirallala,
Der auf dem Meeresboden schwamm,
Zwo, drei, vier, huppsassa tirallala,
Verliebte sich – oh Wunder! –
Ne olle Flunder, ne olle Flunder –
Verliebte sich – oh Wunder! –
Ne olle Flunder!

Es kommt ein Schiff geladen

Es kommt ein Schiff geladen
  Bis an sein höchsten Bord.
Trägt Gottes Sohn voll Gnaden,
  Des Vaters ewig's Wort.

Das Schiff geht still im Triebe,
  Es trägt ein teure Last:
Das Segel ist die Liebe,
  Der Heilig Geist der Mast.

Der Anker haft' auf Erden,
  Da ist das Schiff am Land,
Gott's Wort tut Fleisch uns werden,
  Der Sohn ist uns gesandt.

Zu Betlehem geboren,
  Im Stall ein Kindelein,
Gibt sich für uns verloren,
  Gelobet muss es sein.

Lieb Nachtigall

Lieb Nachtigall, wach auf!
  Wach auf, du schönes Vögelein,
Auf jenem grünen Zweigelein,
  Wach hurtig auf, wach auf.

Dämmrung

Dämmrung senkte sich von oben,
  Schon ist alle Nähe fern;
Doch zuerst emporgehoben
  Holden Lichts der Abendstern!
Alles schwankt ins Ungewisse,
  Nebel schleichen in die Höh.
Schwarzvertiefte Finsternisse,
  Widerspiegelnd ruht die See.
Nun, am östlichen Bereiche,
  Ahn ich Mondenglanz und Glut,
Schlanker Weiden Haargezweige,
  Scherzen auf der nächsten Flut.
Durch bewegter Schatten Spiele
  Zittert Lunas Zauberschein,
Und durchs Auge schleicht die Kühle
  Sänftigend ins Herz hinein.

JOHANN WOLFGANG VON GOETHE

Kranker Teddy

Teddy kam aus der Schule und fühlte sich schlapp und krank. „Ich will keine heiße Schokolade trinken", sagte er zu seiner Mutter. Teddy saß auf dem Sofa und schloss die Augen. „Und fernsehen will ich heute auch nicht", sagte er.

„Willst du nicht mit deiner Trommel spielen", fragte Teddys Mutter und sah ihn besorgt an. Teddy schüttelte den Kopf. Teddys Mutter holte ein Fieberthermometer und steckte es unter seine Zunge. „Oh, mein Lieber", seufzte sie. „Ich fürchte, du bist ein kleiner kranker Teddy. Schnell ins Bett mit dir!"

Am nächsten Morgen war Teddy von Kopf bis Fuß mit roten Flecken übersät. „Schau dir das an!", sagte er stolz und zeigte seinen Bauch.

„Du hast Windpocken", sagte Teddys Mutter. „Heute musst du zu Hause bleiben."

„Jipiieh!!", freute sich Teddy. Aber er freute sich ganz leise, denn sein Kopf tat weh. Und so lag Teddy den ganzen Tag über auf dem Sofa, sah fern und malte Bilder. Teddys Mutter las ihm Geschichten vor und brachte ihm Suppe und zum Nachtisch Eis.

Nach einigen Tagen verschwanden die roten Flecken.

„Kann ich mit meiner Trommel spielen?", fragte Teddy. Teddys Mutter freute sich, dass es ihrem Jungen wieder besser ging, und sie ließ ihn den ganzen Nachmittag auf seiner Trommel spielen.

Hungriger Teddy

„Ich hab Hunger!“, rief Teddy. – „Aber du hast gerade zu Mittag gegessen“, sagte seine Mutter. „Du kannst später noch etwas Kleines essen.“

„Aber ich will jetzt etwas essen!“, jammerte Teddy. „Ich verhungere!“

„Wenn du noch mehr isst, wirst du platzen!“, sagte Teddys Mutter.

„Ich will nur einen Keks! Oder Eis. Oder lieber ein Stück Kuchen. Ich hab Hunger! Echt!“, brummte Teddy.

Er ging nach draußen und schnitt lauter hungrige Fratzen durchs Fenster.

„Du siehst überhaupt nicht hungrig aus“, sagte Betty Bär von nebenan.

„Aber ich bin's!“, sagte Teddy.

Da sonst niemand vorbeikam, kletterte Teddy in den Sandkasten und begann zu schaufeln.

Er baute Straßen und Häuser. Und er baute ein großes Schloss auf einem Hügel, mit einem Graben drum herum.

Dann holte er mit einem Eimer Wasser und schüttete es in den Graben.

„Teddy!“, rief seine Mutter durchs Küchenfenster. „Komm rein – du kannst jetzt Kuchen haben!“

Aber Teddy schüttelte den Kopf – er war viel zu beschäftigt und vergnügt, um noch Hunger zu haben!

Die Prinzessin auf der Erbse

Es war einmal ein Prinz, der wollte eine Prinzessin heiraten. Aber das sollte eine wirkliche Prinzessin sein. Da reiste er in der ganzen Welt herum, um eine solche zu finden, aber an jeder fehlte ihm etwas.

Prinzessinnen gab es genug, aber ob es wirkliche Prinzessinnen waren, konnte er nie herausfinden. Immer war da etwas, was nicht ganz in Ordnung war. Also kam er wieder nach Hause und war ganz traurig, denn er wollte doch gern eine wirkliche Prinzessin heiraten.

Eines Abends zog ein furchtbares Unwetter auf. Es blitzte und donnerte, und der Regen stürzte herab. Da klopfte es plötzlich an das Tor, und der König,

die Königin und der Prinz gingen hin, um es zu öffnen. Draußen stand ein hübsches Mädchen. Aber was hatte das Wetter nur aus ihr gemacht? Das Wasser lief ihr von den Haaren und Kleidern herab, lief in die Schnäbel der Schuhe hinein und zum Absatz wieder hinaus. Sie sagte: „Ich bin eine Prinzessin, und ich habe mich verlaufen. Bitte – kann ich bei euch übernachten?“

Der Prinz staunte und bat das Mädchen herein. Dann sagte er zu seiner Mutter: „Sie ist bezaubernd. Doch wie können wir sicher sein, dass es tatsächlich eine echte Prinzessin ist?“

„Lass das nur meine Sorge sein", sagte die Königin und ging in die Gästeschlafkammer, nahm alles Bettzeug ab und legte eine Erbse auf den Boden der Bettstelle. Dann rief sie die Diener und ließ zwanzig Matratzen bringen und auf die Erbse legen und dann noch zwanzig Eiderdaunendecken oben auf die Matratzen.

Hier sollte nun die Prinzessin die ganze Nacht über liegen.

Am Morgen wurde sie gefragt, wie sie geschlafen habe.

„Oh, entsetzlich schlecht!", sagte die Prinzessin.

„Ich habe fast die ganze Nacht kein Auge zugetan! Gott weiß, was in meinem Bett gewesen ist. Ich habe auf etwas Hartem gelegen, sodass ich am ganzen Körper braun und blau bin! Es ist ganz entsetzlich!"

Daran konnte man sehen, dass sie eine wirkliche Prinzessin war, da sie durch die zwanzig Matratzen und die zwanzig Eiderdaunendecken die Erbse gespürt hatte. So feinfühlig konnte niemand sein außer einer echten Prinzessin.

Da nahm sie der Prinz zur Frau, denn nun wusste er, dass er eine wirkliche Prinzessin gefunden hatte. Und die Erbse kam auf die Kunstkammer, wo sie noch heute zu sehen ist – wenn sie niemand gestohlen hat.

NACH HANS-CHRISTIAN ANDERSEN

Wohin des Wegs, mein Mädchen?

Wohin des Wegs, mein Mädchen?
Wohin des Wegs, mein Mädchen?
Wohin des Wegs, mein Mädchen?
Die Kühe zu melken, mein Herr –
Mein Herr, sagte sie –
Die Kühe zu melken, mein Herr!

Darf ich dich begleiten, mein Mädchen?
Darf ich dich begleiten, mein Mädchen?
Das dürfen Sie gern, mein Herr –
Mein Herr, sagte sie –
Das dürfen Sie gerne, mein Herr.

Was nennst du deinen Schatz, mein Mädchen
Was nennst du deinen Schatz, mein Mädchen?
All das, was Sie sehen, mein Herr –
Mein Herr, sagte sie –
All das, was Sie sehen, mein Herr.

Dann nehm ich dich nicht, mein Mädchen,
Dann nehm ich dich nicht, mein Mädchen.
Das verlangt auch niemand, mein Herr –
Mein Herr, sagte sie.
Das verlangt auch niemand,
mein Herr!

Ein Schneider fing 'ne Maus

Ein Schneider fing 'ne Maus,
Ein Schneider fing 'ne Maus,
Ein Schneider fing 'ne Mia-mia-
mausemaus.
Was macht er mit der Maus?

Er zieht ihr ab das Fell.

Was macht er mit dem Fell?

Er näht sich einen Sack.

Was macht er mit dem Sack?

Er zählt darein sein Geld.

Was macht er mit dem Geld?

Er kauft sich einen Bock.

Was macht er mit dem Bock?

Er reitet im Galopp.

Er kommt nicht mehr nach Haus
er kommt nicht mehr nach Ha
Er kommt nicht mehr –
Und dieses Liedchen ist nun au

Ein Frosch, der wollte wandern

Ein Frosch, der wollte wandern –
„Hey ho!“, sang Frollo-der-Geck –
Von einem Ort zum andern.
„Hey ho! Gueck, gueck, gueck – Spinat und Speck,
Hey ho!“, sang Frollo-der-Geck.

Lieber Storch

Lieber Storch, mein Guter –
Bring mir einen Bruder.
Lieber Storch, mein Bester –
Bring mir eine Schwester!

Rot, rot, rot

Rot, rot, rot sind alle meine Kleider,
Rot, rot rot, liebt jedermann.
Darum lieb ich alles, was so rot ist,
Weil mein Schatz ein Feuerwehrmann ist.

Weiß, weiß, weiß sind alle meine Kleider,
Weiß, weiß, weiß liebt jedermann.
Darum lieb ich alles, was so weiß ist,
Weil mein Schatz ein Bäckermeister ist.

Bunt, bunt, bunt sind alle meine Kleider,
Bunt, bunt, bunt liebt jedermann.
Darum lieb ich alles, was so bunt ist,
Weil mein Schatz ein Maler ist.

Zeigt her eure Füße

Zeigt her eure Füße,
Zeigt her eure Schuh,
Und sehet den fleißigen Waschfrauen zu.
Sie waschen, sie waschen,
Sie waschen den ganzen Tag.

Sie wringen ...

Sie hängen ...

Sie legen ...

Sie rollen ...

Sie bügeln ...

Sie tanzen ...

Sie schwatzen ...

Sie ruhen, sie ruhen,
Sie ruh'n den
ganzen Tag!

Die Spielzeuge, die davonliefen

„Räum deine Spielsachen auf, Lotte“, sagte Lottes Mutter. „Es ist Zeit, ins Bett zu gehen.“ Lotte seufzte. „Muss ich denn unbedingt?“, fragte sie – dabei wusste sie ganz genau, wie die Antwort ausfiel.

„Natürlich musst du aufräumen“, sagte ihre Mutter. „Eigentlich solltest du das von alleine tun. Du gehst wirklich nicht sorgsam mit ihnen um.“

Das stimmte. Lotte passte nicht gut auf ihre Spielsachen auf. Einmal ließ sie ihre neue Puppe im Puppenwagen draußen stehen, und der Regen weichte sie völlig durch. Ein anderes Mal ließ sie ihr Teegeschirr achtlos zu Boden fallen, und einige Tassen zerbrachen. Und immer warf sie ihre Spielsachen achtlos und unordentlich in den Schrank, statt sie vorsichtig einzuräumen. Was aber noch schlimmer war: Wenn sie schlechte Laune hatte, warf sie ihre Spielsachen durchs Zimmer. Und manchmal trat sie sogar nach ihnen.

Heute Abend hatte Lotte mal wieder eine ihrer „Mir doch egal!“-Launen. Sie griff nach einer Puppe und ihrem Teddy und warf sie achtlos in den

Schrank. Ohne hinter sich zu sehen, nahm sie anschließend zwei Puzzlespiele und ihr Springseil und warf sie rückwärts über die Schulter ebenfalls in den Schrank. Sie landeten mit einem Rums! auf den anderen Spielsachen. Lotte schob die Schranktür mit dem Fuß zu und zerdrückte dabei noch mehr Sachen. Dann ging sie ins Badezimmer.

Drinnen im Spielzeugschrank sagte der Teddy: „Also, das halte ich keinen Augenblick länger hier aus. Ich hau ab!"

„Ich auch!", sagte Katja, die Stoffpuppe.

„Ich will auch nicht mehr ständig durch die Gegend geworfen werden!", sagte eins der Puzzles.

Und eins nach dem anderen entschlossen sich die Spielsachen, zurück ins Spielzeugland zu gehen und darauf zu warten, dass sie in achtsamere und liebendere Kinderhände gegeben würden.

Am nächsten Morgen wollte Lotte mit ihren Sachen spielen – doch als sie den Schrank öffnete, traute sie ihren Augen nicht!

Alle Regale waren leer. Sämtliche Spielzeuge waren verschwunden. Lotte suchte den ganzen Tag über in jedem Winkel nach ihnen, konnte sie aber nirgends finden. Als sie abends zu Bett ging, weinte sie und fragte sich, ob sie jemals wieder mit ihren Spielsachen spielen würde.

In diese Nacht wachte Lotte plötzlich durch ein unbekanntes Geräusch in ihrem Zimmer auf. Bildete sie sich das ein – oder saß da, am Ende des Bettes, eine kleine Fee? „Wer bist du?“, fragte Lotte.

„Ich bin ein Bote aus dem Spielzeugland“, antwortete die kleine Fee. „Ich habe den Auftrag, dir zu sagen, dass all deine Spielzeuge weggelaufen und zurück ins Spielzeugland gegangen sind, weil du sie so schlecht behandelt hast.“

„Aber ich vermisse meine Spielzeuge so sehr!“, weinte Lotte.

Da flog die kleine Fee hinüber zu Lotte, nahm ihre Hand – und zusammen flogen sie zum Kinderzimmerfenster hinaus, über Wiesen und Wälder ... bis Lotte vor lauter Nebel nichts mehr unter sich erkennen konnte. Als der Nebel sich jedoch lichtete, schwebten sie herab in den Hof eines mächtigen, prächtigen Märchenschlosses.

„Das ist Schloss Spielzeugland“, sagte die kleine Fee und brachte Lotte in einen gemütlichen Raum mit einem großen Kamin. Vor dem Kamin saß ein freundlich schauendes kleines Männlein in einer Handwerkerschürze und hielt eine kaputte Holzpuppe im Arm. „Hallo“, sagte er zu Lotte. „Du bist gekommen, um deine Spielsachen zu bitten, zu dir zurückzukehren, nicht wahr?“

„Nun ja ... genau!“, sagte Lotte und wusste nicht recht, was sie sagen sollte.

„Das müssen sie natürlich selbst entscheiden“, sagte das Männlein. „Sie kommen nur hierher zurück, wenn sie schlecht behandelt werden. Sind sie kaputt, dann repariere ich sie – und dann kommen sie zu anderen Kindern, die sie mehr lieben als die vorigen.“

„Aber ich liebe sie sehr wohl!“, weinte Lotte.

„Dann komm und sag es ihnen persönlich“, lächelte das Männlein und führte Lotte ins Nebenzimmer. Dort saßen und lagen zu ihrer Verwunderung alle ihre Spielsachen! Und nicht nur das: Alle waren repariert und geputzt und sahen nun aus wie nagelneu!

Lotte lief zu ihren Spielzeugen. „Bitte, bitte – kommt wieder nach Hause! Ich liebe euch wirklich und vermisse euch sehr – und ich verspreche, dass ich euch nie wieder schlecht behandele!“ Lotte weinte. Dann umarmte sie jedes einzelne Spielzeug.

Da nahm die kleine Fee erneut Lottes Hand – und schon bald waren sie zurückgeflogen und schwebten durchs Fenster zurück auf Lottes Bett. Lotte war so müde, dass sie sofort einschlief.

Als sie am Morgen aufwachte, lief sie sogleich zu ihrem Spielzeugschrank. Dort fand sie alle ihre Spielsachen – ordentlich aufgereiht und gestapelt in den Regalen. Lotte war überglücklich.

Von nun an behandelte sie ihre Spielsachen sorgsam und passte sehr gut auf sie auf.

Später wusste Lotte nicht mehr, ob das Ganze nun ein Traum gewesen war oder nicht – doch gewirkt hatte es auf jeden Fall.

Eins jedoch fragte sie sich noch wochenlang: Wenn es ein Traum war – wieso waren dann alle Spielsachen so sauber und wie neu?

Dinos Imbiss

Der Imbiss aus der Urzeit ist offen Tag und Nacht. Hier gibt es „saurische“ Gerichte für den großen Dinosaurierschmacht.

Probier das Stegosaurussteak, den Brontosaurus-Brunch. Warum nicht mal einen Mega-Mammut-Milchshake oder drei Gänge beim Höhlen-Lunch?

Pterodactylen unternehmen Trips, um Dinofritten zu schmausen. Beliebt sind auch Diplodocus-Dips und die bunten Sprudelbrausen.

Raptoren sind hier schier entzückt von kross gebratenen Eidechsen – jede einzeln vom Blatt gepflückt von fleißigen Chefkochhexen.

Das Beste aus der Haute Cuisine! Feine Küche mit Biss und Schmiss, viel Fleisch, Gemüse und Vitaminen, freundlich serviert im Dino-Imbiss!

Erfüllt bitte Dinos größten Wunsch
und fresst und sauft vor allem
reichlich Punsch!

Nur den Nachtisch, den
will er selbst
nicht ver-
missen: den
mit DIR

... als
Leckerbissen!

Überall Monster

In jedem Dschungel, jedem Tal, im Schrank und unterm Bett machen es sich Monster nett. Denn Monster sind einfach überall!

In jedem See, in jedem Tümpel, da kannst du sicher sein – überall, wo Fische schwimmen, finden sich auch Monster ein.

Sogar im schroffsten Gebirge, dort, wo das Auge nur Schnee sieht, vernimmst du aus weiter Ferne durch die Stille des Yetis Lied.

Und schaust du in den weiten Weltraum, in einer klaren Nacht voller Sterne, dann siehst du vielleicht ein leuchtendes UFO und wüsstest gerne: Ist es Wirklichkeit oder ein Traum?

Im Inneren der Pyramiden, der alten, solltest du dich stets leise verhalten. Oder willst du etwa die schlafende Mumie wecken und dadurch Touristen erschrecken?

Wohin reist man noch in Sicherheit, wenn Monster überall sind? Niemand weiß es mit Gewissheit: Sind sie wirklich wie Stein – oder flüchtig wie Wind?

Monster sind selten nachweisbar, doch das heißt nicht, dass wir lügen. So manches ist wirklich, aber unsichtbar …

Diese Erkenntnis soll uns hier genügen.

Higgeldi-piggeldi

Higgeldi-piggeldi,
Kleines schwarzes Huhn,
Legst Eier für uns alle,
Hast gar viel zu tun.
Manchmal neun und manchmal zehn –
Higgeldi-piggeldi, Hühnchen, lass gehn!

Ein Huhn, das sprach zum andern

Ein Huhn, das sprach zum andern:
„Wir woll'n zur Wiese wandern.
Dort wächst das frische Gras –
Dort macht das GACKERN Spaß!"

Ein Sumpfhuhn sprach zum andern:
„Wir woll'n zum Wasser wandern.
Dort ist es kühl und nass –
Dort macht das TAUCHEN Spaß!"

Wenn der Hahn kräht

Wenn der Hahn kräht auf dem Mist
Ändert sich's Wetter –
Oder 's bleibt, wie 's ist!

Gretel Pastetel

Gretel Pastetel, was machen die Gäns'?
Sie sitzen im Wasser und waschen die Schwänz'.
Gretel Pastetel, was machet die Kuh?
Sie sitzet im Stalle und machet muh, muh.
Gretel Pastetel, wo ist denn der Hahn?
Er sitzt auf der Mauer und kräht, was er kann!

Ich hatte eine Kuh

Ich hatte eine Kuh –
Hei-diedel, ho-fiedel!
Ich hatte eine Kuh, und die hatt' ein junges Kalb.
Hei-diedel, ho-fiedel: Sing mein Lied halb!

Ich hatte eine Kuh –
Hei-diedel, ho-fiedel!
Ich hatte eine Kuh, die schenkt' mir einen Tanz.
Hei-diedel, ho-fiedel: Sing mein Lied ganz!

Wer bin ich?

Hoch wie ein Haus,
Klein wie eine Maus,
Stachelig wie ein Igel,
Glänzend wie ein Spiegel.

Die Kastanie

Katzenzungenbrecher

Die Katze tritt die Treppe krumm.
Der Kater tritt sie grade.

Kleiner Hirtenjunge

Kleiner Hirtenjunge, ruf geschwind
Deine Tiere zusammen, eh sie verloren sind.
Kleiner Hirtenjunge liegt tief im Schlaf,
Vergisst seine Kuh und auch sein Schaf.
Willst du ihn nicht wecken? – Ich? Bloß nicht – nein!
Er kriegt sonst einen Schrecken
Und fängt laut an zu schrein.

Fee Fenja

Im Herzen des Rosenwalds lebt eine winzig kleine Fee – mit wunderschönen Spinnwebflügeln und einem Zauberstab. Die Fee heißt Fenja, und sie lebt zwischen den Wildblumen, inmitten auf einer großen versteckten Waldlichtung.

Fenja hat einen Freund – Saphir, der Blauhüttensänger. Zusammen fliegen sie durch den Wald, springen über die Sonnenstrahlen und jagen hübsche Schmetterlinge. Und im Mondschein tanzen und singen Fenja und Saphir zusammen mit ihren Freunden ein „Märchen-Ringelrein".

Heute ist Fenja besonders aufgeregt – denn heute findet die Feenparade statt. Flora, die Feenkönigin, wird das schönste Feenkostüm auszeichnen.

Fenja schwingt ihren Zauberstab, und im Nu trägt sie ein samtenes Kleid aus Rosenblüten und Glockenblumen. Dann streut sie glitzenden Märchenstaub umher und wünscht sich ganz heimlich und leise ...

„Bitte – lass Königin Flora mich wählen!"

Aber Fenja hat vergessen, ihren Freund zu schmücken! Schnell webt sie einige Blüten in Saphirs blaues Federkleid und bestäubt ihn mit glitzerndem Märchenstaub.

Für den letzten Schliff steckt Fenja eine goldene Blumenspange in ihr langes Haar. Dann flatten beide mit aufgeregtem Flügelschlag zur Parade davon. Fee Fenja kommt gerade durch die Luft gesaust, als Königin Flora die Siegerin verkündet ...

„... und die goldene Krone geht an ... Fee Fenja!"

Alle Feen rundherum applaudieren und schlagen aufgeregt mit ihren Flügeln. Fenja aber lächelt glücklich, als Königin Flora ihr die Krone aufsetzt, denn ihr heimlicher Wunsch hat sich erfüllt!

Das hässliche Entlein

Es war einmal eine Entenmutter, die hatte sechs wunderschöne kleine Eier gelegt. Doch eines Tages stellte sie erstaunt fest, dass neben den sechsen ein siebtes lag, das viel größer war als die anderen und mit Sicherheit nicht von ihr stammte. „Seltsam“, dachte sie und brütete weiter.

Eines Tages schlüpften aus den kleinen Eiern sechs hübsche gelbe Küken. Aber das große Ei wollte sich nicht öffnen. Entenmutter saß noch einen ganzen Tag und eine ganze Nacht darauf, um ihr siebtes Küken auszubrüten. Als das Ei endlich zerbrach, kletterte ein großes Küken mit grauen Federn und braunen Füßen heraus.

„Du siehst anders aus als meine Kleinen“, sagte die Entenmutter. „Aber ich glaube, du hast ein Herz aus Gold.“ Und sie nahm das Küken genauso an wie die

anderen sechs. Und schon bald führte die Entenmutter alle ihre Kleinen zum Fluss, damit sie schwimmen lernten. Jedes sprang ins Wasser und schwamm los. Doch das graue Küken konnte am besten schwimmen und tauchen. Da wurden seine Geschwister sehr eifersüchtig.

„Du bist ein dickes, hässliches Entlein“, schimpften sie. „Du gehörst nicht zu uns.“

Das hässliche Entlein fühlte sich elend, als es aus dem Wasser watschelte. „Ich bin nicht so golden und weich wie meine Geschwister“, dachte es, setzte sich unter einen Busch und fing an zu weinen.

Da hörte es ein furchtbares Geräusch – PENG! PENG! Da schossen Menschen auf Enten! Kurz darauf schnüffelte nur wenige Meter entfernt ein Jagdhund vorüber. Das hässliche Entlein wagte nicht mehr, sich zu bewegen. Es kauerte unter dem Busch, bis es dunkel wurde.

Am Abend stand es auf und überlegte, wohin es gehen sollte. Als es ein Licht sah, lief es ihm entgegen und gelangte an ein kleines Häuschen. Darin saß ein altes Mütterchen am Feuer, und ein Huhn und eine Katze leisteten ihm Gesellschaft.

„Komm rein, kleines Küken“, sagte die alte Frau. „Sei herzlich willkommen. Dann kann ich jeden Tag ein Entenei essen.“

Das hässliche Entlein war froh, sich aufwärmen zu können. Als das alte Mütterlein zu Bett ging, unterhielten sich das Huhn und die Katze mit ihm.

„Kannst du Eier legen?“, fragten sie.

„Nein“, sagte das Küken.

„Kannst du Mäuse fangen?“, fragte die Katze.

„Nein“, antwortete das traurige Entlein.

„Dann bist du zu nichts zu gebrauchen!“, höhnten die beiden.

Am nächsten Tag schimpfte die alte Frau mit dem Entlein. „Du bist nun schon den ganzen Tag hier und hast noch kein Ei gelegt. Du bist ein Nichtsnutz!“

Da watschelte das Entlein wieder aus dem Haus. „Ich merke sehr wohl, wenn ich unerwünscht bin“, dachte es betrübt und machte sich wieder auf den Weg.

Es wanderte weiter, bis es an einen See kam und beschloss, dort zu bleiben. Doch als der Winter kam, blies der Wind die Blätter von den Bäumen, und es wurde bitterkalt. Der See fror zu, und das hässliche Entlein zitterte. Ihm war kalt, es hatte Hunger und keinen Ort auf der ganzen Welt, wo es hingehen konnte!

Dann aber kam der Frühling, und das Eis schmolz. Das hässliche Entlein atmete auf und sonnte sich am Ufer.

„Ich will schwimmen gehen“, dachte es eines Morgens und paddelte in die Mitte des Sees, wo das Wasser klar und ruhig war wie ein Spiegel. Als es ins Wasser sah, blickte ihm ein wunderschöner weißer Vogel mit einem langen eleganten Hals entgegen. „Bin das etwa ich?“, fragte es sich. „Dann bin ich nicht mehr das hässliche Entlein – doch was bin ich?“

Da kamen drei große weiße Vögel herangeflogen und landeten auf dem See. Einer sagte: „Du bist der schönste Schwan, den wir je gesehen haben. Willst du mit uns kommen?“

„Das bin ich also – ein Schwan“, dachte der Vogel, der einst ein hässliches Entlein gewesen war. „Ich komme gern mit euch“, sagte er zu den anderen und erkannte jetzt, dass er einer von ihnen war und dass er nie mehr alleine sein würde.

Prinzessin Patrizia

Prinzessin Patrizia lebt in einem glänzenden weißen Schloss, das von wunderschönen Gärten umgeben ist. Darin gibt es bezaubernde Blumen und farbenprächtige Schmetterlinge. Patrizias bester Freund ist Fünkchen, ein kleiner süßer Hund. Jeden Morgen hilft er der Prinzessin, das Kleid für den Tag auszuwählen.

„Was zieh ich nur heute an?", fragt sie dann.

Fünkchen steht neben einem strahlend gelben Kleid, wedelt mit dem Schwanz und bellt.

„Perfekt!", sagt die Prinzessin.

Dann gehen sie in den Garten zum Laufen, Springen und Spielen. Am liebsten spielen sie „Fang den Ball!"

Heute ist Prinzessin Patrizia sehr aufgeregt – denn sie hat eine Einladung zum Ball im Palast erhalten.

„Der Prinz ist wirklich sehr charmant", flüstert Patrizia ihrem Hund zu. „Ich möchte heute Abend wunderschön sein."

Sie schlüpft in ein pinkfarbenes Kleid, das mit Diamanten und seidenen Schleifen besetzt ist. An den Füßen trägt sie zierliche goldene Schuhe. Dann öffnet Patrizia ihre Schmucktruhe und legt ein Paar glitzernde Ohrringe und einen mit Diamanten besetzten Stirnreif an.

Mit einem letzten Blick in den Spiegel ist sie fertig, und nun kann sie in der prächtigen Pferdekutsche zum Ball fahren.

Als Prinzessin Patrizia und Fünkchen den Ballsaal betreten, bleiben alle Gäste staunend stehen. Der charmante Prinz tritt zu ihr und nimmt die Hand der Prinzessin.

„Sie sind die schönste Dame hier", sagt er. „Darf ich um diesen Tanz bitten?"

„Aber natürlich, Eure Majestät!", sagt die Prinzessin.

Prinzessin Patrizia ist das glücklichste Mädchen im ganzen Königreich.

Die rote Narzisse

Es war Frühling – und alle Narzissen reckten ihre Köpfe der warmen Sonne entgegen. Langsam entfalteten sich ihre Blütenblätter und ließen die gelben Trompeten in der leichten Brise tanzen. Die Narzissenfelder glichen einem Meer von goldenen Flammen – nur in einem gab es einen roter Tupfer. Denn dort saß, mitten drin, eine rote Narzisse.

Vom ersten Augenblick an, als sie ihre Blüte öffnete, wusste die rote Narzisse, dass sie anders war als die anderen Blumen. Die aber spotteten über sie und flüsterten. „Armes Ding!“, sagte eine.

„Sie ist bestimmt neidisch auf unsere goldene Farbe“, sagte eine andere.

Und das stimmte sogar. Die rote Narzisse wünschte sich nichts mehr, als genau so zu sein wie alle anderen. Statt stolz auf ihren roten Kopf zu sein, war er ihr peinlich, und sie ließ ihn verschämt hängen. „Warum nur“, dachte sie, „bin ich die einzige rote Narzisse im ganzen Feld?“

Spaziergänger bewunderten oft die leuchtenden Narzissen. „Was für ein herrlicher Anblick!“, riefen sie. Dann reckten die Narzissen voller Stolz ihre Köpfe und tanzten noch beschwingter im Wind.

Eines Tages entdeckte jemand die rote Blüte. „Schaut mal dort – was für ein seltenes Exemplar!“, rief der Mann. Die Spaziergänger starrten in die Mitte des Feldes.

„Sie haben recht!“, antwortete eine Frau voller Begeisterung.

„Dort, genau in der Mitte, eine rote Narzisse!“ Bald stand eine Traube von Menschen zusammen, die alle auf die rote Narzisse zeigten.

Sie aber spürte, wie die Aufmerksamkeit sie vor Scham noch röter werden ließ. „Ach, ich wünschte, meine Blütenblätter schlössen sich wieder“, dachte sie verzweifelt. Doch ihre prächtige rote Trompete blieb für alle weithin sichtbar.

In der Menschenmenge am Rande des Feldes gab es ein kleines Mädchen. Da die Erwachsenen dicht gedrängt standen, konnte es überhaupt nichts sehen. Und so nahm der Vater seine Tochter endlich hoch und setzte sie auf seine Schultern, damit sie das Narzissenfeld überblicken konnte. „Oh!“, rief das Mädchen begeistert und mit lauter Stimme. „Das ist also die rote Narzisse! Sie ist wunderschön. Was für ein Glück – so ganz anders zu sein!“

Die Leute umher hörten, was das kleine Mädchen sagte, und begannen zu tuscheln und zu flüstern. „Ehrlich gesagt – ich finde sie auch überaus schön.“ Und es dauerte nicht lange, da bewunderten sie die Schönheit der roten Blüten und dachten, das müsse wohl eine ganz besondere Blume sein. Die rote Narzisse hörte, was die Spaziergänger sagten. Da errötete sie vor Stolz und reckte zaghaft ihren Kopf, bis er gerade so selbstbewusst emporragte wie die Köpfe aller anderen Narzissen im Feld.

Die übrigen Narzissen jedoch erzürnten. „Was für eine dumme Menschenmenge“, sagte eine gekränkt. „Wir sind die Schönheiten!“ Und sie drehten ihre Köpfe weg von der roten Narzisse und ignorierten sie. Das machte die rote Narzisse wieder traurig.

Bald hatte sich die erstaunliche rote Narzisse herumgesprochen, und Spaziergänger kamen von nah und fern, um sie zu sehen.

Sogar die Tochter des Königs erfuhr von der außerordentlichen Blüte. „Die muss ich sehen!“, sagte die Prinzessin.

Zusammen mit ihren Dienern machte sie sich auf den Weg. Endlich fanden sie das Narzissenfeld, in dessen Mitte die rote Narzisse stand. Als die Prinzessin sie sah, sprang sie in die Luft und klatschte vor Entzücken in die Hände.

„Die rote Narzisse ist noch schöner, als ich erwartet habe", rief sie. Dann kam ihr ein Gedanke. „Bring mir meine Taube, bitte", sagte sie zu einem ihrer Diener. Der Diener verstand nicht recht, doch tat, wie ihm gesagt wurde und brachte den Vogel. „Du weißt", sagte die Prinzessin zu ihrem Diener, „ich werde morgen heiraten. Und ich wünsche mir diese rote Narzisse in meinen Hochzeitsstrauß."

Der Diener sandte die Taube ins Zentrum des Narzissenfeldes. Dort nahm sie vorsichtig den Stengel der roten Narzisse in den Schnabel und brachte die Blume zurück zur Prinzessin. Die nahm die rote Narzisse mit in den Palast und stellte sie bis zum nächsten Tag in eine mit Wasser gefüllte Vase.

Am anderen Morgen nahm der Diener der Prinzessin die rote Narzisse mit zur Kirche. Schon von weitem konnte sie die Glocken hören und die vielen Hochzeitsgäste sehen. Bald fuhr die Prinzessin in einer prächtigen Kutsche vor, die von vier schneeweißen Pferden gezogen wurden.

Die Prinzessin sah bezaubernd aus – in einem wunderschönen Kleid und mit einer Krone aus dunklen roten Rosen auf dem Kopf. Als der Diener das Kirchentor erreichte, trat die Brautjungfer hervor – mit einem riesigen

Blumenstrauß in der Hand. Und als sie ihn der Prinzessin überreichte, steckte der Diener die rote Narzisse mitten in den Brautstrauß. Im ersten Moment war die rote Narzisse ganz betört von den vielen starken Düften all der anderen Blumen.

Als sie jedoch zu sich kam und sich umblickte, sah sie zu ihrem Erstaunen, dass alle Blüten rot waren: rote Geranien, rote Lilien, rote Fingerhüte und rote Nelken. „Willkommen!", sagte eine Geranie. „Du bist eine von uns." Und zum ersten Mal in ihrem Leben fühlte sich die rote Narzisse zu Hause, und sie begann, vor Freude und Stolz zu leuchten!

Nach der Hochzeit ließ die Prinzessin ihren Strauß in ihrem Garten verteilen. Von nun an war die rote Narzisse, immer wenn sie im Frühling ihre Blüte neu entfaltete, umringt von lauter anderen roten Blumen. Und glücklich lebte sie noch viele, viele Jahre unter ihnen.

Fliehende Hexen

Wenn es dunkel ist, und ich höre den Schlag der Uhr, zieh ich die Decke hoch und lausche hin zum Flur. Plötzlich sehe ich drüben auf der Wand riesige Schatten einer Hand!

Mutter sagt, dass ich nur träume, wenn ich Hexen seh, so groß wie Bäume. Doch sie halten mich wach mit all ihrem Krach.

Denn sie zaubern in der Nacht so gerne. Ihr Kessel blubbert, kocht und faucht und glänzt im Licht der Sterne. Er spuckt lauter schleimig grüne Stücke! Da sitzt Teddy und mir die Angst im Bauch!

Was die Hexen benutzen in ihrer Küche, verbreitet die ekelhaftesten Gerüche. Wenn sie etwa in den Kessel, den heißen, eine glitschige, fette Kröte hineinschmeißen! Ihr Schrei ist dann lauter als alle Zaubersprüche.

Doch heute Nacht bin ich bereit, wenn sie wieder kommen. Dann werden sie ganz ruhig ins Visier genommen: Denn aus meiner Wasserpistole wird ein Schuss sie bezwingen und, hoffentlich, ganz schnell zum Rennen bringen.

Und tatsächlich! Sie schreien und springen auf die Besen und wünschen, mein Wasser wäre nur ein böser Traum gewesen. Da fliegen sie hinaus in die dunkle Nacht! Mein Teddy und ich, wir haben das vollbracht:

Sind wir nicht ein Superteam gewesen?

Der einsame Troll

Lebenslustiger Troll, dreckig und stinkend auch,
mit schleimiger Haut und haarigem Bauch,
netten Fingern voller Dreck und Schmuddelzehen,
heiß dampfendem Atem und Ringen, die aus der
Nase stehen –

mit Flecken auf dem Hemd und Löchern in den Socken,
Zähnen, die nach Putzen schreien, und Knoten in den Locken,
mit Rissen in der Hose, dazu abgewetzte Schuh –
sucht jemanden. Doch wer passt zu ihm? Vielleicht du?

Er mag dreckige Gräben, nasse Löcher noch mehr,
wenn er mit andern Trollen kämpft, siegt am Ende er.
Er ist lieb und schenkt dir Rosen, in einer Vase,
doch zuvor popelt er sich damit in der Nase.

In seinem Stinkeloch lebt er ganz allein
und trieft vor sich hin, vor Spucke und Schleim.
„Wo find ich nur Spaß und Romantik zu zwei'n?“
Auch ein Troll braucht nicht mehr, um glücklich zu sein!

Okie Dokie

Schwing den linken Arm hin,
Und schwing ihn wieder her,
Hin und her – das ist gar nicht schwer!
Sing den Okie Dokie, dreh dich im Kreis herum.
Tanz den Okie Dokie – du weißt, warum.

Oh, der Okie Dokie,
Oh, der Okie Dokie!
Knie gebeugt, Arme gestreckt –
Tra-ra, tra-ra, tra-ra!
(Sing weiter mit dem rechten Arm,
dem linken Bein, dem rechten Bein.)

Kleines Pony

Ich hatt' ein kleines Pony,
Das nannt' ich Marion.
Ich striegelt' es, ich sattelt' es
Und ritt auf und davon.

Eine kleine Dickmadam

Eine kleine Dickmadam
Fuhr mal mit der Eisenbahn.
Dickmadam, die lachte,
Eisenbahn, die krachte!

Mäuschen

Mäuschen schaut neugierig drein,
Mäuschen kriecht geschwind herbei.
Mäuschen sagt: „Hier ist es fein,
Aber der Tag ist ja schon vorbei."
Mäuschen schlüpft leis zurück ins Loch,
Da hört man ein lautes „Hatschi!".
Nun hat unser Mäuschen offenbar doch
Einen Schnupfen
gefangen –
und wie!

Frau Beckers Becken

Frau Becker erwarb ein Becken.
Frau Tauber rief: „Oh, wie
sauber!"
„Das war bestimmt teuer", munkelt
Frau Meier.
„'s war regelrecht billig", trompetet Frau
Zwillich.
„Wo ha'm Sie 's ergattert?", fragt Frau Schulz
verdattert.
„Im Schlussverkauf!", ruft stolz Frau Hauff.
Aus einer Laune riss da Frau Wurmbach
das Becken an sich – und warf es vom Dach.

Zu Pferde

Hopp, hopp, hopp zu Pferde,
Wir reiten um die Erde.
Die Sonne reitet hinterdrein,
Wie wird sie abends müde sein.
Hopp, hopp, hopp!

Großmamas Hut

Großmamas Hut ist rund und klein.
Großmamas Brille dagegen ist groß.
Großmama klatscht in die Hände hinein –
Dann legt sie diese leise in den Schoß.

Großpapas Brille sitzt tief auf der Nase,
Auf dem Kopf thront prächtig sein Hut.
Großpapa hält sich gemütlich die Arme –
Ein Nickerchen tut ihm gut!

Kitzel, kitzel

Kitzel, kitzel auf dem Bauch,
Lachst du? – Nun, dann lach ich auch!

Eins, zwei drei

Eins, zwei, drei –
Zucker übern Brei,
Spinne übern Speck –
Und du bist weg!

Ein Häuschen aus fünf Steinen

Bau ein Häuschen aus fünf Steinen –
Eins, zwei drei, vier, fünf.
Setz ein Dach oben drauf,
Einen Schornstein dazu.
Da bläst der Wind durch –
hiu-hiu ... hiiuuuh!

Mona, die kleine Hexe

Mona war eine ganz normale Hexe – bis zu dem Tag, an dem sie einen Kurs für Hexen und Zauberer am Zauberinstitut Siebenstein belegte. Dort traf sie Professor Siebenstein. Der war ein alter und weiser Mann. Mona dagegen war eine quirlige junge Hexe. Sie konnte Menschen in Frösche verwandeln und andere einfache Zaubertricks, doch sie musste noch viel lernen. Mona aber meinte, sie sei die beste kleine Hexe in der ganzen Welt.

Monas Lehrzeit begann bereits am ersten Schultag, als sie bei der Aufnahme zu Professor Siebenstein gerufen wurde.

„Nun, kleine Mona Pendelbaum, ich habe schon deine Eltern unterrichtet", sagte der Professor mit ernster Stimme, „und sie sind in ihrem Fach sehr gut geworden. Was für eine Hexe möchtest du einmal werden?"

Ohne nachzudenken, sprudelte es aus Mona hervor: „Ich bin besser als meine Eltern, und ich werde vielleicht sogar besser als Sie!"

Diese Antwort überraschte selbst Mona, denn obwohl sie sich insgeheim genau das wünschte, hätte sie doch etwas ganz anderes sagen wollen.

„Wundere dich nicht über deine Antwort", sagte Professor Siebenstein. „Über diesem Raum liegt ein Wahrheitszauber. Was immer du wirklich denkst, musst du sagen. Ich finde, du hast eine sehr hohe Meinung von dir. Was, denkst du, macht dich denn so besonders?"

„Ich bin schlau", sagte Mona, „und gut, und ich mache alles richtig."

„Was ist mit deinen bösen Seiten?", fragte Professor Siebenstein.

„Da muss ich Sie leider enttäuschen“, antwortete Mona ernst. „Ich habe keine böse Seite.“

„Dann möchte ich, dass du jemanden kennen lernst, der dir sehr ähnlich ist“, sagte Professor Siebenstein mit einem Lächeln. Mona schaute in die Richtung, in die Professor Siebenstein deutete, und sah eine Person auf dem Sofa sitzen, die aussah wie sie selbst!

Vor Erstaunen blieb Mona der Mund offen stehen. Der Professor erklärte ihr, dass sie nichts zu befürchten habe, wenn sie wirklich keine dunklen Seiten besäße. „Wenn du dich aber getäuscht haben solltest“, fuhr er fort, „dann mach dich auf eine Überraschung gefasst!“

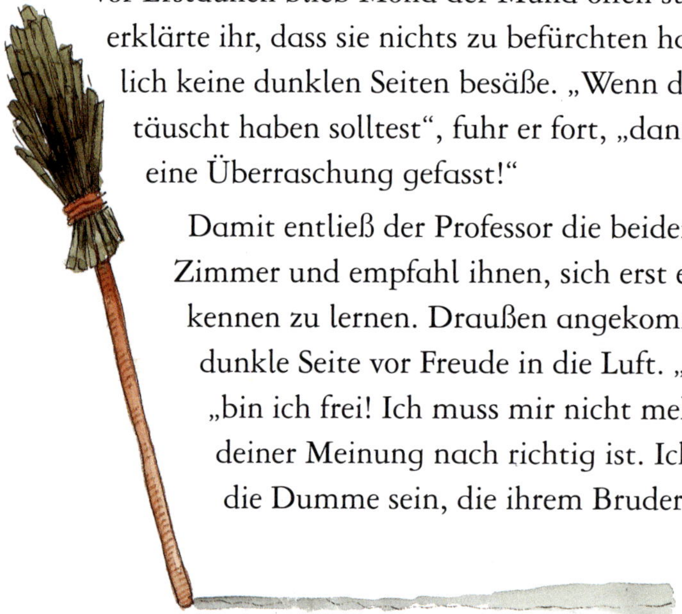

Damit entließ der Professor die beiden aus seinem Zimmer und empfahl ihnen, sich erst einmal richtig kennen zu lernen. Draußen angekommen, sprang Monas dunkle Seite vor Freude in die Luft. „Endlich“, rief sie, „bin ich frei! Ich muss mir nicht mehr anhören, was deiner Meinung nach richtig ist. Ich werde nicht mehr die Dumme sein, die ihrem Bruder freiwillig das

größte Stück Kuchen überlässt. Kurz, ich werde nie mehr etwas tun, das du mir sagst." Sie rannte den Flur hinunter und sprang über Tische und Stühle.

Mona war entsetzt. Sie musste ihrer dunklen Seite folgen, um Ärger zu vermeiden. Also jagte sie ihr hinterher und fing sie am Schokoladenautomaten wieder ein. „Iss nicht die ganze Schokolade", rief Mona. „Das ist schlecht für die Zähne, und du wirst beim Mittagessen keinen Appetit mehr haben."

„Pah!", höhnte ihre dunkle Seite. „Du willst vielleicht keine Schokolade, aber ich schon!" Und damit stopfte sie sich ein großes Stück in den Mund und rannte davon.

Da läutete die Glocke zum Mittagessen. Obwohl Mona lieber ihrer dunklen Seite gefolgt wäre, gehorchte sie der Aufforderung, in den Speisesaal zu gehen. Sie setzte sich neben ihre Freundin Maya, die ihr Gemüse nicht essen wollte. Mona schalt sie aus, denn Gemüse war schließlich gesund!

Maya schaute Mona verwundert an, denn sie erkannte sie nicht wieder. „Was ist denn mit dir passiert?", fragte sie.

Mona erzählte, was sich in Professor Siebensteins Büro zugetragen hatte. „Das ist das Beste, was

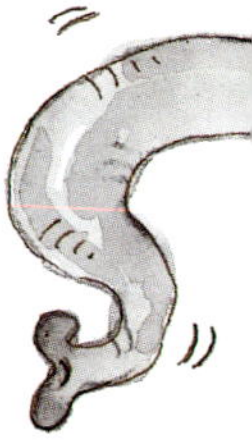

mir je passiert ist. Ich will meine dunkle Seite auf keinen Fall zurückhaben. Wir müssen sie unbedingt finden und einsperren, damit sie keinen Unsinn macht."

Maya war einverstanden, ihr bei der Suche zu helfen. Sie hoffte, dass Mona ihre dunkle Seite wiederfinden würde, denn Mona war nur mit beiden Seiten sie selbst.

Nach dem Mittagessen ging Mona zu ihrer ersten Unterrichtsstunde. Als sie das Klassenzimmer betrat, sah sie ihre dunkle Seite wieder, die schon eifrig dabei war, Zaubertricks vorzubereiten. Sie versuchte gerade, Nasen in Elefantenrüssel und Lehrer in Steine zu verwandeln!

Plötzlich hörte Mona ein lautes Trompeten. Sie drehte sich um und sah, dass die Zaubererzwillinge Denis und Dorian Dudelsack an Stelle ihrer Nasen lange graue Rüssel hatten.

„Warum greift denn die Lehrerin nicht ein!", rief Mona verzweifelt zu Maya hinüber. Doch die nette Frau Schnuck war bereits zu Stein erstarrt!

In diesem Moment spazierte Professor Siebenstein in den Raum. Mona zeigte auf ihre dunkle Seite, die immer noch weiter zauberte.

„Sperren Sie sie sofort ein", bat sie den Professor.

„Ich fürchte, du bist die Einzige, die das kann", sagte der weise alte Mann.

„Ihr beiden seid unzertrennbar und braucht einander. Ohne deine dunkle Seite bist du unbelehrbar, und ohne dich ist sie eine Katastrophe. Da hilft nur eins: Gib mir die Erlaubnis, sie wieder in dich einzuschließen."

Und obwohl sie ihre dunkle Seite gar nicht zurückhaben wollte, stimmte Mona zu.

Ihre dunkle Seite verschwand wieder, und Mona fühlte sich ... wunderbar! Es war gut, wieder normal zu sein – meistens gut, aber manchmal auch etwas böse.

„Danke", sagte Mona, „ich glaube ich habe heute etwas sehr Wichtiges gelernt!"

Mona schämte sich, als ihr einfiel, was sie heute Morgen alles gesagt hatte. Aber sie war so erleichtert, wieder normal zu sein, dass sie es bald vergaß. Sie ging mit Maya zurück ins Klassenzimmer, um die bösen Zaubersprüche wieder aufzuheben. Doch auf dem Weg dorthin hatten sie plötzlich so großen Hunger, dass sie erst noch an dem Schokoladenautomaten Halt machten.

Pummel auf dem Bauernhof

Pummel lebte auf einem Bauernhof und war immerzu müde. Nichts mochte das Kätzchen lieber, als Tag und Nacht vor sich hin zu dösen. Wenn die anderen Katzen damit beschäftigt waren, Mäuse zu fangen oder Vögel zu verjagen, wollte Pummel meistens nur ein Nickerchen machen. „Ist mir viel zu anstrengend“, gähnte er dann und legte sich gemütlich hin.

Eines Tages, als alle anderen Kätzchen gerade die Mäuse rund um den Heuschober jagten, sah sich Pummel wieder einmal nach einem Schlafplatz um.

„Hier kannst du nicht schlafen“, schimpfte die Bauersfrau und fegte den kleinen Kater mit dem Besen aus der Küche. „Heute ist Putztag, Pummel, du bist im Weg.“

„Hier kannst du auf keinen Fall schlafen“, gackerten die Hennen, während sie Pummel aus dem Hühnerstall drängten. „Wir legen gerade Eier und können dich dabei nicht gebrauchen, Naseweis!“

„Wie, schlafen willst du? Aber nicht hier!“, muhten die Kühe und scheuchten Pummel aus dem Kuhstall. „Wir müssen gemolken werden, und kleinen Katzen kann man in der Nähe von Milch nicht trauen.“

„Hier wirst du nicht schlafen, raus mit dir!“, polterte der Bauer, der das Kätzchen schließlich aus der Molkerei schob. „Wir machen Schlagsahne, und da können wir keine Katzenhaare gebrauchen.“

„Ich bin so müde“, klagte Pummel einer Maus sein Leid. „Darf ich bei euch schlafen?“

„Bist du plemplem?“, sagte die Maus. „Weißt du nicht, dass kleine Katzen Mäuse jagen sollen?“

Pummel wollte schon die Hoffnung aufgeben, als er plötzlich ein ideales Plätzchen entdeckte. Auf einem Anhänger sah er einen Ballen aus Heu liegen.

„Wunderbarrrr-rrr-rrr“, schnurrte Pummel und rollte sich zu einer kleinen Kugel zusammen. In null Komma nichts war er eingeschlummert.

Pummel fühlte sich so wohl, dass er nicht einmal aufwachte, als sich der Traktor vor dem Anhänger ratternd in Bewegung setzte. Selbst als der Traktor mitsamt Anhänger den Weg zur Stadt hinunterholperte, schlief er ruhig weiter.

Erst als das ganze Gefährt rumpelnd zum Stillstand kam, wurde Pummel wach. Er blinzelte verschlafen, streckte sich und sah sich um. Erschreckt sprang er auf und wollte seinen Augen nicht trauen. Er saß mitten auf dem Marktplatz, und der Bauer fuhr gerade mit dem Traktor davon!

„Warte auf mich!“, maunzte Pummel und sprang vom Anhänger. Doch der Bauer war schon fort.

„Jetzt muss ich auch noch den ganzen Weg nach Hause laufen“, jammerte er.

Pummel marschierte den ganzen Nachmittag und die ganze Nacht hindurch zurück. Der Hahn hatte gerade gekräht, als er endlich am Hoftor ankam.

„Hallo, du Faulpelz“, wurde er von den anderen Kätzchen begrüßt. „Wo hast du denn die Nacht verschlafen, während wir Mäuse gejagt haben?“

Aber diesmal war Pummel wirklich todmüde. Die Kätzchen stellten noch Fragen über Fragen, doch Pummel rollte sich wortlos auf der Stelle zusammen. Er war viel zu erschöpft, um zu erklären, was er durchgemacht hatte. Und es dauerte auch nicht lange, bis Pummel tief und fest eingeschlafen war.

So ein Hut tut gut

Karoline, die Kuh, achtete sehr auf ihre Erscheinung. Sie besaß die gepflegtesten Hufe und das seidigste Fell. Sie hatte schon dreimal den Siegerkranz auf dem Viehmarkt gewonnen – und sie wollte noch viel öfter gewinnen!

An einem windigen Nachmittag stand Karoline nahe einer Hecke und entdeckte auf einem Ast einen Hut. Er hatte zwar links und rechts ein Loch – aber benötigte eine elegante Kuh nicht genau die, um ihre Ohren da durchzustecken?

So schritt sie über die Wiese zurück, mit der Nase hoch in der Luft und dem neuen Hut fest auf ihrem Kopf. Sie konnte es kaum erwarten, ihn ihren Freundinnen zu zeigen.

Aber Karla, Karin und Karola ließen sich beim Grasen nicht stören.

Karoline versuchte es mit einem schüchternen Hüsteln. Doch die Kühe kauten seelenruhig weiter. Karoline hustete lauter. Das Kauen wurde ebenfalls lauter.

Da hielt es Karoline nicht mehr aus. „Na, wie seh ich aus?“

„Hab ich etwas gehört?“, fragte Karin.

„Das war ich!“, rief Karoline und stampfte mit dem Huf auf.

„Ach, du bist's“, sagte Karola und wandte sich einem besonders saftigen Büschel Gras zu.

„Oh, ihr Lieben ich bin schrecklich müde heute. Ich glaub, ich mach ein Nickerchen“, sagte Karla.

„Und ich geh spazieren“, sagte Karin.

Karoline war keine geduldige Kuh. „Schaut euch meinen Hut an!“, rief sie.

Natürlich hatten die anderen Kühe den Hut längst gesehen, aber sie nahmen ihre eitle Freundin Karoline gern ein wenig auf den Arm.

„Ich meine ja“, sagte Karla, „dieser Hut ist ganz schön ... altmodisch.“

„Unsinn!“, erwiderte Karoline. „Nur modebewusste Kühe tragen solche Hüte.“

„Ach so, der ist neu?“, fragte Karola.

„Was sonst!“, erwiderte Karoline. „Das aktuellste Modell!“

„Hatte die Frau vom alten Bauer Bastian nicht genau so einen Hut vor einigen Jahren?“, fragte Karin.

„Das glaube ich nicht!“, sagte Karoline bestimmt. „Die Frau von Bauer Bastian ist sehr nett, aber nicht gerade modebewusst. Nur eine preisgekrönte Kuh kann einen solchen Hut tragen.“

„Wenn du das sagst, meine Liebe“, muhte Karola.

Gegen Abend schlenderten die Kühe zurück zum Bauernhof, um gemolken zu werden.

Nicht lang – und alle anderen Tiere kamen mit offenem Maul herbei.

„Sie bewundern meinen Hut“, flüsterte Karoline Karla zu.

Das Kichern und Glucksen hörte sich allerdings nicht nach Bewunderung an. Das klang vielmehr nach Tieren, die Karoline für ganz schön albern hielten.

„Na so was!", rief der alte Bauer Bastian, „Da ist also der Hut von Ferdinand, der Vogelscheuche, gelandet!"

Wenn heute Karoline sich aufspielt und vornehm tut, wissen Karla, Karin und Karola genau, was sie tun: Sie reden von Hüten ... und schon schleicht Karoline davon!

Oma Elefant hat Geburtstag

„Heute“, sagten Boris’ Eltern, „ist ein besonderer Tag. Weißt du auch, warum, Boris?“ Elefanten vergessen angeblich nie etwas, aber Boris konnte sich meistens an nichts erinnern. Er runzelte die Stirn und dachte angestrengt nach.

„Fängt heute die Schule an?“, fragte er.

„Nein.“ Sein Papa schüttelte den Kopf.

„Habe ich vielleicht Geburtstag?“

„Nein, Oma hat heute Geburtstag“, sagte seine Mama. „Bitte bring ihr diesen Obstkorb. Weißt du noch, wo sie wohnt?“

Boris nickte, und seine Mama gab ihm den Obstkorb und winkte ihm nach. Boris lief durch den Wald. Dort war es sehr still und schattig.

„Buh!“, rief plötzlich eine Stimme. Boris sah sich um und entdeckte ein seltsames Tier. Es sah aus wie ein kleiner Hund mit Flügeln.

„Kennen wir uns?“, fragte Boris.

„Ich bin der Flughund, du Dummchen“, sagte der Flughund. – „Was machen Flughunde?“ – „Fliegen natürlich“, sagte der Flughund. „Wo willst du denn hin?“

„Oma Elefant hat Geburtstag, aber ich weiß nicht mehr, wo sie wohnt“, gab Boris zu.

„Wenn ich es dir sage, gibst du mir dann ein bisschen Obst?“, fragte der Flughund. Boris nickte.

„Da lang!“ Der Flughund nahm einen Apfel aus dem Korb.

Der Pfad war sehr schmal. Mitten auf dem Weg hockte ein riesiger Gorilla.

„Wo willst du denn hin?“, fragte er. – „Ich bringe diesen Obstkorb zu meiner Oma“, sagte Boris tapfer. „Sie hat heute Geburtstag.“

„Weißt du etwa nicht mehr, wer ich bin?", stellte der Gorilla Boris auf die Probe. – „Äh … du bist das Krokodil", riet Boris. – „Nein", sagte der Gorilla. „Wenn du nicht mehr weißt, wer ich bin, musst du dich auslösen." – „Was bedeutet auslösen?", fragte Boris. – „Dass du mir etwas geben musst, weil du nicht die richtige Antwort weißt." Die wusste Boris nicht, und deshalb nahm der Gorilla zwei Bananen aus dem Obstkorb und ließ ihn vorbei. An der nächsten Kreuzung wusste Boris nicht, welchen der beiden Wege er nehmen sollte.

„Geh links", sagte eine Stimme hoch über ihm. Als er nach oben schaute, sah Boris die Giraffe.

„Woher weißt du das so genau?", fragte Boris. – „Gehst du zu Oma Elefant?", fragte die Giraffe. – „Ja," antwortete er.

„Von hier oben kann ich ihr Haus sehen", sagte die Giraffe.

„Danke schön!", sagte Boris, „möchtest du etwas Obst?"

„Sehr freundlich", sagte die Giraffe, senkte den Kopf weit hinunter und nahm eine Birne aus dem Korb.

Als Boris endlich bei seiner Oma ankam, lag nur noch eine saftige Pflaume im Korb. Aber seine Oma umarmte ihn und schob ihn in die Küche. Am großen Tisch saßen der Flughund, der Gorilla und die Giraffe, alle mit Partyhüten auf dem Kopf. Mitten auf dem Tisch standen ein gigantischer Geburtstagskuchen, roter Wackelpudding und all die Früchte, welche die Tiere zuvor aus Boris' Korb genommen hatten.

„Wie nett von dir, Boris, so eine Überraschungsparty für mich zu veranstalten", sagte seine Oma. Alle amüsierten sich prächtig. Erst spielten sie „Flaschendrehen", dann „Blindekuh" und am Ende sangen sie alle zusammen: „Happy Birthday, Oma Elefant".

Nach der Party wusste Boris nicht mehr, wie er nach Hause kommen sollte. Seine neuen Freunde begleiteten ihn.

„Willst du mir deine neuen Freunde nicht vorstellen?", fragte seine Mama. „Das sind der Flughund, die Giraffe und das Krokodil …", sagte Boris. Alle lachten.

Aber Boris, was für ein vergesslicher Elefant bist du doch!

Montagskinder

Montagskinder sind selbstbewusst und schenken Ohr.
Dienstagskinder kennen Wandlungen und
auch Humor.
Mittwochskinder wissen was von Sorg und Treu.
Donnerstags Geborene sind mitteilsam und selten
scheu.
Freitagskinder kennen Unglück, doch auch Überfluss.
Samstagskinder zeigen Klugkeit wie Lust am Entschluss.
Kinder, die an Sonntagen geboren werden,
Finden, so der Glaube, beinahe alles Glück auf Erden.

Spring-mamsell

Ich bin die kleine Springmamsell,
Die Sonne scheint, der Tag ist hell,
Will niemand mir ein Springfreund sein?
Nun gut – ich spring auch gern allein!

Früchte, Eis und Honig

Woraus sind kleine Mädchen gemacht?
Woraus sind kleine Mädchen gemacht?
Aus Früchten, Eis und Honig,
Dazu duftende Gewürze, und zwar nicht wenig.
Daraus sind Mädchen gemacht!

Meine Güte!

Meine Güte! In der Tüte
Saß ein Kater, macht Theater.
Kam der Bär, macht noch mehr ...
Kam die Maus – und du bist raus!

Spannenlanger Hansel

Spannenlanger Hansel, nudeldicke Dirn,
gingen in den Garten, schüttelten die Birn'.
„Schüttle ich die großen, schüttelst du die klein',
wenn das Säckchen voll ist, geh'n wir wieder heim!"

Nudeldicke Dirn

„Lauf doch nicht so närrisch, spannenlanger Hans!
Ich verlier die Birnen und die Schuh noch ganz."
„Trägst ja nur die kleinen, nudeldicke Dirn,
Und ich schlepp den schweren Sack voll großer Birn'!"

Ein kleines blondes Mädchen

Ein kleines blondes Mädchen,
Den Kopf voll süßer Löckchen,
Gab ein gar liebliches Bild.

Wenn es lieb war,
War es zart und anschmiegsam.
Doch wenn es bös war,
War es fuchsteufelswild.

Auf der Mauer

Auf der Mauer, auf der Lauer sitzt ne kleine Wanze.
Seht euch nur die Wanze an, wie die Wanze tanzen kann!

– Wanz, tanz
– Wan, tan
– Wa, ta
– W, t
– ..., ...

Herr Punchinello

Oh, Mutter! Soll ich heiraten,
Herrn Punchinello heiraten?
Herrn Pun,
Herrn Tschi,
Herrn Nell,
Herrn Lo –
Herrn Pun, Herrn Tschi,
Herrn Nell, Herrn Lo –
Herrn Punchinello heiraten?

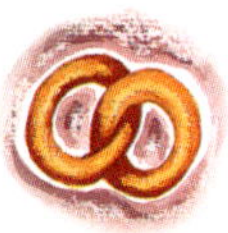

Die ungezogenen Nixen

Jessi und Kassandra waren die frechsten Nixen im ganzen Meer. Sie durften nicht an der Wasseroberfläche schwimmen, wenn Menschen in der Nähe waren. Trotzdem schwammen sie furchbar gern zum Leuchtturm und riefen Tom, den kleinen Jungen, der dort wohnte.

„Quu-iii!", riefen sie, und wenn der Junge dann zu ihnen hinuntersah, kicherten sie und tauchten unter.

„Quu-iii!", riefen sie kurz darauf von der anderen Seite des Leuchtturms. Wenn er dann aber zu ihnen herüberrannte, tauchten sie wieder unter.

Als König Neptun davon hörte, wurde er sehr böse! „Ich dulde dieses schlechte Betragen nicht!", dröhnte er. „Nixen sollen sich von Menschenkindern fern halten!"

Aber Tom war einsam auf dem Leuchtturm. Eines Tages gab seine Mutter ihm einen Picknickkorb mit. Tom breitete ein Tuch auf den Felsen aus und legte Pizza, Chips, Limonade und Hamburger darauf. Aus den Wellen tauchten die beiden ungezogenen Nixen auf und schauten neugierig auf das Essen.

„Hallo, Tom!", riefen sie ihm zu. „Willst du das alles allein aufessen?"

Tom war sprachlos vor Staunen. Er hatte noch nie im Leben eine Nixe gesehen (geschweige denn, eine sprechende).

„Ja", sagte er schließlich. „Ich meine: Nein! Ihr könnt gerne etwas abhaben." Die Nixen hatten ihrerseits noch nie Pizza, Chips, Limonade oder Hamburger probiert.

Sie aßen und tranken so viel, dass ihnen schlecht wurde. Langsam schwammen sie nach Hause und hofften, dass sie nicht König Neptun begegnen würden. Doch er sah sie und rief sie zu sich. „Nixen sind keine Kinder“, sagte König Neptun. „Sie können nicht das Gleiche essen wie Menschenkinder.“

Eine Weile spielten Jessi und Kassandra mit den anderen Meeresbewohnern und aßen Nixennahrung wie Krabben und Seetang. Das wurde ihnen aber bald zu langweilig.

„Ich habe Lust auf Pizza“, sagte Jessi eines Tages. – „Ich auch“, antwortete Kassandra, „und auf dieses Chipszeug.“ – „Mmmm, und Limo!“

Die beiden Nixen sahen sich an. Dann schwammen sie Hand in Hand an die Wasseroberfläche. Tom wartete bereits mit einem Picknick auf sie. Sie aßen und aßen, bis sie nicht mehr konnten. Danach spielten sie und hatten so viel Spaß, dass sie am nächsten und übernächsten Tag wiederkamen. Als sie am dritten Tag zum Meeresgrund zurückschwimmen wollten, waren ihre Fischschwänze hart und schwer geworden. Sie kamen nicht von der Stelle! Da klammerten sie sich an die Felsen unter dem Leuchtturm und weinten.

„Was ist los?“, fragte Tom erschrocken.

„Wir dürfen kein Essen für Menschenkinder naschen“, schluchzten sie.

Tom wusste genau, was zu tun war! Er holte sein Fischernetz und seinen Eimer und suchte die Insel ab. In den kleinen Wasserlöchern zwischen den Felsen sammelte er Krabben und Seetang.

Drei Tage und Nächte lang fütterte er die Nixen mit Nixennahrung. Dann konnten sie ihre Schwänze wieder bewegen und nach Hause schwimmen. König Neptun wartete schon auf sie. Diesmal wurde er nicht böse, sondern er freute sich, dass sie wieder gesund und munter bei ihm waren.

„Tom hat sich als ein guter Freund erwiesen“, sagte König Neptun versöhnlich. „Mit ihm dürft ihr spielen. Nur rührt sein Essen nicht an!“

In der nächsten Zeit besuchten sie Tom oft. Von seinem Essen naschten sie aber nie wieder!

Fabelhafte Flugakrobaten

Penelope Papagei und ihre Mutter Patrizia verbrachten einen herrlichen Nachmittag bei den Fünf Fabelhaften Flugakrobaten. Penelope traute ihren Augen kaum, als sie die Vogeltruppe durch den Himmel schießen und ihre Schleifen und Loopings, Tricks und Kunststücke sah.

In der folgenden Nacht träumte Penelope von eigenen atemberaubenden Kunstflügen zusammen mit den Vogelakrobaten und beschloss, ihren Traum in die Tat umzusetzen!

„Ich werde ab sofort trainieren, Mama“, sagte sie. „Ich will die Beste werden!“ Und noch bevor Patrizia etwas erwidern konnte, war ihre Tochter Penelope davongeflogen.

„Als Allererstes muss ich richtig schnell fliegen lernen“, sagte sich Penelope. Also schlug sie heftig mit den Flügeln, um in Fahrt zu kommen. Aber Penelope hatte erst vor kurzem überhaupt gelernt zu fliegen – und noch wusste sie nicht, wie schnell und wie weit sie tatsächlich fliegen konnte. Und schon bald krächzte, keuchte und japste sie, und ihre Flügel zappelten statt zu flattern.

„Oh, neiiiin!“, schrie sie, als sie merkte, dass sie fiel ... und fiel ... bis ... PLATSCH! – sie neben Niko, dem Nilpferd, in dessen Suhlekuhle landete.

„Himmel, Penelope!“, sagte Niko und versuchte, sich das Wasser aus Augen und Ohren zu schütteln. „Hast du denn keine Augen im Kopf? Du solltest wirklich vorsichtiger sein!“

„’tschuldigung, Niko“, sagte Penelope. „Das war keine Absicht. Ich wollte nur sehen, wie schnell ich fliegen kann, und dabei wurden meine Flügel müde. Ich will nämlich eine fabelhafte Flugakrobatin werden!“

„Das lernt man aber nicht allein", sagte Niko. „Dafür brauchst du fachmännische Hilfe."

„Ich kenne aber keinen Fachmann", sagte Penelope.

„Aber ich", hörte sie eine Stimme aus dem Baum am Ufer. Das war ihre Mutter Patrizia. „Ich habe dich schon gesucht, um dir eine Neuigkeit mitzuteilen", sagte sie. „Onkel Paul kommt heute zu Besuch. Er war früher Gründungsmitglied der Fabelhaften Flugakrobaten. Und er wird dich bestimmt gern trainieren."

Paul war entzückt, dass Penelope eine Fabelhafte Flugakrobatin werden wollte. „Zuerst bringe ich dir eine Reihe von klassischen Kunststücken bei", sagte er. „Und dann arbeiten wir an einer Nummer für dich – denn jeder Fabehalfte Flugakrobat hat seine Spezialität!"

Penelope und Paul fingen sofort mit dem Training an. „Zuerst üben wir die Startspirale", sagte Paul. „Schau mir genau zu, und mach es mir nach."

„Jetzt aufrichten und vorwärts fliegen!", rief Paul. Aber Penelope hörte nicht auf, sich wie ein Kreisel zu drehen!

„Ouuuaaah!", schrie sie. „Mir wird schwindelig!"

Zum Glück erwischte Penelope einen Zweig und hörte auf zu rotieren. Gernot Giraffe, der nebendran Blätter aus einer Baumkrone zupfte, unterbrach seine Mahlzeit und half Penelope auf die Papageienfüße, als Paul zurückkam.

„Kein Problem", sagte Paul, „mit regelmäßiger Übung kriegst du den Dreh schon raus."

In diesem Augenblick kamen Penelopes Affenfreunde, Albert, Anton und Chimko, durch die Äste geschwungen.

„Spielst du Mangofangen mit uns?", riefen sie.

„Super!", antwortete Penelope und flog hinüber zu ihnen.

„Aber, aber!", rief Paul. „Ein Fabelhafter Flugakrobat darf seine Kräfte nicht beim Toben verausgaben!"

„'tschuldigung, Onkel Paul", sagte Penelope – und zu den Freunden, ein wenig traurig: „Ich kann jetzt nicht ... bin mitten im Training ... komme später mal vorbei."

Doch als Penelope gespannt auf die nächsten Trainingsanweisungen ihres Onkels wartete, sagte Paul: „Jetzt wird es aber Zeit, dass du ins Bett kommst."

„Aber Onkel Paul", erwiderte Penelope verdattert, „es ist noch viel zu früh!"

„Ein Fabelhafter Flugakrobat braucht seinen Schlaf, meine Liebe!", sagte Onkel Paul. „Die Flügelmuskeln müssen sich entspannen, damit sie kräftig werden."

„Du tust besser, was Onkel Paul sagt", sagte Patrizia, als sie Penelope half, sich auf ihrem Ruheast einzurichten. „Er ist schließlich vom Fach!"

Am nächsten Morgen wurde Penelope sehr, sehr früh von Onkel Paul geweckt. „Aufstehen, zum Frühsport!", krähte er.

„Aber Onkel Paul! Es ist noch viel zu früh", gähnte Penelope. „Die Sonne ist noch nicht einmal aufgegangen!"

„Das ist die beste Zeit fürs Training!", sagte Onkel Paul. „Mir nach!"

„Heute beginnen wir mit einigen Geschwindigkeitsübungen“, sagte er. „Das war meine Spezialität bei den Fabelhaften Flugakrobaten! Du fliegst einfach zwischen den Bäumen hindurch – hinein und wieder hinaus ... so!“

Penelope beobachtete ihren Onkel bei seinem anmutigen Flug durch den Dschungel. Es sah so einfach aus, doch als sie es selbst versuchte ...

TSCHRRR – „Autsch!“, schrie Penelope.

Onkel Paul stürzte herbei und besah sich Penelopes Kopf. „Nichts Schlimmes“, sagte er. „Ein Fabelhafter Flugakrobat muss mit blauen Flecken und roten Schrammen rechnen. Am besten machen wir's gleich noch einmal.“

Den ganzen Tag über versuchte Onkel Paul, Penelope Kunststücke beizubringen. Und den ganzen Tag über krachte, knallte, prallte und platschte Penelope in die Bäume – oder Freunde!

An diesem Nachmittag flog eine völlig erschöpfte und ermüdete Penelope mit ihrem Onkel nach Hause.

„Na, Penelope“, sagte Mutter Patrizia, „wie geht's dir auf dem Weg zu den Fabehaften Flugakrobaten?“

„Oh, super“, sagte Penelope. „Und ich weiß auch schon, was meine Spezialität wird!“

„Nämlich?“, fragten Patrizia und Paul neugierig wie aus einem Schnabel.

„Zuschauer sein!“, lachte Penelope.

Die Geschichte der zwei Prinzessinnen

Vor langer Zeit lebten zwei Prinzessinnen, die Zwillingsschwestern waren und auf die Namen Charmina und Charlotte hörten. Obwohl die Prinzessinnen Zwillinge waren, waren sie völlig gegensätzlich. Prinzessin Charmina war zu allen nett und freundlich. Stets knickste sie höflich vor dem König und der Königin. Sie hielt auch still, als die königlichen Schneider kamen und sie ihr neues Ballkleid anprobieren ließen.

Prinzessin Charlotte war ganz anders. „Muss ich mich denn herausputzen wie ein Pfau?“, murrte sie, wenn sie ihr neues Ballkleid anprobieren sollte.

„Wie kannst du es wagen, so mit uns zu sprechen“, empörten sich ihre Eltern.

Aber Charlotte traute sich noch ganz andere Dinge. Sie lief zum Beispiel barfuß durch die Gärten. Dabei trug sie nur ihre schäbigsten Kleider. Sie benahm sich überhaupt nicht wie eine Prinzessin.

Eines Tages sollte im Palast ein Ball stattfinden. Als Ehrengäste waren zwei Prinzen aus dem benachbarten Königreich eingeladen. Die beiden Prinzessinnen in ihren neuen Ballkleidern standen bei den Vorbereitungen nur im Weg.

„Geht doch ein wenig spazieren, bis die Gäste eintreffen“, schlug die Königin ihnen vor. „Aber bleibt zusammen, macht euch nicht schmutzig und kommt nicht zu spät!“

Die beiden Prinzessinnen spazierten bis ans Ende der Palastgärten. „Lass uns in den Wald gehen“, ermunterte Prinzessin Charlotte ihre Schwester.

„Das sollten wir lieber nicht tun“, erwiderte Prinzessin Charmina. „Unsere Kleider könnten schmutzig werden.“ Doch Charlotte hatte sich schon auf den Weg gemacht.

„Warte!“, rief Prinzessin Charmina. „Wir müssen zusammenbleiben.“ Tiefer und tiefer gelangten sie in den Wald. Das Laub raschelte unter ihren Füßen, und sie lauschten dem Gezwitscher der Vögel.

In dem Augenblick vernahmen sie ein seltsames Geräusch. „Bitte, lass uns umkehren!“, rief Prinzessin Charmina verängstigt.

„Vielleicht ist jemand in Not“, wandte Prinzessin Charlotte ein. „Dann müssen wir hingehen und helfen.“

Kurz darauf fanden sie zwei Pferde auf einer Lichtung, aber von den Reitern fehlte jede Spur. Da hörten sie eine Stimme rufen:

„Hallooo! – Ist da jemand?“

Zunächst konnten die Schwestern nicht feststellen, woher der Ruf kam. Dann entdeckten sie auf der Lichtung eine tiefe Grube – eine alte Bärenfalle! Die Prinzessinnen blickten hinab. Überrascht schlug sich Prinzessin Charmina die Hand vor den Mund. Prinzessin Charlotte brach in Gelächter aus. Dort unten in der Grube saßen zwei Prinzen.

„Guten Tag“, grüßte der eine Prinz höflich. – „Was steht ihr herum?“, fragte der andere Prinz. „Helft uns heraus!“

Die Prinzessinnen fanden Seile und warfen den Prinzen ein Ende zu. Schon bald waren die Prinzen gerettet, und sie gingen gemeinsam zum Palast.

Bei ihrer Rückkehr fanden sie alle im Palast in heller Aufregung vor. Der König und die Königin waren verärgert, weil ihre Töchter so spät und verschmutzt zurückkamen. Doch ihr Ärger wich schnell großer Freude, als die Prinzen erzählten, was geschehen war.

Der Ball wurde ein großer Erfolg. Die beiden Prinzessinnen tanzten die ganze Nacht hindurch mit den Prinzen. Und weißt du was? Von dem Tag an achtete Charlotte etwas mehr auf ihre Kleidung und ihre Haare, und Charmina wurde etwas wagemutiger als früher.

Allerbeste Freunde

Zerline Ziege, Hermine Henne, Schubert Schäferhund, Ferdinand Ferkel, Schona Schaf und Karlotta Kuh lebten zusammen auf dem Weidenhof. Nachmittags, nachdem alle Arbeit getan war, trafen sie sich meistens auf der Koppel hinter dem Bauernhaus und redeten miteinander – über das, was sie erlebt hatten, über Neuigkeiten und Streitigkeiten, über den Bauer und die Bäuerin, das Wetter ... und worüber man eben so redet, auch unter Tieren.

Zerline war eine ziemlich eingebildete Ziege – denn sie hielt sich für nützlicher als alle anderen Tiere auf dem Hof. Sie lieferte nämlich nicht nur die Milch, aus der die Bäuerin Käse machte; sie fraß darüber hinaus die Nesseln und das Unkraut und hielt so den ganzen Hof sauber. Ihrer Meinung nach war das weitaus wichtiger, als zum Beispiel Eier legen, Schafe hüten, nach Trüffeln suchen oder einfach nur Wolle oder Milch geben.

Jeden Morgen, wenn Hermine Henne bereits ihre Eier gelegt hatte und alle anderen Tiere noch bei der Arbeit waren, flog sie über den Hühnerdraht, der sie vor dem Fuchs schützte, und trippelte hinüber zu Zerline.

An einem heißen Morgen im Sommer, als die Sonne schon früh in den Hof brannte, schlug Zerline Hermine vor, hinunter zum Ententeich zu gehen und sich dort die Füße im klaren, kühlen Wasser zu erfrischen. Hermine Henne war nicht sehr begeistert – denn schließlich sind Hühner keine Enten. „Ich hab Angst, dass ich hineinfalle und ertrinke", sagte sie. „Ich kann nämlich nicht schwimmen."

„Du kannst nicht schwimmen?", erwiderte Zerline empört. „Wie kannst du dich überhaupt amüsieren, wenn du nicht schwimmen kannst?" Und damit drehte sie Hermine Henne den Rücken zu. Zerline überlegte, wer mit ihr schwimmen gehen könnte. Und schon kam ihr eine Idee, und sie lächelte. „Schubert Schäferhund kann schwimmen", sagte sie, als sie ihn von weitem sah. „Schubert soll mein bester Freund sein."

Schubert Schäferhund hatte Schona Schaf und ihre Herde auf die Wiese getrieben, als Zerline ihm zurief: „Schubert – wie wär's mit einer kleinen Pause? Kommst du mit zum Ententeich?"

„Warum eigentlich nicht?", sagte Schubert, nachdem er wieder zu Atem gekommen war. „Es ist brüllend heiß heute, und ich könnte eine Abkühlung vertragen und mal wieder schwimmen."

Zerline und Schubert verbrachten einen hervorragenden Tag am Teich und im Wasser, und abends sagte Zerline: „Du bist mein bester Freund, Schubert! Kommst du morgen wieder mit hierher?" Schubert war einverstanden. Auch freute er sich, dass Zerline ihn vor allen anderen Tieren mochte.

Am nächsten Tag war Zerline für ihre Verhältnisse früh auf den Beinen. Sie lief zu Schuberts Hundehütte und wollte ihn abholen, damit sie zusammen spielen konnten. Doch Schubert war schon seit langem bei der Arbeit und trieb noch Schona und ein paar Schafe auf die Wiese. Und als Zerline ihn zum Spielen rief, schüttelte er den Kopf. „Es ist noch zu früh", sagte er. „Ich muss dafür sorgen, dass die Schafe die ganze Wiese abgrasen. Außerdem ist der Teich voller Schlamm. Ich darf nicht so dreckig werden."

„Was ist denn los mit dir?", meckerte Zerline. „Hat man je einen Hund gesehen, der Schlamm nicht mag?" Und damit drehte sie Schubert Schäferhund den Rücken zu.

Zerline dachte einen Augenblick darüber nach, wer sonst noch den Schlamm mochte. Dann strahlte sie triumphierend. „Ferdinand Ferkel liebt Schlamm!", sagte sie. „Ferdinand soll mein bester Freund sein."

Ferdinand Ferkel schnüffelte im heißen Hof herum, als Zerline mit leuchtenden Ziegenaugen auf ihn zukam. „Hallo Ferdinand!", rief sie schon von weitem. „Kommst du mit im Schlamm suhlen?"

Sie hatten solchen Spaß zusammen, dass Ferdinand sich morgen wieder mit Zerline im Schlamm treffen wollte. Doch Zerline hatte jetzt genug vom Suhlen und Ahlen – sie wollte morgen auf der Wiese liegen und saftiges frisches Gras genießen. Ferdinand aber mochte kein Gras – er mochte nur Schweinefraß. Traurig sagte er Zerline, dass er sie – leider! – nicht begleiten konnte.

„Du wirst nie ein echter Freund sein, wenn du kein Gras frisst", sagte Zerline eingeschnappt. Und damit drehte sie Ferdinand Ferkel den Rücken zu. Wer aber mochte saftiges frisches Gras, außer ihr, überlegte sie – und lachte gleich darauf siegessicher. „Karlotta Kuh! Sie liebt saftiges Gras. Sie wird meine beste Freundin sein", rief Zerline.

Am nächsten Morgen besuchte Zerline Karlotta Kuh, die gerade von der Bauersfrau gemolken werden sollte. Zerline teilte Karlotta ihre Pläne mit. Karlotta fühlte sich sehr geehrt, später auf der Wiese mit Zerline zu grasen, zu faulenzen und zu tratschen. Aber sie konnte noch nicht auf der Stelle mitgehen und bat daher Zerline um etwas Geduld. „Warte nur einen kleinen Moment", sagte sie. „Ich muss nur noch gemolken werden."

Zerline warf Karlotta einen verärgerten Blick zu und drehte ihr dann den Rücken zu. „Was ist bloß mit all den dummen Tieren los?", fragte sie sich. „Warum müssen sie immer erst etwas anderes erledigen – oder aber können gar nichts tun?" Und so beschloss sie, allein auf die saftige Wiese zu gehen.

Als Zerline auf die Wiese kam, erblickte sie Schona Schaf, die dort Gras zupfte. Schona war hocherfreut, dass Zerline sie zur Freundin ernannte – und beide verbrachten die nächsten Stunden mit gemächlichem Grasen und Reden. Bald kam Karlotta Kuh dazu.

„Zur Freundschaft gehört ein Geben und Nehmen", sagte Zerline zu Schona (so laut, dass Karlotta dies hören konnte), „und beste Freundschaft bedeutet, viel zu geben." Als Karlotta Kuh sich jedoch zum Weitergrasen entfernte, folgte Schona Schaf ihr ohne Zögern. Zerline Ziege schnaufte und kaute gekränkt weiter. „Pah – wer braucht überhaupt Freunde?", dachte sie. „Im Grunde genommen taugen sie sowieso nichts."

Doch so ganz allein begann Zerline schon bald, sich zu langweilen und wollte spielen. Alle anderen Tiere hatten sich in der Zwischenzeit auf der Koppel versammelt. Als Zerline dazukam, drehten allesamt ihr den Rücken zu. Und gleich darauf hörte sie, wie Karlotta Kuh zu Schona Schaf sagte: „Weißt du – Freundschaft ist vor allem eine Sache von Geben und Nehmen. Wenn einer meiner Freunde immer nur nähme und nichts gäbe, dann wär er nicht mehr mein Freund."

Was Karlotta gesagt hatte, verfehlte seine Wirkung nicht. Zerline war verletzt – und betreten schlich sie zurück in den Hof. Sie fühlte sich elend. Und je länger sie auf dem Satz herumkaute und darüber nachdachte, um so elender fühlte sie sich. Und je elender sie sich fühlte, um so klarer erkannte sie, was für eine schreckliche Freundin sie selbst war. Als sie am nächsten Tag ihre Freunde traf, schluchzte sie. „Es tut mir so leid! Könnt ihr mir noch einmal verzeihen?"

Hermine Henne flog zu ihr und umarmte sie – und nacheinander taten es ihr alle Tiere nach. Niemand wollte sie weiterhin so traurig sehen, und alle wollten wieder mit ihr befreundet sein. „Ich war so bescheuert!", sagte Zerline mit ehrlicher Wut auf sich selbst. „Aber jetzt sehe ich, dass ihr alle meine ALLERbesten Freunde seid!"

Oh, Teddy!

Teddy und Häschen waren zusammen einkaufen. Überall in der Stadt hatten sie bunte Plakate gesehen, auf denen die Ankunft des Zirkus angekündigt wurde.

„Ich gehe vielleicht zum Zirkus", sagte Teddy, als sie nach Hause kamen.

„Was willst du denn da machen?", fragte Häschen.

„Ich werde Seiltänzer", antwortete Teddy. „Das ist kinderleicht." Und schon war er auf die Wäscheleine gesprungen. Zunächst schritt er schön aus, dann glitt er aalglatt über das Seil, schlug einen sauberen Salto und verbeugte sich galant. Doch da passierte es! Er wankte und wackelte, zitterte und zappelte, verlor seinen Halt und rutschte ab …

„Oh, Teddy!", lachte Häschen.

„Macht nichts", sagte Teddy und rappelte sich wieder hoch. „Vielleicht fahre ich lieber mit dem Einrad."

„Aber du hast gar kein Einrad", sagte Häschen.

„Das bau ich mir!", sagte Teddy und verschwand im Schuppen. Bald darauf hörte Häschen lauter Hämmern und Klopfen.

„Voilà", rief Teddy, als er aus dem Schuppen gefahren kam. Zunächst radelte er ruhig. Dann strampelte er auf und ab und drehte sich im Kreis. Doch da passierte es!

Oh, Teddy!

„Oh, Teddy!“, lachte Häschen, als es sah, wie Teddy daneben trat und das Einrad zerbrach.

„Macht nichts“, sagte Teddy, als er sich aufrappelte. „Vielleicht jongliere ich lieber.“

„Aber du hast nichts zum Jonglieren“, sagte Häschen.

„Ich finde schon etwas“, sagte Teddy und lief in die Küche. Häschen wartete geduldig. Dann hörte es Geschirr klirren und klappern.

„Voilà“, rief Teddy, als er zur Tür jonglierend herauskam. Zunächst klappte es perfekt. Die Tassen flogen, und die Teller trudelten. Er warf sie höher und höher. Da passierte es! Tassen und Teller stießen zusammen und prasselten in Scherben zu Boden.

„Oh, Teddy!“, lachte Häschen. „Ich weiß nicht, ob der Zirkus so eine gute Idee ist.“

„Unsinn!“, sagte Teddy. „Natürlich ist er es.“

„Aber Teddy“, warf Häschen ein, „du hast versucht, auf dem Seil zu tanzen, du hast versucht, Einrad zu fahren, du hast versucht zu jonglieren. Und was ist passiert?“

„Ja, was denn?“, erwiderte Teddy. „Was ist passiert? Ich habe dich zum Lachen gebracht! – Ha, jetzt weiß ich, was das Richtige für mich ist!“ Und schon rannte Teddy wieder ins Haus.

Es dauerte nicht lange, da kam er wieder heraus.

„Oh, Teddy!“, lachte Häschen. „Du hast recht. Du bist wirklich der perfekte Clown!“

Besen, Besen!

Ein verruchter Besen, der nicht hören will!
Stock, der du gewesen, steh doch
wieder still!
Willst's am Ende gar nicht lassen?
Will dich halten, will dich fassen.

AUS „DER ZAUBERLEHRLING“ VON J. W. V. GOETHE

Kinder mit übler Laune

Zürnt und brummt der kleine Zwerg
Nimmt er alles überzwerch,
Den Backofen für ein Bierglas,
Den Mehlsack für ein Weinfaß.

AUS „DES KNABEN WUNDERHORN“

Ammenuhr

Das Huhn gagackt,
Die Ente quakt,
Die Glock schlägt sechs –
Steh auf, steh auf, du faule Hex.

Plaudertasche

Du liebes Plappermäulchen,
Bedenk dich erst ein Weilchen
Und sprich nicht so geschwind.
Du bist wie unsere Mühle
Mit ihrem Flügelspiele
Im frischen Sausewind.

Der gescheite Hansel

Hansel am Bach
Hat lauter gut' Sach,
Hats Häusel verbrennt,
hat Lumpen drumgehängt.

Hansel am Bach
Hat lauter gut' Sach,
Hat Fischlein gefangen,
Hat die Schuppen heimbracht.

AUS „DES KNABEN WUNDERHORN“

Aus meiner Kinderzeit

Vaterglückchen, Mutterschößchen,
Kinderstübchen, trautes Heim,
Knusperhexlein, Tantchen Röschen,
Kuchen schmeckt wie Fliegenleim.
Wenn ich in die Stube speie,
Lacht mein Bruder wie ein Schwein,
Wenn er lacht, haut meine
Schwester,
Wenn sie haut, weint Mütterlein.

JOACHIM RINGELNATZ

Ein Mann

Es war einmal ein Mann,
Der hatte einen Schwamm
Der Schwamm war ihm zu
nass,
Da ging er auf die Gass.
Die Gass war ihm zu kalt,
Da ging er in den Wald.
Der Wald war ihm zu grün,
Da ging er nach Berlin.

Hokuspokus

Ein Gaukler Hokuspokus hieß,
Zu Magdeburg sich sehen ließ.
Er zeigte manch ein gutes Stück,
Sein schwarzes Rösslein bracht ihm Glück.

August Kopisch

Suse

Muhme Suse Brumme
Steht vor unsrer Tür –
Holt noch einen Brummbass her,
Holt noch einen Zottelbär,
Holt noch eine Hummel,
Dann brummen sie alle vier.

Victor Blüthgen

Opas Schwein

Opa Hein
Hatte ein Schwein
In einem Feld voll Klee.
Das Schwein, das starb,
Und Opa schrie:
Oje!

Lied

Ich bin der Kasperl Überall,
Und nirgends darf ich fehlen.
Die Menschheit wäre nicht komplett,
Wär ich nicht auch zu zählen.

Franz Graf Pocci

Vom Honigkuchenmann

Keine Puppe will ich haben –
Puppen gehen mich gar nichts an.
Was erfreun mich kann und laben,
Ist ein Honigkuchenmann,
So ein Mann mit Leib und Kleid –
Durch und durch von Süßigkeit.

A. H. Hoffmann von Fallersleben

Der kleine Muck

Kleiner Muck, kleiner Muck,
Wohnst in einem großen Haus,
Gehst nur alle vier Wochen aus,
Bist ein braver, kleiner Zwerg,
Hast ein Köpflein wie ein Berg.
Schau dich einmal um und guck,
Lauf und fang uns, kleiner Muck!

Wilhelm Hauff

Danke!

Danke für dein schönes Bild –
Du siehst ja lustig aus.
Häng ich es auf, dann jagen wild
Alle Mäuse aus dem Haus hinaus!

Elsa Elefants Dschungel-Dusche

Hoch über dem Dschungel hing keine einzige Wolke. Unten, unter den Bäumen, war es drückend heiß.

„Sogar im Schatten ist es so heiß, dass die Hitze durch meine Elefantenhaut dringt", stöhnte Elsa Elefant. „Ich gehe zum Fluss, um mich abzukühlen."

Adalbert Äffchen hing hoch oben in den Baumwipfeln. „Ich gehe schwimmen", rief Elsa ihm zu. „Du kannst mitkommen, wenn du willst."

Adalbert sprang vom Baum herab und lief neben Elsa her.

„Du hast aber einen sehr langen Rüssel", sagte Adalbert Äffchen auf dem Weg. „Wozu ist der denn da?"

Elsa dachte eine Minute nach. „Ich weiß nicht ganz genau", sagte sie endlich.

Als sie zum Fluss kamen, begegneten sie Leo Löwe am Ufer. „Hallo Leo!“, rief Elsa. „Kommst du mit schwimmen?“

„Löwen schwimmen nicht gern“, seufzte Leo. „Aber mir ist so heiß! Ich komme mit und schau euch zu.“

Bald kam auch noch Tessa Tiger dazu. Sie und Leo sahen eine Weile zu, wie Elsa und Adalbert ins Wasser tauchten und sich beim Auftauchen gegenseitig nass spritzten.

„Oh, ist das wunderbar kühl!“, rief Elsa. „Kommt – springt rein!“

„Tiger haben Angst vor Wasser“, rief Tessa. „Aber es sieht aus, als ob es Spaß macht!“

Elsa sah, wie ihre Freunde vor Hitze japsten. Da kam ihr eine Idee. Sie füllte ihren Rüssel mit kühlem Wasser und pustete es über Tessa und Leo aus. Gleich sprang Adalbert dazu – und sogar die Vögel kamen herbeigeflogen und spielten unter Elsas Dusche.

„JETZT weiß ich, wozu mein Rüssel da ist!“, rief Elsa. Und alle Tiere applaudierten.

Susis Haarschnitt

Eines Morgens stand Susi, das Schaf, am Teich hinter Bauer Bastians Hof und schaute traurig ins Wasser.

„Was macht sie denn da?“, flüsterte Erna, die Ente, ihrer Freundin Ella zu. „Man sieht ja nicht alle Tage Schafe am Wasser.“

Währenddessen schwammen die Entenkinder von der anderen Seite des Teiches herbei, um sich den Besucher näher anzusehen.

„Schafe fressen keine Enten, oder?“, fragte Ella besorgt. Ella war keine besonders schlaue Ente.

„Natürlich nicht!“, antwortete Erna. „Die Kleinen sind vor Susi sicher.“

Doch in diesem Augenblick entließ Susi einen solch herzzerreißenden Seufzer, dass die Entchen quer über den Teich geblasen wurden und von ihren Müttern gerettet werden mussten!

Goliath, der alte Gaul, konnte nicht noch ein weiteres Tier unglücklich sehen. Seine Hufe klapperten über die Pflastersteine, als er zu Susi herüberkam und seinen großen Kopf an Susis wollenem Rücken rieb.

„Was ist los, meine Liebe?", fragte er. „Ist dein Lämmchen einmal wieder weggelaufen?"

„Nein", seufzte Susi. „das ist es nicht. Schau mich doch nur an!"

Goliath sah Susi durchdringend an. „Du siehst heute noch ... ehem ... wunderbarer wollig aus als üblich", sagte er galant.

„Ich sehe zum Fürchten aus!", sagte Susi. „Mein Fell hätte schon vor Wochen geschoren werden müssen. Aber Bauer Bastian hat es anscheinend vergessen."

„Hm – manchmal ist er ein bisschen vergesslich", sagte Goliath. „Ich spreche mit den anderen Tieren. Mal hören, was sie vorschlagen."

Die Tiere interessierten sich mächtig für Susis Problem. „Vielleicht könnte ich ein wenig an ihrem Fell nagen", schlug Fritz, das Ferkel, begeistert vor – der beinahe alles fraß! Doch der Vorschlag wurde einhellig abgelehnt.

„Nein – wir müssen Bauer Bastian daran erinnern, dass er Susi mal wieder einen Schnitt verpassen muss", sagte Karla, die Kuh.

„Aber der alte Bauer Bastian ist immer so beschäftigt“, gab Henriette, die Henne, zu bedenken. „Wie können wir ihn nur auf Susis Problem aufmerksam machen?“

Das brachte Karla auf eine Idee. „Hört mal“, muhte sie. „Bauer Bastians Frau Berta ist die Aufmerksame von beiden. Vielleicht kommst du doch noch zum Nagen, Fritzchen!“

Und so durfte Fritz ein wenig von Susis Wolle nagen – und die Hühner pickten die Wollbüschel auf und machten sich mit ernsten Gesichtern auf die Suche nach den Bauersleuten.

Als der alte Bauer Bastian an diesem Tag zum Mittagessen in die Küche kam, schlug Berta die Hände über dem Kopf zusammen!

„Basti!“, rief sie, „du bist ja voller Wolle! Bring bloß nicht all die Flusen in meine saubere Küche! Es wird wirklich Zeit, dass die Schafe endlich wieder geschoren werden!“

Schon am nächsten Tag war Susis neuer Schnitt das Gesprächsthema auf dem Hof. Sie und ihre Freundinnen tapsten glücklich umher und sahen so schick und schneidig aus, wie ein Schaf nur aussehen kann!

Die Zuckerfee und der Schmetterling

„Liebe Zuckerfee“, sagte die Feenkönigin, „ich habe eine sehr wichtige Aufgabe für dich.“

Die Zuckerfee erledigte immer die wichtigsten Aufträge. Die Feenkönigin sagte, sie sei eben die netteste und hilfsbereiteste Fee weit und breit.

„Bitte schneidere mir ein Ballkleid aus Rosenblüten für meinen Geburtstagsball in der nächsten Woche.“

„Mit Vergnügen“, antwortete die Zuckerfee fröhlich. Sie hatte gerne viel zu tun und fing sofort an zu arbeiten. Die Zuckerfee sammelte Spinnennetze, aus denen sie den Faden gewann, und Rosenblüten für das Kleid. Während sie noch Spinnfäden sammelte, traf sie einen Schmetterling, der gefangen in einem Spinnennetz hing.

„Ach, du Armer“, seufzte die Zuckerfee. Sie ließ sofort alles stehen und liegen und kümmerte sich um den Schmetterling. Vorsichtig befreite sie ihn endlich aus dem Netz.

Einer seiner Flügel war gebrochen, und die Zuckerfee legte den Schmetterling auf eine Liege aus Federn. Es ging ihm sehr schlecht, und er war halb verhungert. Die Zuckerfee holte Nektar aus einer besonderen Blüte und gab ihm tropfenweise zu trinken. Dann sprach sie einen heilenden Zauberspruch für seinen Flügel. Jeden Tag fütterte sie ihn mit dem Nektar und sprach dabei jedes Mal den Zauberspruch. Nach sechs Tagen ging es ihm viel besser, und er war der Zuckerfee sehr

dankbar. Inzwischen hatte die Zuckerfee jedoch sehr viel Zeit verloren.

„Niemals bekomme ich das Ballkleid der Feenkönigin bis morgen fertig", weinte sie. „Was soll ich bloß tun?"

Der Schmetterling tröstete sie. „Mach dir keine Sorgen, Zuckerfee. Wir helfen dir."

Er holte alle seine Freunde: gelbe, blaue, rote und braune Schmetterlinge. Er erzählte ihnen, dass die Zuckerfee ihn aus dem Spinnennetz gerettet hatte.

Die Schmetterlinge sammelten viele, viele Rosenblüten und ließen sie neben der Zuckerfee fallen. Dann flogen sie wieder fort, um noch mehr Spinnennetze zu holen. Die Zuckerfee ordnete die Rosenblüten zu einem Muster. Ihre Hand flog mit Nadel und Faden über die Blätter und machte ganz feine Stiche. Dann nähte sie noch Bänder und Schleifen an das Kleid.

Als die Zuckerfee fertig war, strahlte sie.

„Mein lieber Freund", sagte sie zu dem Schmetterling. „Ohne deine Hilfe wäre ich niemals mit diesem Kleid fertig geworden."

„Ich würde ohne dich nie wieder fliegen", sagte er.

Die Feenkönigin war entzückt von ihrem neuen Ballkleid. Als sie die Geschichte von dem hilfsbereiten Schmetterling hörte, schrieb sie ein Dankeschön-Gedicht für die Zuckerfee:

Die Zuckerfee ist hilfsbereit,
lieb und freundlich allezeit.
Sie arbeitet tagein, tagaus,
das macht ihr aber gar nichts aus.
Krank, verletzt oder auch mal wund,
die Zuckerfee macht uns gesund.
Sie wirkt mit Zauber und Magie,
bringt Freude uns und Harmonie!

Das eifrige Häschen

Das eifrige Häschen ist wieder auf Tour
Und weiß nicht aus noch ein.
Es fragt sich leis: „Wie schaff ich das nur?
Wird es so knapp wie letztes Jahr sein?“

Wenn alle Tiere noch fest schlafen,
Dann hopst es über die Farm –
Mit einer langen Liste
Und einem Korb unterm Arm.

Es klopft beherzt an die Hühnerstalltür
Und hofft, dass sie fleißig war’n.
Die Hühner gaffen. „Du schon wieder hier?“
Doch wie immer gewinnt sein Charme.

Und sie füllen seinen Korb bis über ’n Rand
Mit Eiern – weiße, gelbe, graue,
Getupfte, in Farben, die nur Hühnern
bekannt,
Ja, manchmal sogar auch blaue!

„Jetzt ab mit dir!“, glucksen sie endlich.
„Pass auf, dass keines zerbricht!
Tschüss! Sieh dich vor und beeile dich –
Sie werden bald wach, es kommt das Lich

Mancher auf der Liste ist erstmals dabei.
Das Häschen hopst von Tür zu Tür.
„Hier kommt nur eins hin – dort aber zwe
Und nebenan in diesem Jahr schon vier!

Das eifrige Häschen läuft und hat
Bald versorgt jedes Haus in unserer Stac
Es sorgt dafür, dass die Kinder mit Lachen
Nicht mit traurigen Gesichtern erwache

Da, plötzlich, geht die Sonne auf.
„Es ist Tag!“, kräht lauthals der Hahn.
Häschen ist müde und gähnt noch im Lau
„Geschafft! Der Job ist mal wieder geta

Aber was ist das? Ein Osterei zu viel?
Häschen prüft die Liste und wundert sic
„Hab ich jemanden vergessen? Das passie
mir sonst nie! ...
Ach ja – ich vergaß ja mich!“

Retterin Hella

Wie ein kleines rotes Licht
Glänzte eine süße Nase …
Nein, meine Kleine, deine nicht –
Sondern die von Hella Hase.

Doch Hella mochte sie gar nicht leiden
Und war darum nur selten froh.
Der Freunde Spott, der tat ihr weh.
Sie riefen: „Hallo – Nase Lichterloh!“

Doch einmal hüpfte die Hasenkinderschar
In den tiefen, bösen Wald.
Von den Häschen keines den Weg mehr sah,
Da ging ihr Mut verloren bald.

Häschen Heinz weinte – er war erst drei:
„Puh … Meine Mutter macht sich Sorgen!
Finden wir denn heute noch nach Haus?
Oder erleben wir gar nicht mehr den
Morgen?“

Die Dunkelheit kam,
Bald war tiefste Nacht.
Kein Häschen wusste Rat,
Und alle hielten Wacht.

Da reckten sich die Öhrchen von Hubert
Hase,
Und er strahlte übers Gesicht:
„Warum folgen wir nicht einfach Hellas
Nase?
Sie glüht und leuchtet – wie ein Licht!“

Und so führte Hella die Häschenschar
Aus dem dunklen Wald hinaus.
Als die Morgensonne die Häschen sah,
Da waren sie fast schon zu Haus!

„Was hätten wir ohne dich nur gemacht?“,
Rief Heinz. „Hoch lebe
Hella Hase!“
Und es haben nie wieder die
Häschen gelacht
Über Hellas glühende Retternase!

Mama erwartet ein Baby

David half Mutter beim Abwaschen. „Ich habe eine Neuigkeit für dich“, sagte sie. „Jetzt dauert es nicht mehr lang, und dann wirst du ein Brüderchen oder Schwesterchen zum Spielen haben.“ Sie bückte sich und wischte ihm drei Seifenblasen von der Nase.

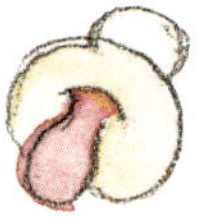

„Wird das Baby so aussehen wie ich?“, fragte David.

Mutter lachte. „Ich hoffe es!“, sagte sie. „Jetzt kannst du mir aber helfen. Wir müssen noch allerhand vorbereiten und haben noch viel zu tun, bevor das Baby kommt.“

Am nächsten Tag gingen sie zusammen einkaufen. Sie kauften einen gestreiften Strampelanzug, einen kuscheligen Teddy und einen Autositz – alles für das Baby.

„Und was ist mit mir?“, dachte David. In diesem Augenblick erhielt er von Mutter ein Geschenk. „Hier – das ist für dich“, sagte sie. „Danke, dass du mir geholfen hast!“

„Oh, danke Mama!“, rief David.

Zu Hause brachte Vater Davids alten Kinderwagen und sein

Bettchen vom Dachboden herunter. David kroch in das Bettchen und aß nachdenklich sein Abendbrot. Es dauerte eine Weile, bis er sich traute, seinen Vater zu fragen: „Aber was ist mit mir?“, sagte er traurig. „Das ist doch mein Kinderwagen.“

„Du brauchst ihn nicht mehr“, lachte Vater. „Du bist doch schon groß.“ David strahlte.

Wochen vergingen, und David wartete ... und wartete ... und wartete! Würde das Baby denn jemals kommen? Doch dann sagte Mutter eines Tages: „Ich gehe ins Krankenhaus, David. Ich glaube, heute kommt das Baby.“

„Aber was wird aus mir?“, fragte David bang.

„Keine Angst“, sagte Davids Mutter. „Großmama kommt und bleibt so lange bei dir, bis ich wieder nach Hause komme.“

„Ich mag Großmama sehr – aber ich will nicht, dass du weggehst!“, schluchzte David. „Ich vermisse dich!“

„Ich dich auch, mein Junge“, sagte Mutter und drückte ihn fest an sich. „Hab keine Angst, ich bin bald wieder da.“

Am Nachmittag kam Vater aus dem Krankenhaus: „David!“, rief er. „Du hast ein süßes Schwesterchen bekommen. Komm, ich bring dich zu ihr. Wir haben sie Lisa genannt.“ Im Krankenhaus fotografierte Vater – immer nur Lisa!

„Und was ist mit mir?“, brummte David leise. Er fühlte sich ausgeschlossen. Da sagte Vater: „Kommt – ich möchte ein Foto mit Lisa und David machen.“ Und dann machte er noch eins ... und noch eins! David ging es schon viel besser!

Als Mutter und Lisa wieder zu Hause waren, kamen viele Freunde zu Besuch. Alle wollten Davids kleine Schwester sehen, und sie brachten viele Geschenke – für das Baby!

„Und ich?“, dachte David.

„Schau mal, was Lisa dir mitgebracht hat“, sagte Mutter. Und da, in Lisas Bettchen, lag ein dickes Paket mit einer großen blauen Schleife!

„Oh – danke für die Eisenbahn!“, sagte David und gab seiner kleinen Schwester einen dicken Kuss.

Kleine Babys brauchen viel Aufmerksamkeit! Lisa schien immer hungrig zu sein, und ihre Windeln mussten laufend gewechselt werden! Und dann wollte sie auch noch andauernd schmusen!

„Und ich?“, dachte David. „Wer schmust jetzt mir mir?“

Als Vater abends nach Hause kam, nahm er David in seine Arme. „Ich brauche auch mal eine Umarmung“, sagte Vater. „Wer umarmt mich?“

„Ich!“, quietschte David vergnügt. Als sie im Park spazieren gingen, wollte jeder das neue Baby sehen. Niemand schien David zu beachten – außer Frau Liebermann. „Lisa sieht genau aus wie du“, sagte sie. David lächelte stolz. „Ich glaube, sie hat meine Nase“, sagte er.

Mutter wurde bald müde. „Die erste Zeit mit dem Baby ist sehr anstrengend“, sagte Vater.

„Und was ist mit mir?“, sagte David. „Ich kann Mutter doch helfen!“

Und wenn von nun an Lisa weinte, schnitt David Gesichter und brachte seine Schwester zum Lachen.

Wenn Lisa spielen wollte, baute David mit Klötzchen Türme, die Lisa kaputt machen durfte, wieder ... und wieder ... und wieder! Und wenn Lisa ihre Rassel aus dem Bettchen warf, hob David sie immer wieder auf!

Im Supermarkt durfte David den Kinderwagen schieben. Und jeder sprach ihn und seine kleine Schwester an. „Du bist wirklich eine große Hilfe für deine Mutter!“, sagten sie. Außerdem war David der einzige, der Lisa zum Schlafen brachte: Er sang ihr alle seine Lieblingslieder vor. Dank seiner Hilfe konnte Mutter ein wenig ausruhen.

„Wer will eine Geschichte hören und ein bißchen schmusen?“, sagte sie und setzte sich aufs Sofa.

„I-ich!“, freute sich David. Mutter begann, eine Geschichte vorzulesen. Plötzlich fragte David: „Und was ist mit Lisa? Darf sie mithören?“

„Aber natürlich!“, lachte Mutter und holte Lisababy. Dann las sie die ganze Geschichte noch einmal von vorn.

„Und was ist mit mir?“, fragte Vater, als er nach Hause kam und setzte sich zu den Dreien aufs Sofa. „Darf ich auch mithören?“

„Aber natürlich!“, lachte David. „Lisa und ich wollen alle dabei haben!“

Susi, du Faulpelz

Susi, du Faulpelz, steh endlich auf,
Komm und steh auf, komm und steh auf!
Susi, du Faulpelz, komm und steh auf,
Nun steh doch endlich auf!

Es ist sechs Uhr, und du schläfst nur,
Selbst die Vögel sind schon wach.

Susi, du Faulpelz, steh endlich auf,
Komm und steh auf, komm und steh auf!
Susi, du Faulpelz, komm und steh auf,
Nun steh doch endlich auf!

Es ist jetzt sieben, und du bleibst liegen,
Die Sonne scheint schon ins Zimmer herein.

Susi, du Faulpelz, steh endlich auf,
Komm und steh auf, komm und steh auf,
Susi, du Faulpelz, komm und steh auf,
Nun steh doch endlich auf!

Nun ist es schon acht, und du träumst immer noch!
Willst du denn heut nicht in die Schule gehn? –
Doch!

Die blonde Lulu

Die blonde Lulu
Verlor ihren Schuh.
Wie soll sie jetzt nur laufen
Schenk ihr einen neuen,
Dann läuft sie in zweien
Und braucht sich keinen
zu kaufen.

Anna

Anna spielte Klavier.
Da macht es KRK!,
Ihr seht es hier.
Das Klavier brach
entzwei –
Und Annas Hals
Entwich ein Schrei!

Die Wippe

Die Wippe schwingt auf und ab, auf und ab.
Erwin fliegt dabei hoch in die Luft – so!
Derweil geht Erna zu Boden – und knapp
Übers Gras streicht sie mit dem Po.

Lisas Börse

Lisas Börse ging verloren,
Fritzi Findig fand sie.
Es war kein Geldstück mehr darin,
Eine Schleife band sie.

Rosalindes Regenschirm
Hat große Löcher – ach!
Und immer wenn es regnen will,
Springt sie unters Dach.

Aladins Lampe, die ist nass
Und leuchtet längst nicht mehr.
Im Dunkeln nützt sie einem nichts,
Dafür qualmt und raucht sie sehr.

Wenn wir schaun

Wenn wir schaun, schaun, schaun
Übern Zaun, Zaun, Zaun
In das schöne Land Tirol,
Ja, da freun wir uns wohl –
Wenn wir schaun, schaun, schaun übern Zaun!

Wenn wir guck'n – durch die Luck'n ...
Wenn wir gaff'n – wie die Aff'n.

Berta

Berta lässt hungrig grunzen ihre Schwein',
Stattdessen schläft sie bis acht oder gar neun,
Betrachtet sich im Spiegel und lächelt breit –
Berta lässt sich mit allem unendlich viel Zeit!

Marie, Marie, was blüht denn da?

Marie, Marie, was blüht denn da
In deinem Garten so schön?
Viola, Jasmin und Erika
Aufrecht in der Sonne stehn.

Die Wichtelmännchen

Es war ein Schuster ohne seine Schuld so arm geworden, das ihm nicht mehr blieb außer einem Stück Leder für ein einziges Paar Schuhe. Am Abend schnitt er daher die Schuhe zu, die er am nächsten Morgen anfertigen wollte. Er ließ das Leder auf der Werkbank liegen, nahm die Kerze und ging zu Bett.

Als er sich am anderen Morgen an die Arbeit machen wollte, standen die beiden Schuhe fix und fertig auf seinem Tisch. Sie waren ein wahres Meisterstück! Der Schuster rief seine Frau und fragte: „Hast du diese Schuhe gemacht?“ – „Aber nein!“, erwiderte sie.

Der Schuster wunderte sich. Doch dann stellte er sie ins Schaufenster. Später am Tag kam ein Käufer – und weil ihm die Schuhe so gut gefielen, zahlte er mehr als gewöhnlich dafür. Der Schuster konnte von dem Geld

Leder für zwei Paar Schuhe ergattern.

Am Abend schnitt er die Schuhe zu und dachte: „Morgen früh geh ich frisch ans Werk!“ Dann nahm er die Kerze, stieg die Treppe hinauf und ging zu Bett.

Doch als er am nächsten Morgen in die Werkstatt kam, standen zwei Paar wunderschöne nagelneue Schuhe fix und fertig auf seiner Werkbank!

Und wieder fragte er seine Frau, ob sie die Schuhe gemacht hätte. „Aber nein“, antwortete sie, „wie könnte ich?“

Auch für diese Schuhe blieben die Käufer nicht aus – die ihm dafür so viel Geld gaben, dass er davon Leder für vier Paar Schuhe einkaufen konnte. Und frühmorgens fand er auch diese vier Paar Schuhe fix und fertig auf seiner Werkbank vor. Und so ging es weiter: Was er abends zuschnitt, war am Morgen verarbeitet. Schon bald hatte der Schuster wieder ein Auskommen, sodass er und seine Frau an einem reich gedeckten Tisch zusammenkamen.

Nun geschah es eines Abends, nicht lange vor Weihnachten, dass der Schuster, als er das Leder zugeschnitten hatte, zu seiner Frau sagte: „Wie wär's, wenn wir diese Nacht aufblieben, um zu sehen, wer uns solch hilfreiche Dienste leistet?"

Die Frau war sofort einverstanden – und so gingen sie zurück in die Werkstatt und versteckten sich dort in einem fast leeren Schrank und warteten ... und warteten.

Als die Wanduhr Mitternacht schlug, erschienen zwei winzige Männchen in fadenscheinigen Kleidern. Sie setzten sich an des Schusters Werkbank, nahmen jeder ein Stück Leder auf den Schoß und begannen, mit flinken Fingern so behend zu stechen und zu nähen, zu klopfen und zu wienern, dass dem Schuster vor Staunen der Mund offen stehen blieb.

Und dabei sangen die Männchen:

„Fingerlein, Fingerlein,
bewegt euch geschwind,
dass viele feine Schuhe
im Nu fix und fertig sind!"

Bis zum Morgengrauen standen sämtliche neue Schuhe genäht, genagelt und geputzt auf der Werkbank. Die zwei Männchen aber waren bereits durch den Kamin verschwunden!

„Die kleinen Männchen haben uns reich gemacht", sagte die Frau zum Schuster. „Wir sollten ihnen dafür danken. In ihren dünnen Hemdchen müssen sie schrecklich frieren in dieser Jahreszeit. Weißt du was? Ich will ihnen zwei neue Hemdchen, zwei Röckchen und zwei Höschen nähen und ihnen auch vier neue Strümpfchen stricken. Und du – mach du ihnen vier neue Schuhchen mit glänzenden Silberspangen darauf!"

Der Schuster und seine Frau arbeiteten den ganzen Tag lang – sie schnitten und nähten und strickten und klopften und bügelten und wienerten. Als am Abend alles fertig war, packten sie Geschenkpakete

und legten sie an Stelle von zugeschnittenem Leder auf die Werkbank. Dann versteckten sie sich wieder im Schrank und warteten ...

Als die Uhr Mitternacht schlug, rumorte es im Kamin, und kurz darauf erschienen die zwei Männchen und wollten sich an die Arbeit machen. Nun fanden sie aber kein zugeschnittenes Leder, sondern lauter Geschenke! Da zeigten sie große Freude. Und in null Komma nichts hatten sie ihre alten Sachen aus- und die neuen angezogen, machten erste Tanzschritte in ihren nagelneuen Schuhen und sangen:

„Sind wir nicht Knaben glatt und fein?

Warum sollten wir Schuster länger noch sein!“

Sie tanzten, sangen und sprangen über Tisch und Bänke. Dann aber tanzten sie zur Tür hinaus und kamen von nun an nicht wieder.

Dem Schuster und seiner Frau aber ging es wohl, so lange sie lebten. Seine schönen glatten und wetterfesten Schuhe wurden im ganzen Land geschätzt. Doch nur er allein wusste, dass sie nicht annähernd so schön waren, wie die, welche die Wichtelmännchen gemacht hatten!

NACH DEN BRÜDERN GRIMM

Küss es weg!

Racker tobte im Wohnzimmer herum. Er schlug ein Rad auf dem Teppich. Er hopste auf dem Sessel wie auf einem Trampolin. Er machte Purzelbäume auf dem Sofa.

„Sei vorsichtig!“, rief Mama Bär. Doch zu spät! Racker rutschte vom Sofa, landete auf dem Teppich und schlug mit dem Kopf auf dem Fußboden auf. „Mein Kopf tut weh!“, stöhnte er.

„Komm her, ich küsse es weg“, sagte Mama Bär. Sie umarmte Racker und drückte einen Kuss auf seine Stirn.

„So, jetzt geh und such dir eine weniger wilde Beschäftigung“, sagte sie.

Racker stürmte hinaus in den Garten und setzte sich auf sein Dreirad. Rundherum raste er, immer wieder rundherum. „Pass auf!“, rief Mama Bär.

Zu spät! Racker krachte schon auf die Schubkarre, purzelte zu Boden … und schlug sich das Knie auf. „Mein Bein tut weh!“, jammerte er.

„Komm her, ich küsse den Schmerz weg“, sagte Mama Bär. Sie umarmte Racker und drückte einen Kuss auf sein Knie.

„Jetzt geh und spiel etwas weniger Gefährliches", sagte sie. Racker rannte den Grashang hinauf. Dann rollte er hinunter.

„Holterdipolter, den Hügel hinunter", sang er. „Pass auf, wohin du rollst!", rief Mama Bär.

Zu spät! Racker kullerte direkt in den Rosenstrauch. Die Dornen zerkratzten ihm beide Arme von oben bis unten. „Meine Arme tun weh!", schrie Racker.

„Komm her, ich küsse es weg", sagte Mama Bär und drückte viele, viele Küsse auf seinen Arm.

„Jetzt versuch aber, dich von allem Unheil fern zu halten", sagte sie streng.

Mama Bär ging in die Küche. „Ich brauche dringend eine Pause", dachte sie. Sie brühte sich eine Tasse Tee auf. Sie schnitt sich ein Stück Torte ab. Und dann setzte sie sich für fünf Minuten hin. Gerade als sie ihre Tasse zum Mund führen wollte, sauste Racker in die Küche … auf seinem Skateboard!

„Racker", sagte Mama, „kannst du nicht einmal etwas Ruhigeres spielen?" Mama Bär ging erschöpft ins Wohnzimmer. „Ich brauche eine Pause", dachte sie. Sie setzte sich aufs Sofa und nahm die Zeitung zur Hand.

„Bumm! Bumm! Bumm!" Da marschierte Racker herein und schlug auf seine Trommel. Mama seufzte tief. „Ist was?", fragte Racker.

„Ich habe Kopfweh", sagte Mama Bär. „Halb so schlimm", lächelte Racker und schlang seine Arme um sie. „Ich küsse es weg!"

Der gierige Hamster Harry

Es war einmal ein gieriger Hamster namens Harry. Wenn das Futter in seinen Käfig gestellt wurde, fraß er es unverzüglich auf und steckte seine kleine Nase durch die Gitterstäbe – in der Hoffnung, es käme noch etwas nach. Von seinem Käfig aus sah er die verschiedensten leckeren Speisen auf dem Küchentisch stehen. Und erst die Gerüche! Der Duft von frisch gebackenem Brot ließ ihn voller Verlangen in seinem Laufrad herumrennen.

„Die essen sich da draußen alle dick und rund", schimpfte er, „und ich armer Hamster sterbe vor Hunger! Wenn ich nur aus diesem verflixten Käfig hinauskäme, könnte ich alles verschmausen, was ich will", sagte er sich, und der Gedanke an all die leckeren Dinge ließ ihm das Wasser im Munde zusammenlaufen.

Eines Nachts, als die Familie schon schlief, drehte Harry seine letzte Runde im Laufrad, bevor er sich auf sein Heubett legen wollte. Plötzlich hörte er ein seltsames, quietschendes Geräusch. Er hielt das Rad an. Doch das Geräusch war immer noch zu hören. Harry saß still und lauschte.

Das Quietschen kam von seiner Käfigtür. Sie stand offen und schwang hin und her! Das kleine Mädchen hatte sie offenbar nicht richtig geschlossen, bevor es ins Bett gegangen war. Harry tanzte vor Freude. Dann ging er zur Tür und schaute heraus. Die Luft schien rein zu sein. Die Katze schlief auf dem Stuhl. Der Hund schnarchte im Flur.

Harry holte tief Luft. Da standen köstliche Überreste von der Geburtstagsparty auf dem Tisch. Er lief eilig hinüber und stopfte sich Käsetoast und Schokoladenkuchen in den Mund. Als er satt war, füllte er seine Backentaschen mit Keksen, lief zurück in den Käfig, schloss die Tür hinter sich und studierte dabei ihren Mechanismus.

„Gut!“, dachte er. „Jetzt werde ich nie wieder hungrig sein.“ Denn von nun an befreite Harry sich jede Nacht selbst und bediente sich, wo er nur konnte! Er naschte von allem – Nüsse, Bananen, Brotreste, Süßigkeiten und Pizza wanderten in seinen unersättlichen Magen.

Jedes Mal, bevor er in den Käfig zurücklief, füllte er seine Backen mit noch mehr Essen als Vorrat für den nächsten Tag. Doch er bemerkte nicht, dass er dabei dicker und dicker wurde. Als er eines

Nachts wieder seine Käfigtür öffnete, musste er jedoch feststellen, dass er bereits zu dick geworden war, um hindurchzupassen!

Eine Weile saß Harry mürrisch in einer Ecke seines Käfigs. Seine Backen waren noch voll von den Vorräten seines letzten nächtlichen Ausflugs, aber Harry war einfach unersättlich. Dann hatte er eine Idee. „Die faule Katze soll mir helfen", dachte er. Er schrie so schrill, wie er konnte, und die Katze, die gerade von einer Ratte träumte, wachte auf. Harry erklärte sein Problem.

„Es wird mir eine Ehre sein, dir zu helfen", sagte die schlaue Katze und dachte dabei an eine Extrabeute! Mit ihren Krallen bog sie die Tür des Käfigs so weit zur Seite, dass Harry hindurchpasste. Dann aber packte sie ihn und verschlang ihn mit einem einzigen Haps! Sie fühlte sich sehr satt mit Harry und all den Leckereien, die er schon zu sich genommen hatte. Sie konnte gerade noch auf ihren Stuhl krabbeln, dann schlief sie mit offenem Mund ein. Harry aber fand es sehr unbequem in der Katze. Jeder ihrer Schnarcher kam ihm vor wie ein gewaltiger Donner.

„Ich muss hier raus", dachte er und versuchte, aus dem offenen Maul der Katze zu kriechen. Aber er war zu dick, um hinauszukommen. Da hatte er eine weitere Idee – denn durch das Katzenmaul konnte er den Hund auf dem Boden liegen sehen.

„Zu Hilfe", schrie er. Der Hund wachte auf und traute seinen Augen und Ohren nicht: Die Katze lag auf dem Stuhl und schnarchte und schrie zur selben Zeit um Hilfe! Und dann entdeckte er im Maul der Katze ein Paar dunkle Augen und feine Schnurrhaare. Das war Harry!

„Hol mich hier raus – bitte!“, rief Harry verzweifelt.

Weil der Hund die Katze nicht mochte, wollte er dem Hamster gern helfen. „Ich stecke meinen Schwanz ins Maul der Katze“, sagte der Hund. „Du hängst dich daran, und ich ziehe dich heraus. Aber pass auf, dass du die Katze nicht aufweckst, sonst beißt sie mich in den Schwanz!“ Der Hund steckte seinen Schwanz vorsichtig in das geöffnete Katzenmaul, so weit, dass Harry ihn packen konnte. Dann zog er mit aller Kraft. Harry schoss hinaus, und außerdem schoss alles hinaus, was Harry in seinen Backen gehortet hatte – Erdnüsse, Obst und ein Stück Torte!

„Danke vielmals“, keuchte Harry, als er in seinen Käfig kletterte und die Tür fest verschloss. „Von nun an bleibe ich lieber in meinem Käfig und bin damit zufrieden, was man mir vorsetzt!“

Bella, die Heldin

Bella war ein sehr kluger kleiner Pudel. Ihr schneeweißes Fell kringelte sich zu perfekten Locken. Und ihre Krallen waren immer ordentlich geschnitten und gefeilt. Auf dem Kopf trug sie meistens eine schicke rote Schleife. Und niemals ging sie ohne ihr samtenes Halsband mit dem glänzend goldenen Anhänger spazieren.

Bella war zwar der klügste und hübscheste Hund der Stadt, aber sie war nicht glücklich. Sie hatte nämlich keine Freunde. Wenn ihr Frauchen Heidi mit ihr im Park spazieren ging, versuchte Bella, sich mit den anderen Hunden anzufreunden, aber die wollten nichts mit ihr zu tun haben.

„Da kommt Fräulein Hochnäsig", bellten sie. Dann kicherten sie und rannten davon, um ihre Welpenspiele zu spielen.

Und Bella kam nie von ihrer Samtleine frei. „Diese anderen Hunde sind Rüpel", erklärte Heidi. „Bei mir bist du sicherer."

Dabei hätte Bella so gern mit den anderen Hunden gespielt! Ihnen schien es großen Spaß zu machen, Stöckchen und Bälle zu holen. Und wenn Heidi es nur erlaubt hätte, hätte sie es sicher auch geschafft, quer durch den See zu schwimmen.

Aber die anderen Hunde wussten nicht, dass Bella zu ihnen gehören wollte. Sie sahen nur ihre schneeweißen Locken und den glänzenden Goldanhänger und dachten, sie fände sich selbst zu fein für sie.

„Sie will sich eben nicht die feinen Pfoten schmutzig machen", erklärte Frau Collie ihrem jüngsten Welpen Toni, als der wissen wollte, warum Bella immer an der Leine ging.

Bella, die Heldin

Eines Tages ging Bella wieder mit Heidi im Park spazieren. Sie entdeckte den kleinen Toni, der am Seeufer ein paar junge Enten jagte, und beobachtete ihn neidisch. Bella sah sich um. Frau Collie war nirgends in Sicht.

„Vorsicht, pass auf!“, rief Bella, als Toni aufgeregt am Ufer herumhüpfte.

Aber Toni war zu beschäftigt und hörte sie nicht. Als eine Ente aufflog, machte Toni einen sehr großen Satz … und landete mitten im See.

„Vorsicht!“, kläffte Bella noch einmal. Aber es half nichts, Toni war schon ein Stück aufs Wasser hinausgetrieben worden und halb untergegangen.

„Hilfe! Hilfe!“, bellte Toni ängstlich, während er wild im Wasser zappelte. Außer Bella hatte niemand bemerkt, dass der Welpe ins Wasser gefallen war. Sie bellte laut, nahm all ihre Kraft zusammen und riss sich samt ihrer Leine von Heidi los.

„Bella!“, schrie Heidi. Aber Bella war schon im Wasser. Sie packte den zappelnden Toni im Nacken und zog ihn ans Ufer. Am Ufer schüttelte sich Bella ausgiebig und leckte auch Toni trocken.

„Bella“, keuchte Toni erstaunt.

„Bella!“, rief Heidi und zeigte entsetzt auf ihre tropfnassen Locken und die Schlammpfoten.

„Spielst du jetzt mit mir?“, bellte Toni und wedelte voller Erwartung mit dem Schwanz.

Bella sah Heidi an, dann Toni. Diesmal konnte doch Heidi einfach nichts dagegen haben!

Bella jagte Toni auf der Suche nach Frau Collie durch den Park. Heidi war erstaunt. Bella hatte noch nie so glücklich ausgesehen!

Von diesem Tag an ließ Heidi Bella mit den anderen Hunden spielen, wann immer sie wollte. Zu Hause wurde sie zwar gründlich gewaschen und gekämmt, aber das machte Bella nichts aus. Sie hatte viele Freunde und war der glücklichste kleine Pudel in der ganzen Stadt.

Kein Tierlein

Kein Tierlein ist auf Erden dir, lieber Gott, zu klein.
Du ließt sie alle werden, und alle sind sie dein.
Zu dir, zu dir, ruft Mensch und Tier,
Der Vogel dir singt,
Das Fischlein dir springt,
Die Biene dir brummt
Der Käfer dir summt.

CLEMENS BRENTANO

Der Falter

Ich bin ein kleiner Falter –
Geboren, um schön zu sein.
Ich erreiche kein großes Alter
Und flieg in den Himmel hinein.

Auf dem Fliegenplaneten

Auf dem Fliegenplaneten,
Da geht es dem Menschen nicht gut:
Denn was er hier der Fliege,
Die Fliege dort ihm tut.

CHRISTIAN MORGENSTERN

Herr Löffel und Frau Gabel

Herr Löffel und Frau Gabel,
Die zankten sich einmal.
Der Löffel sprach zur Gabel:
Frau Gabel, halt den Schnabel,
Du bist ja bloß aus Stahl!

Frau Gabel sprach zum Löffel:
Ihr seid ein großer Töffel,
Mit eurem Gesicht aus Zinn.
Und wenn ich Euch zerkratze
Mit meiner Katzentatze,
So ist Eure Schönheit hin!

CHRISTIAN MORGENSTERN

Im Park

Ein ganz kleines Reh stand am ganz kleinen Baum
Still und verklärt, so wie im Traum.
Das war des Nachts um elf Uhr zwei.
Und dann kam ich um vier
Morgens wieder vorbei –
Und da träumte noch immer das Tier.

JOACHIM RINGELNATZ

Eiskrem

Erdbeer, Banane, Stracciatella
und Mokka –
Vier Kugeln Eis schafft jedes Kind locker.

Lecker, lecker

Lecker, lecker – wau, wau!,
Sagt der kleine Hund.
Schlecker, schlecker – jaul, jaul!
Alles rein ins Maul!

Die Löwin und das Schwein

Der Löwin spottete das Schwein:
„Ein Junges hast du nur, ich neune!“
„Wahr ist's“, fällt ihm die Löwin ein.
„Jedoch ein Löw' ist dieser eine.“

Das Häslein

Unterm Schirme, tief im Tann,
Hab ich heut gelegen.
Durch die schweren Zweige rann
Reicher Sommerregen.

Plötzlich rauscht das nasse Gras –
Stille! Nicht gemuckt! –
Mir zur Seite duckt
Sich ein junger Has'...

CHRISTIAN MORGENSTERN

Eselszungenbrecher

Esel essen Nesseln
Nicht –
Nesseln essen Esel
Nicht.

Lütt Ursel

Lütt Ursel,
Lütt Snursel,
Wat snökerst du rum?
Di steit din lütt Näs wull
Na Appel un Plumm?

GUSTAV FALKE

Der Bär und die Bienen

In Polen brummt ein wilder Bär:
„Ihr Bienen, gebt mir den Honig her!
Ich bin so groß und ihr so klein,
Ihr sollt mir wahrhaftig nicht hinderlich sein!“

CHRISTIAN FRIEDRICH DINTER

Ein Lied

Ich sing dir ein Lied –
Du kannst was gewinnen.
Sing doch auch mit:
Drei und drei sind sechse,
Und noch mal drei macht neun.
Ich habe gewonnen,
Und der Preis ist mein!

In den Äpfeln

Ich kam zu einem Apfelbaum,
In dessen grünen Ästen
Ein krummer Zwerg den frischen Schaum
Der Äpfel sog, der besten.

GOTTFRIED KELLER

Hella Häschens Hütchen

Im Maiwald herrschte helle Aufregung. Die Frühlingsparade stand bevor, und alle Tiere nahmen daran Teil. Schließlich winkte ein Preis – und zwar für den schönsten Hut. „Ich wette, den gewinne ich“, sagte Hella, denn Hella Häschen war ziemlich eitel. „Was kann ich nur als Hut verwenden?“, überlegte sie, während sie durch den Wald hüpfte. Hella sammelte ein paar Frühlingsblumen und rief Turtel, die Taube, zu Hilfe. Die beiden Freundinnen flochten Narzissen und Glockenblumen zu einem hübschen Hut zusammen.

„Hier“, sagte Turtel, „perfekt!“ Hella setzte das hübsche Hütchen auf.

„Ich gewinne bestimmt“, rief sie. Turtel lächelte nur. Hella war wirklich das eitelste Geschöpf im Maiwald! Endlich kam der Tag der Frühlingsparade. Auch die Tiere vom Kauzigen Hof kamen und trugen lauter lustige Hüte. „Keiner ist so schön wie meiner“, kicherte Hella Häschen. „Die anderen Tiere taugen höchstens zum Aufessen!“

So dachte auch Zorro, der Ziegenbock, der in der Parade direkt hinter Hella lief. Er fing an, Hellas Hütchen anzuknabbern ... bis er sämtliche Blüten abgefressen hatte!

Da kündigte Paula, das Pferd, auch schon den Gewinner an. „Der Gewinner ist ... Felicitas, die Füchsin!“, wieherte sie.

Alle applaudierten, außer Hella. „Aber mein Hut ist doch der schönste – schaut!“ Hella nahm ihr Hütchen vom Kopf. „Ooooh! Mein schönes Hütchen!“, rief sie und betrachtete bestürzt das Bündel abgeknabberter Zweige!

„Uups!“, sagte Zorro. „’tschuldigung, Hella.“ „Aber etwas hast du gewonnen, Hella“, kicherte Paula. „Den Preis für das lustigste Hütchen!“

Kalli, das kühne Kaninchen

Am Rande des Froschteichforsts lebte ein freundliches kleines Kaninchen namens Kalli, zusammen mit seinem Brüderchen Karl und all ihren Familien und Freunden.

Es gab nur eins, das Kalli wirklich hasste – nass zu werden! An einem Sommertag sprangen Karl und die anderen Kaninchen davon in Richtung Bach, um dort zu spielen. „Komm mit, Kalli!", riefen sie.

„Keine Chance!", rief Kalli. „Ich h-a-s-s-e Wasser!"

Was Kalli jedoch über alles liebte, das war laufen. Während daher die anderen unten am Bach spielen, rannte Kalli durch den Forst, sprang über Baumstümpfe und lief im Slalom zwischen den Bäumen hindurch. Er war unglaublich schnell!

Plötzlich kam Stefan Stolperhase vom Bach her zurückgelaufen.

„Kalli, komm schnell!", schluchzte er. „Karl ist ins Wasser gefallen und treibt ab!" Kalli rannte los und ließ den armen Stolperhasen weit hinter sich.

Als er zum Bach kam, konnte er sein Brüderchen in weiter Entfernung gerade noch erkennen und im Wasser paddeln sehen.

„Hilfe!", rief der kleine Karl. „Ich kann nicht schwimmen!"

Da begann Kalli zu laufen. Er überholte den kleinen Karl. Dann sprang er kurzerhand ins Wasser, paddelte zu seinem Bruder und zog ihn keuchend und prustend ans Ufer.

„Kalli!", riefen die anderen. „Du bist ein Held!"

„Ein nasser Held," lachte Kalli. „Aber nass werden ist gar nicht schlecht. Warum nicht gleich noch einmal?", sagte er und sprang.

Mach langsam, Hasso!

Auf Bauer Bastians Bauernhof arbeitet niemand so hart wie Hasso, der Schäferhund – außer natürlich der alte Bauer Bastian selbst! Den ganzen Tag rennt Hasso auf dem Hof herum, und nichts entgeht seinem wachsamen Auge! Er achtet auf alles, was passiert – sei es im Hof, im Garten oder draußen auf den Wiesen und Feldern.

So war es Hasso, der Bauer Bastian warnte, als ein Ast des alten Apfelbaumes brach und geradewegs auf dessen Kopf zu fallen drohte!

Hasso fand die kleinen Lämmer, die durch ein Loch in der Hecke weglaufen wollten!

Und wer zog das kleinste von Millis Kätzchen aus dem Ententeich? Hasso natürlich!

Hasso ist von morgens bis abends unermüdlich auf den Beinen. Und er liebt, wie kaum ein anderer, seine vielfältigen Aufgaben!

Deshalb machten sich alle sofort große Sorgen, als Hasso eines Morgens in seiner Hütte mit dem Kopf auf den Pfoten liegen blieb.

„Das sieht ihm gar nicht ähnlich“, gluckste Henriette, die Henne.

„Er kriegt ja seine Augen kaum auf“, schnurrte Milli, die Katze.

„Ich hab ihn noch nie einen Tag krank erlebt“, wieherte Goliath, der alte Gaul. „Und ich kannte ihn schon als Welpen.“

Am meisten Sorgen aber machte sich der alte Bauer Bastian, denn er hatte kaum eine zuverlässigere Hilfe als Hasso – außer natürlich Berta, seine Frau. Und beide hatten den Hund über die Jahre tief ins Herz geschlossen.

„Bleib heute einfach mal in deiner Hütte liegen“, sagte er beruhigend. „Ich hole Hilfe für dich.“ Und dann rief er die Tierärztin an.

Die Tierärztin mochte Hasso sehr und kam schnell. Sie untersuchte ihn vorsichtig, hob eine Pfote nach der anderen hoch und tastete Hasso von oben bis unten sorgfältig ab.

Dann streichelte sie den Kopf des alten Hundes und sagte: „Du bist wie dein Herrchen. Du musst aufhören, so herumzurennen und besser auf dich aufpassen. In ein oder zwei Tagen bist du wieder auf den Beinen, Hasso. Aber mach jetzt einfach mal langsam, hörst du?“

Hasso nickte dankbar mit dem Kopf und schlief wieder ein.

Berta hörte, was die Tierärztin sagte, und mit nachdenklichem Gesicht ging Bastians Frau zurück ins Haus.

Hasso verhielt sich, wie ihm gesagt wurde. Und zum Wochenende war er schon fast wieder ganz der Alte und würde bald wieder arbeiten können.

Als er den alten Bauern Bastian am Sonntagmorgen eilig über den Hof laufen sah, rannte Hasso deshalb auch gleich hinter ihm her.

Doch in dem Moment kam Berta aus dem Haus gelaufen und rief dem Bauern zu: „Mann – du hast doch gehört, was die Tierärztin zu Hasso gesagt hat! Du solltest ihm wirklich ein Vorbild sein und besser Acht geben."

Also ging Bauer Bastian ab jetzt langsamer, und auch Hasso wurde wieder langsamer. Dem Schäferhund ging es damit auch viel, viel besser –

und dem alten Bauern Bastian ebenfalls! Und Berta, die schon seit Jahren ihren Mann bat, langsamer zu machen, war regelrecht erleichtert!

Harvey, der schüchterne Hase

Harvey, der Hase, war das schüchternste Tier auf der ganzen Lichtung am Spiegelglasteich. Er war zu schüchtern, um mit jemandem zu sprechen ... zu schüchtern, um mit einem anderen Tier zu spielen ... zu schüchtern sogar, um hinter seinen langen, meistens hängenden Schlappohren hervor jemanden anzuschauen.

„Du brauchst gar keine Angst zu haben", sagte Mutter Hase zu ihm. „Wenn du mitspielen willst, brauchst du es doch nur zu sagen!"

Aber Harvey versteckte sich im hohen Gras. Niemand bemerkte, dass er überhaupt da war!

Eines Morgens saß Harvey allein, wie üblich, am Ufer des Spiegelglasteiches.

„Ach, wenn ich doch nur Freunde finden könnte“, seufzte er. „Aber wie soll ich, wenn mich niemand bemerkt?“

Harvey starrte traurig vor sich hin. Da traute er seinen Augen kaum! Vor ihm, im Wasser, saß ein anderer kleiner Hase mit langen Schlappohren und starrte zurück.

„Der sieht genauso ängstlich aus wie ich“, dachte Harvey, und er winkte vorsichtig dem Hasen im Wasser zu. Und der Wasserhase winkte zurück!

Vor Überraschung machte Harvey einen Hasensprung. Und der Wasserhase sprang ebenfalls! „Hallo!“, rief Harvey mutig und lächelte.

„Hallo!“, sagte der Hase im Wasser und lächelte zurück. „So lernt man also Freunde kennen!“, rief Harvey. „Du brauchst nur ein klitzekleines bisschen Mut.“

Und er war so aufgeregt, dass er seine Scheu und Angst vollkommen vergaß und losrannte, um allen von seiner Entdeckung zu berichten.

Und diesmal bemerkten ihn alle und hörten ihm zu. Und bald hatte Harvey viele Freunde, mit denen er spielen konnte. Doch er besuchte von nun an auch immer wieder seinen ersten Freund im Spiegelglasteich!

Klein und rosa

Eines Morgens stolzierte Fritz, das Ferkel, mit erhobenem Kopf über den Hof. „Heute ist es so weit", erzählte er jedem, dem er begegnete.

„Was ist los mit ihm?", fragte Erna, die Ente.

„Fritz erwartet einige Ferkel", gluckste Herta, die Henne.

„Ich wusste nicht, dass Jungeber Kinder kriegen können", sagte Erna verdattert.

„Quatsch!", gluckste Herta und flatterte mit ihren Flügeln. „Die kommen von einem anderen Hof und werden bei ihm im Stall leben."

„So wie bei Gerda und Goliath und ihrem Fohlen?", fragte Erna. „Oh – wie süß!"

Inzwischen war Fritz schon öfter den Hof auf und ab geschritten, als er zählen konnte. Doch noch immer war der alte Bauer Bastian nicht mit den Neuankömmlingen zurückgekehrt. Fritz ging zum Schweinestall und inspizierte ihn noch einmal gründlich. Das Stroh war ordentlich an der Wand gestapelt, und der Wassertrog war sauber und voll.

„Ich muss dafür sorgen, dass sie sich wohl fühlen“, sagte Fritz und fegte mit dem Fuß noch einmal den Eingang vor dem Stall. Dann schubste er den Eimer voller frischer Kartoffelschalen, der vor dem Eingang zum Schweinestall stand, vorsichtig an die Seite. Diese Leckerbissen waren für die erste gemeinsame Mahlzeit der neuen Schweinefamilie bestimmt.

Und als er gerade in den letzten Zügen vom Fegen, Aufräumen und Inspizieren lag, hörte er Bauer Bastians Lieferwagen in die Hofeinfahrt biegen. Endlich – da waren sie!

Fritz war unendlich aufgeregt! Er lief aus dem Stall, aber noch

bevor er den Lieferwagen erreichte, war ... WUSCH! etwas sehr Winziges, sehr Rosafarbenes und sehr Schnelles an ihm vorbeigeschossen.

WIZZZ! Etwas ebenso Winziges, ebenso Rosafarbenes und noch Schnelleres huschte Sekunden später hinter seinen Rücken entlang!

ZZMMM! Und noch ein kleines, lautes, rosa Etwas verschwand einen Wimpernschlag darauf direkt unter Fritz’ Bauch.

„Was ist denn hier los?“, keuchte Fritz und drehte sich um die eigene Achse.

„Iiiiiih!“, quietschten sieben winzige Ferkelchen und rannten in sämtliche Richtungen über den Hof.

An diesem Abend stand ein völlig erschöpfter Fritz vor dem Eingang zum Schweinestall – und wie der aussah! Das Stroh lag überall verstreut, und der Wassertrog lag umgekippt da. Aber sieben winzige Ferkelchen schliefen fest und zusammengerollt in einer Ecke.

„Müde, Fritz?“, fragte Herta, die Henne.

„Und wie!“, stöhnte Fritz.

„Sie geben keinen Augenblick Ruhe, stimmt's?“, sagte Susi, das Schaf.

„Ganz genau“, antwortete Fritz.

„Bereust du es vielleicht?“, fragte Goliath, der alte Gaul.

Aber Fritz lächelte, wie nur ein ganz und gar stolzes,

zufriedenes und glückliches Schwein lächeln kann. „Pssst!“, flüsterte er. „Die Kleinen schlafen!“

Danke schön, Kitty

„Komm mal her, Kitty“, ruft die Katzenmutter. „Ich habe eine Überraschung für dich.“ Kitty kommt herbeigesprungen. „Mit diesem Wollball wirst du eine Menge Spaß haben“, sagt die Katze. Und gleich darauf lacht und springt Kitty damit herum.

„Schau her, Mama!“, ruft sie. „Ich kann den Ball in die Luft werfen!“

In diesem Moment hört Kitty, wie jemand sie ruft. „Kitty“, ruft Mutter Amsel. „Kann ich ein wenig von deiner Wolle für mein Nest haben, bitte?“

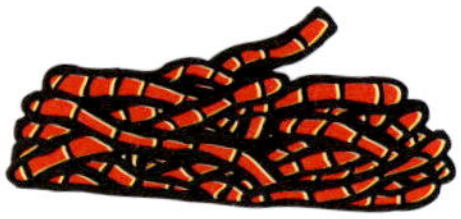

„Kitty schaut ihre Mutter an. „Aber dann hab ich nichts mehr zum Spielen“, sagt sie traurig. „Und das macht keinen Spaß.“

Die Katze lächelt. „Du wirst sehen: Es ist viel schöner, Dinge mit anderen zu teilen, Kitty“, sagt sie.

Kitty und ihre Mutter beobachten Mutter Amsel dabei, wie sie die Wolle in ihr Nest stopft. „Die Vogelbabys mögen weiche Wolle gern, nicht wahr, Mama?“, lacht Kitty. „Und ich teile meine Sachen gern. Mit wem noch kann ich meine Wolle teilen, Mama?“, fragt sie.

„Warum fragst du nicht die Hasen, ob sie welche gebrauchen können?“, schlägt die Katze vor.

„Wir machen ein Wettrennen“, sagt Kleiner Hase. „Ein Wollfaden ist genau das Richtige für unsere Ziellinie! Danke, Kitty!“

In dem Moment ruft die Katze ihre Tochter. „Ich hab noch eine Überraschung für dich, Kitty“, sagt sie. „Hier ist eine Glocke, von Mutter Amsel“, sagt sie. „Mit schönen Grüßen – und Danke schön fürs Teilen.“

„Was für ein schönes Geschenk!“, sagt Kitty. „Möchtest du auch damit spielen, Mama?“

Du kannst es, Kitty!

An einem schönen Tag spielen Kitty und Mutter Katze ausgelassen auf dem Hof. „Das macht Spaß – an den Bäumen emporzuklettern“, sagt die Katze. „Schau mir zu, Kitty!“

Die Katze springt auf den Baum. „Wo bist du, Mama?“, ruft Kitty.

„Klettere herauf, Kitty“, ruft Mutter Katze. „Du wirst es hier oben mögen!“

Kitty läuft zum Baum. Doch da fängt sie an zu weinen. „Ich kann nicht“, schluchzt sie. „Er ist zu hoch.“

Die Katze kommt und schmiegt sich an Kitty an. „Sei nicht traurig“, sagt sie. „Du kannst es – wenn du nur willst. Bald wirst du ganz oben auf dem Baum klettern. Siehst du das Kalb dort drüben? Es versucht gerade zu laufen.“

„Aber das kann ja nicht einmal stehen“, sagt Kitty.

„Schau ihm zu“, sagt die Katze. „Gleich wird es laufen und springen.“

Dann schauen Kitty und die Katze wieder auf den Baum. Kitty atmet tief ein. „Pass auf, Mama! Jetzt versuch ich's!“, sagt sie.

Kitty läuft zum Baum und ... springt!

„Bravo – du hast es geschafft!“, ruft Mutter Katze.

Kitty umarmt ihre Mutter. „Es ist wunderbar, Mama!“, sagt sie. „Von dort oben seh ich über den ganzen Hof!“

Der Apfelbaum

Seht diesen Baum, mit Blättern so grün.
Rote reife Äpfel hängen mittendrin.
Bläst der Wind, dann kommen sie zu Fall –
In mein Körbchen sammle ich sie all!

Der Kirschbaum

Ich nahm einmal einen Kirschkern
Und steckte ihn tief in die Erde.
Heraus kam bald ein kleiner Spross –
Den hab ich gepflegt, dass er wachse
und werde.

Der Spross, der wuchs nun jeden Tag
Und wurde ein kräftiger Baum.
Kirschen trug er, so süß, wie ich sie mag:
Für Leckermäuler ein Traum!

Rundherum um den Maulbeerbusch

Rundherum um den Maulbeerbusch,
Maulbeerbusch, Maulbeerbusch,
Rundherum um den Maulbeerbusch
An einem Wintermorgen.

Schaut mal her, wir bürsten die Haare,
Bürsten die Haare, bürsten die Haare,
Schaut mal her, wir bürsten die Haare
An einem Wintermorgen.

Schaut mal her, wir klatschen in die Hände,
Klatschen in die Hände, klatschen in die Hände,
Schaut mal her, wir klatschen in die Hände
An einem Wintermorgen.

Schaut mal her, wir purzeln in die Kissen,
Purzeln in die Kissen, purzeln in die Kissen,
Schaut mal her, wir purzeln in die Kissen
An einem Wintermorgen.

Lavendel ist blau

Lavendel ist blau, ringeding, pflück nicht zu wenig.
Du bist meine Frau, ringeding, und ich dein König.
Zu holen das Heu, ringeding, schick deinen Knecht.
Holt auch den Weizen, ringeding, das ist mir recht!
Wir aber spielen, ringeding, im Stroh –
Du und ich allein, ringeding, das macht mich froh.

Tanz um den Maibaum

Wir tanzen um den Maibaum
Wie an jedem ersten Mai.
Wir tanzen um den Maibaum,
Frühling – komm herbei!
Wir tanzen um den Maibaum,
Wir sind eine lustige Schar.
Wir tanzen um den Maibaum,
Unser Picknick schmeckt
wunderbar!

Wir tanzen um den Maibaum
Und singen heißa-juchee!
Wir tanzen um den Maibaum,
Bis es Zeit wird für Kuchen und
Kaffee.
Wir tanzen um den Maibaum,
Drehen Bänder – blau, gelb, rot
und grün.
Wir tanzen um den Maibaum,
Bis es Zeit wird, ins Bett zu gehen.

Ein Baum weit ab vom Fluss

Ein Baum weit ab vom Fluss
Gehörte der kleinen Sabine allein.
Er trug eine silberne Haselnuss
Und eine goldene Birne fein.
Die Tochter des Königs kam zu ihr,
Zu sehen den Zauberbaum.
So sah ich es im Traum.

Trau dich, Kitty!

Kitty spielt mit ihrem Jo-Jo. „Schau mal, Mama“, ruft sie. „Ich kann den Ball hoch- und runterspringen lassen!“ Plötzlich hört Kitty vom Hof her lautes Gelächter. „Was ist da los, Mama?“, fragt sie.

„Die spielen zusammen“, sagt Mutter Katze. „Sieht aus, als ob sie viel Spaß haben – was meinst du, Kitty?“

In diesem Moment entdeckt Ferdi, das Ferkel, Kitty. „Hallo, Kitty!“, ruft er. „Komm, spiel mit!“ Kitty versteckt sich hinter dem Rücken ihrer Mutter.

„Was ist denn mit dir, Kitty?“, fragt Mutter Katze sanft.

„Die sind so laut“, sagt Kitty bedrückt. „Da trau ich mich nicht hin.“

„Du brauchst nicht schüchtern zu sein“, sagt Mutter Katze. „Sieh mal – alle deine Freunde spielen mit!“

Aber Kitty traut sich nicht. „Ich schau lieber zu“, sagt sie. Alle anderen Tiere spielen vergnügt auf dem Hof. Plötzlich kickt Erwin, der Esel, den Ball mit einem kräftigen Tritt. „Wupps!“, sagt Erwin. „Hat jemand gesehen, wohin der Ball geflogen ist?“

Schnell wie der Blitz springt Kitty auf den Baum. „Ich sehe ihn, Mama!“, ruft sie und läuft den Ast entlang. „Hier ist er!“, lacht sie und stubst den Ball vom Baum herunter. „Bravo, Kitty!“, rufen die Tiere. Das Spiel beginnt von neuem, und jetzt ist Kitty mit von der Partie.

„Spitzen-Vorlage, Kitty!“, ruft Ferdi anerkennend.

„Du hast recht, Mama“, ruft Kitty. „Jetzt bin ich nicht mehr schüchtern.“

Kitty und Mutter Katze helfen

Kitty und Mutter Katze gehen auf dem Hof spazieren. „Schau mal, Kitty, die Bienen“, sagt Mutter Katze, „und wie fleißig sie sind!“ Doch dann hört sie noch ein ungewöhnliches Geräusch. „Da weint jemand“, sagt sie. „Was ist denn los, Häschen? Warum weinst du denn?“

„Ich hab meinen Teddy verloren!“, schluchzt das Häschen. „Er ist mein Lieblingsspielzeug!“

„Mach dir keine Sorgen“, tröstet Kitty ihren Freund. „Wir helfen suchen. Vielleicht liegt er hinter dem Heuhaufen. Ich schau mal im Traktor nach“, sagt Kitty.

„Ich kann deinen Teddy nicht sehen“, ruft Kitty Häschen zu. „Aber ich hab meinen Wollball gefunden!“

Mutter Katze zeigt auf das Gartentor. „Hast du ihn draußen auf dem Feld liegen gelassen hast?“ Häschen weint noch heftiger.

„Ich finde meinen Teddy niiie wieder!“

„Gib nicht auf, Häschen“, sagt Kitty beruhigend. „Wir finden ihn sicher bald!“

„Hast du schon zu Hause gesucht?“, fragte Mutter Katze. „Wir haben sonst überall nachgesehen. Vielleicht ist dein Teddy ja dort!“

Also gehen sie zusammen zu Häschens Hasenbau. Auf dem Weg dorthin suchen sie weiter nach dem Teddy. Und zu Hause finden sie ihn – nämlich sicher versteckt in Häschens Bett! Häschen umarmt seine Freundin Kitty. „Danke, Kitty! Danke, Katze!“, sagt Häschen. „Ohne euch hätte ich meinen Teddy nie gefunden!“

Ein verregneter Tag

Regen! Regen! Regen! Es wollte überhaupt nicht mehr aufhören zu regnen. Auf Hof Sonnenschein prasselte der Regen an die Scheiben, gurgelte durch die Regenrinnen und hinterließ überall große Pfützen. Und überall waren riesige schlammige Fußspuren. Robert und Rosalinde schauten gelangweilt durchs Fenster. Wenn es doch endlich aufhören würde zu regnen!

Draußen vor dem Schweinestall suhlten sich Bessie und ihre Ferkel in einer enormen Kuhle. Was für ein Spaß! Sie quietschten vor Vergnügen.

Auf dem Teich tauchten die Enten vergnügt ab und wieder auf. Solange es regnete, waren sie glücklich.

Drinnen im Warmen schlief Kollo in seinem Körbchen, und Kater Kobold hockte auf dem Fensterbrett und putzte sich. Rosalinde trommelte mit den Fingern an die Fensterscheibe und drückte ihre Nase dagegen. Dabei sang sie leise ein Lied: „Regen, Regen verschwinde. Robert will spielen – und auch Rosalinde.“

Unter der Brücke stieg das Wasser höher und höher. Bald trat es über die Ufer, und eine schlammige braune Brühe floss über die Straße und unter dem Hoftor hindurch. Die Kühe suchten Schutz unter einem alten Baum.

Johann reparierte in der Scheune den Traktor. Er trug einen leuchtenden Overall und stapfte mit seinen großen Stiefeln über den schlammigen Hof. Er sah Jakob, den Postboten, unten an der Brücke auf dem Fahrrad und winkte ihm zu.

„Hilfe, Johann! Ich komme nicht weiter", rief Jakob. Johann runzelte beim Anblick des Postboten die Stirn.

„Keine Sorge, Jakob", rief er zurück. „Wir holen dich gleich herüber."

Johann packte die Werkzeuge ein und kletterte auf den Traktor. Er ließ den Motor an und fuhr mit dem angekoppelten Anhänger rückwärts aus der Scheune. Die Scheibenwischer wischten hastig vor und zurück. Dabei spritzte das Wasser von den Seiten der Fahrerkabine weit ab.

Rosalinde und Robert kamen in ihren Regenjacken aus dem Haus gerannt und liefen, zusammen mit Hund Kollo, hinunter zur Brücke.

„Schau mal", rief Rosalinde. „Die Enten schwimmen überall im Garten herum. Und Jakob ist vom Wasser umzingelt!"

Johann kam mit dem Traktor heran. „Schnell! Springt auf den Anhänger!", rief er den Kindern zu. „Ich fahre damit rückwärts ins Wasser."

Sie stapften durch das Wasser und kletterten auf den Anhänger. Robert half Rosalinde und Kollo auf die Ladefläche.

„Glückswetter für Enten ... aber für unsereinen?“, schnaufte Jakob, als er an Bord stolperte. „Danke, Kinder. – Oh nein! Da schwimmt meine Kappe!“

Kollo bellte laut und sprang sofort hinterher. „Komm zurück, Kollo!“, rief Rosalinde erschreckt. „Das Wasser wird dich mitreißen!“

„Unsinn“, sagte Robert. „Kollo ist ein Meisterschwimmer. Los, schnapp dir die Kappe, Junge!“ Kollo war schon an die Kappe des Postboten herangeschwommen. Nun schnappte er danach und paddelte zurück zum Anhänger. Als die Kinder ihn wieder auf den Anhänger gezogen hatten, ließ er sie aus seinem Maul fallen und wedelte erwartungsvoll mit dem Schwanz.

„Guter alter Kollo!“, riefen alle. „Gut gemacht, Junge!“ Kollo schüttelte sich heftig – und spritzte alle nass.

Johann fuhr nun zurück zum Hof, und alle sprangen vom Anhänger. Robert kletterte in die Traktorkabine, und Johann ließ ihn den Motor abstellen.

„Danke, euch allen!", sagte Jakob und setzte seine Kappe auf den Kopf. „Vor allem dir, Kollo. Denn das ist meine Lieblingskappe."

„Kommt herein!", rief Mutter aus der Küche. „Ihr seid ja bis auf die Knochen nass."

„Die Briefe sind heute ein bisschen feucht geworden", sagte Jakob. „So wie meine Kappe. Aber wenigstens hab ich sie wieder – dank Kollo."

„Leg sie neben den Ofen, dann trocknet sie schnell", schlug Mutter vor. „Möchtest du inzwischen eine Tasse Kaffee?"

„Braver, tapferer Kollo", sagte Robert, streichelte ihn und war mächtig stolz auf seinen Hund.

Jakob stand am Ofen, wärmte sich auf und trank eine Tasse Kaffee. „Wir können dir mit dem Rest der Post helfen", sagte Johann freundlich. „Du kannst hinten auf dem Anhänger sitzen, und Rosalinde und Robert helfen dir, die Brief zu verteilen." Und das taten sie gern!

„Das hat Spaß gemacht!", sagte Rosalinde, als sie am frühen Nachmittag nach Hause kamen.

„Wenn ich groß bin, werde ich Postbote", sagte Robert. „Aber nicht mit einem Fahrrad – sondern mit einem Boot! Und dann nehme ich immer Kollo mit – für den Fall, dass ich meine Kappe verliere!"

Ich liebe meinen Hund

Ich liebe meinen Hund – denn er wedelt mit dem Schwanz, wenn er zu mir gelaufen kommt.

Er bellt und springt hoch in die Luft, wenn er spielen möchte. Und er jagt meinen Sprungball.

Er holt das Stöckchen, das ich für ihn werfe.

Er tollt neben mir her, wenn wir im Park spazieren gehen.

Aber am liebsten mag ich ihn, wenn er müde ist und wir zusammen kuscheln!

Ich liebe meine Katze

Ich liebe meine Katze. Sie schnurrt genüsslich, wenn ich sie streichele.

Sie springt hinter einem Knäuel Wolle her und kullert es zwischen ihren Pfoten hin und her.

Sie läuft auf der Gartenmauer entlang und springt über das Gartentor.

Sie leckt ihre Pfoten und wäscht damit ihr Gesicht.

Sie steckt ihr Köpfchen durch die Katzenklappe, um zu sehen, ob ihr Fressnapf voll ist.

Aber am liebsten mag ich sie, wenn sie sich auf meinem Kissen ganz zusammenrollt!

Ich liebe mein Pony

Ich liebe mein Pony – denn es wiehert mir zu, wenn ich es besuchen komme.

Es erlaubt mir, seine glänzende Mähne und sein Fell zu bürsten.

Einen knackig grünen Apfel frisst es mir direkt aus der Hand.

Besonders schön ist es, wenn wir zusammen ausreiten.

Auf der Messe springt es und gewinnt eine rosa Plakette.

Aber am meisten liebe ich mein Pony, wenn ich zu ihm spreche und es dabei mit seiner Nase ganz dicht an mein Gesicht kommt!

Ich liebe meinen Hasen

Ich liebe meinen Hasen, denn er zuckt so süß mit seiner Nase und hat seidig glänzendes Fell.

Mein Hase knabbert mit seinen weißen Zähnen eine rote Rübe.

Wenn er durch den Garten läuft, hüpft seine weiße Blume auf und ab.

Mit seinen weichen Pfoten buddelt er ein Loch in die Wiese.

Er bleibt still sitzen, wenn ich seine Schlappohren streichele, und seine Barthaare zucken unaufhörlich.

Aber am meisten liebe ich meinen Hasen, wenn er in meinem Schoß schlummert!

Die Ameise und der Grashüpfer

Der Grashüpfer war ein lebenslustiges, glückliches Insekt, der sich um nichts Sorgen machte. Die langen Sommertage verbrachte er ausgestreckt in der Sonne liegend, oder er tanzte und hüpfte durch das grüne Gras. „Komm, spiel mit mir!“, sagte er eines Tages zur Biene.

„Ich würde ja gern“, antwortete die Biene, „aber ich bin viel zu beschäftigt! Wenn ich nicht den ganzen Tag über Pollen sammle, können wir Bienen keinen Honig machen. Und dann haben wir im Winter nichts zu essen.“

„Na, dann arbeite eben weiter“, sagte der Grashüpfer. „Ich jedenfalls spiele lieber!“ Damit hüpfte er davon. Bald traf er den Marienkäfer, der ein großes grünes Blatt entlangkrabbelte. „Komm, spiel mit mir!“, rief der Grashüpfer.

„Tut mir leid, heute geht’s nicht“, antwortete der Marienkäfer. „Ich muss mich um die Rosen kümmern. Die sind im Kampf gegen die Blattläuse auf uns angewiesen!“

„Na, meiner Meinung nach seid ihr dumm, den schönen Tag mit Arbeit zu verbringen!“, sagte der Grashüpfer – und weg war er. Bald darauf traf er die Ameise, die sich mit einem Weizenkorn auf dem Rücken abmühte.

„Warum schuftest du so?“, fragte der Grashüpfer. „Heute ist so ein schöner Tag! Komm und spiel mit mir!“

„Ich hab keine Zeit, Grashüpfer“, sagte die Ameise. „Ich muss das Weizenkorn in mein Nest bringen. Das ist ein erster Vorrat für den Winter. Hast du dein Nest schon gebaut?“

„Mein Nest?“, lachte der Grashüpfer. „Wer braucht denn ein Nest, wenn das Leben draußen so herrlich ist? Und überall gibt es genug zu essen – warum sollte ich mir Sorgen machen?“ Und so unbesorgt hüpfte er davon.

In der Nacht, als alle anderen Tiere schliefen, sang und tanzte der Grashüpfer im Mondschein. „Komm, spiel mit mir!“, rief er der Spinne zu. Sie war als einziges Tier wach.

„’tschuldigung“, sagte die Spinne, „ich muss an meinem Netz weitermachen.“

„Selber schuld!“, sagte der Grashüpfer und tanzte davon. Und so ging es jeden Tag: Während alle anderen Tiere arbeiteten, spielte der Grashüpfer. Und nachts, wenn sie erschöpft waren und ausruhen wollten, sang und tanzte er umher.

Eines Nachts hatten sie genug. „Hör auf mit dem Krach!“, rief die Biene. „Du weckst ja den ganzen Bienenkorb!“

„Ja bitte – sei endlich still!“, sagte nun der Marienkäfer.

Der Sommer ging dahin, und die Tage wurden kürzer und kühler. Doch der faule Grashüpfer nahm keine Notiz davon. Er war nach wie vor vollauf damit beschäftigt, sich zu vergnügen. Dann, eines Tages, sah er die Ameise mit ihren sieben Kindern. Allesamt schleppten sie Futter in ihr Nest. „Meine Güte, heute hast du ja wackere Helfer!“, sagte der Grashüpfer.

„Wir müssen uns beeilen“, schnaufte die Ameise. „Willst du dir denn gar kein Nest bauen und Vorrat anlegen für den Winter?“

„Och – ist mir doch egal“, sagte der Grashüpfer. „Es gibt doch noch so viel zu essen, überall. Warum also Sorgen machen?“

In dieser Nacht wurde es ziemlich kühl, und der Grashüpfer verspürte keinerlei Drang zu tanzen.

„Vielleicht kümmerst du dich langsam um deine Wintervorsorge?“, ermahnte ihn die Spinne. Doch obwohl es nun kälter wurde, wollte der Grashüpfer nicht daran denken.

„Dafür ist noch sooo lange Zeit!“, sagte er und fing an zu singen.

Bald verloren die Bäume die ersten Blätter. Nun musste auch Grashüpfer länger nach Futter suchen – und es wurde zunehmend schwieriger, etwas zu finden. Eines Nachmittags kreuzte die Ameise mit ihren sieben Kindern seinen Weg. Alle trugen sie dicke fette Saatkörner auf dem Rücken. „Wo habt ihr die denn her?“, fragte der Grashüpfer gierig. „Gibt’s da noch mehr?“

„Da drüben gibt’s viel davon“, sagte die Ameise und zeigte ihm die Richtung. „Wann baust du endlich dein Nest? Der Winter ist schon im Anmarsch!“

„Jetzt bin ich viel zu hungirg, um mich darum zu kümmern“, sagte der Grashüpfer und eilte zu dem Saathaufen und verschlang so viele Körner, wie er konnte.

Einige Tage später begann es zu schneien. Der Marienkäfer saß in seinem Nest und schlief. Die Biene hockte in ihrem Korb und trank mit ihren Freundinnen und Verwandten Honig. Grashüpfer war der einzige draußen. Ihm war kalt, und er hatte Hunger. Und nirgends fand er auch nur ein Krümelchen!

„Ich gehe zur Ameise“, sagte er sich. „Sie hat sicher genug Futter. Sie wird mir hoffentlich helfen.“ Und er hüpfte los, um das Ameisennest zu suchen. Endlich fand er es – ein geschütztes, warmes Nest hinter einem Felsen.

„Was willst du?“, fragte die Ameise.

„Bitte, Ameise“, sagte der Grashüpfer. „Hast du nicht ein wenig Futter für mich übrig?“

Die Ameise sah ihm in die Augen. „Den ganzen Sommer über, als ich und meine Familie schufteten, um das Nest zu bauen und Vorrat anzulegen – was hast du da gemacht?“

„Ich hab gespielt und mich amüsiert“, sagte der Grashüpfer. „Dafür ist doch der Sommer da!“

„Nun, da hast du wohl einen Fehler gemacht“, antwortete die Ameise. „Und wenn du den Sommer hindurch gespielt hast, wirst du wohl den Winter hindurch hungern müssen.“

„Oh je“, sagte der Grashüpfer traurig, und ihm kullerte eine Träne aus dem Auge. „Aber ich habe meine Lektion längst gelernt. Denkst du denn, dass es jetzt zu spät ist?“

Da wurde das Herz der Ameise weich. „Na gut, komm herein“, sagte sie. „Wir werden schon etwas für dich finden.“

Der Grashüpfer kroch dankbar in das warme Ameisennest, und die Ameisenfamilie teilte ihr Mahl mit ihm. Und als der Frühling kam, wurde der Grashüpfer rund und dick und fit – und begann sofort, sich ein Nest für den kommenden Winter zu bauen!

Häschen Huberts Einkaufsliste

Häschen Hubert wollte spielen, doch Mutter Hase brauchte seine Hilfe. „Willst du den Bau sauber machen oder lieber einkaufen gehen?", fragte sie. Hubert überlegte, dass er beim Einkaufen vielleicht seine Freunde treffen konnte und sagte: „Ich geh einkaufen." Mutter Hase gab ihm eine Einkausfliste – darauf stand: fünf Eicheln, zwei Rüben und Petersilie.

Als Hubert nun in den Wald hopste, kam auf einmal ein Windstoß, der riss ihm die Liste aus der Pfote und blies sie davon. „Kein Problem!", dachte Hubert. „Ich weiß längst alles auswendig."

Doch in Wirklichkeit konnte er rein gar nichts behalten. Unterwegs traf er seinen Freund Fox, den Fuchs. „Bring ein paar Blumen mit", sagte der. „Mütter mögen Blumen." Und so pflückten die beiden einen Strauß Glockenblumen, die am Bachufer wuchsen.

„Was noch?", fragte Hubert. „Ah, ja", antwortete er sich selbst. „Ich frage Rita, das Reh!" Rita turnte gerade zwischen gefällten Baumstämmen herum. Hubert und Fox turnten eine Weile mit – doch dann erinnerte sich Hubert an den Einkauf.

„Wenn deine Mutter eine Einkaufsliste zusammenstellen würde", fragte er, „was würde sie aufschreiben?" Rita dachte nach.

„Blätter“, sagte sie, „Mengen von frischen Blättern für ein weiches Bett. Blätter waren bestimmt auf deiner Liste!“

Eusebia, die Eule, beobachtete die beiden, wie sie Blätter in Huberts Korb sammelten. „Ich weiß, was deine Mutter braucht“, zwinkerte sie Hubert mit einem Auge zu. „Alle Mütter kriegen gern Besuch. Ich wette, auf deiner Liste stand: ‚Lade alle meine Freunde ein!‘“

„Bist du sicher?“, fragte Hubert. „Das hätte ich mir bestimmt gemerkt.“ Doch die Eule antwortete verschnupft: „Wir Eulen wissen schließlich alles.“ Also lief Hubert durch den Wald und lud alle, die er kannte, für den Nachmittag ein.

Dann hüpfte er nach Hause – den Korb voller Blätter und Glockenblumen in der Pfote. „Keine Sorge, Mama!“, rief er ihr entgegen. „Ich habe zwar die Liste verloren, mich aber an alles erinnert – und ALLE kommen heute Nachmittag!“ Mutter Hase hatte gar keine Zeit, zornig zu sein – so viel war noch zu tun! Zum Glück brachte Freundin Hermine Blaubeerkuchen mit, und so hatte Mutter Hase, als alle Gäste da waren und sich über die Einladung freuten, ihrem Hubert schon beinahe vergeben!

Frau Schwalbe

Frau Schwalbe ist ne Schwätzerin,
Sie schwatzt den ganzen Tag.
Sie plaudert mit der Nachbarin,
So viel sie plaudern mag.

CHRISTIAN DIEFFENBACH

Die drei Spatzen

In einem leeren
Haselnussstrauch,
Da sitzen drei Spatzen,
Bauch an Bauch.

CHRISTIAN MORGENSTERN

Der Knabe

Es war ein zartes Vögelein,
Das saß in Lieb gefangen.
Ein Knabe hegt' und pflegt' sich's fein
Wohl hinter goldenen Stangen.

JOSEPH VON EICHENDORFF

Die Fischpredigt

Antonius zur Predigt:
„Die Kirche findet ledig."
So geht er zu den Flüssen
Und predigt dort den Fischen.
(Sie schlagen mit den Schwänzen,
Die in der Sonne glänzen.)

ABRAHAM DE SANTA CLARA

Schwanengesang

Dereinst war ich so voll und rund,
Mein Federkleid mir prächtig stund.
Ich war ein Schwan, groß und gesund.
O Schmerz, o Schmerz,
Ich bin voll Schwärz.
Verbrannt so vorn wie hinterwärts.

Hans und die Spatzen

Ach, Vater, sprich,
Wie fang ich's an,
Dass ich die Spatzen fangen kann.

RUDOLF LÖWENSTEIN

Der Hänfling

Ein Hänfling, den der erste Flug
Aus seiner Eltern Neste trug,
Hub an, die Wälder zu beschauen,
Und kriegte Lust, sich anzubauen.
Ein edler Trieb: Denn eigner Herd
Ist, sagt das Sprichwort, Goldes wert.

Das Meislein

Es fing ein Knab ein Vöglein,
Hm, hm!
Da lacht er in den Käfig 'nein,
Hm, hm, so, so, hm, hm!
Der freut sich traun so läppisch,
Hm, hm!
Und griff hinein so täppisch!

JOHANN WOLFGANG VON GOETHE

Spatzenausflug

Die Spatzen schrein in ihrem Nest,
Als hätten sie ein großes Fest:
Philippzipzip!
Philippzipzip!
Und weiß nicht, wie viel Gäst.

FRIEDRICH GÜLL

Der Fink

Auf leichten Schwingen frei und flink
Zum Lindenwipfel flog der Fink
Und sang an dieser hohen Stelle
Sein Morgenlied so glockenhelle.

Der Traum

Es war ein niedlich Zeiselein,
Das träumte nachts im Mondenschein:
Es säh am Himmel Stern bei Stern.
Davon wär jeder ein Hirsekern.
Und als es geflogen himmelauf,
Da pickte das Zeislein die Sterne auf.
Piep –

VICTOR BLÜTHGEN

Meisenglück

Aus dem goldnen Morgen-Qualm
Sich herniederschwingend
Hüpft die Meise auf den Halm –
Aber noch nicht singend!

FRIEDRICH GÜLL

Schneewittchen

Eine junge Königin saß eines Winters mit ihrem Nähzeug am Fenster und stach sich bei der Arbeit in den Finger. Drei Tropfen Blut fielen in ihren Schoß. Da wünschte sich die Königin ein Kind, das sollte so rot wie Blut, so weiß wie Schnee und so schwarz wie das Ebenholz an ihrem Fenster sein.

Im Jahr darauf gebar sie ein Mädchen mit schneeweißer Haut, blutroten Lippen und Haar, so schwarz wie Ebenholz. Die Königin nannte ihre Tochter Schneewittchen. Doch bald nach der Geburt starb sie, und der König nahm sich eine neue Frau, die schön war wie die erste. Aber sie war eitel und hatte kein gutes Herz. Sie besaß einen Zauberspiegel, den sie regelmäßig befragte: „Spieglein, Spieglein an der Wand, wer ist die Schönste im ganzen Land?“ Und der Spiegel antwortete darauf stets mit der Wahrheit. „Frau Königin, Ihr seid die Schönste hier!“

Die Jahre vergingen, und Schneewittchen wuchs heran und wurde immer schöner.

Eines Tages stand die Königin wieder vor ihrem Spiegel und fragte: „Spieglein, Spieglein an der Wand, wer ist die Schönste im ganzen Land?“ Da gab der Spiegel zur Antwort:

„Frau Königin, Ihr wart die Schönste hier, doch Schneewittchen ist tausendmal schöner als Ihr!" Das ertrug die böse Königin nicht und begann, Schneewittchen zu hassen. Eines Tages rief sie den Jäger und trug ihm auf: „Schaff Schneewittchen in den Wald und töte sie."

Der Jäger aber konnte das Mädchen nicht töten und ließ es im Wald laufen. Schneewittchen lief tief in den Wald, bis sie vollkommen verloren war. Da kam sie an ein Haus, in dem war ein Tisch für sieben Personen gedeckt, und im Schlafgemach standen sieben Betten. Schneewittchen war hungrig, und so aß sie etwas von jedem Teller und trank aus jedem Becher einen Schluck. Dann probierte sie die Betten aus, aber sie waren alle zu kurz oder zu schmal – außer dem letzten, das genau richtig war. Sie legte sich hinein und schlief ein. Am Abend kamen die Hausbewohner zurück. Es waren sieben Zwerge, und sie bemerkten sofort den unerwarteten Gast.

„Wer hat auf meinem Stühlchen gesessen?", fragte staunend der erste Zwerg. – „Und wer hat von meinem Tellerchen gegessen?", fragte der zweite. „Wer hat aus meinem Gläschen getrunken?", der dritte. – „Und wer mein Messerchen benutzt?", der vierte. – „Und wer mein Gäbelchen?", fragte der fünfte. – „Und mein Löffelchen??!", fragte der sechste Zwerg empört.

„Schaut mal – sie schläft in meinem Bett!", sagte der siebte Zwerg. Die Zwerge kamen herbei, doch sie fanden Schneewittchen so schön, dass sie sie schlafen ließen.

Am Morgen erwachte Schneewittchen und erschrak, als sie die Zwerge sah. Die aber waren freundlich, und so erzählte sie ihnen, was passiert war. „Du kannst bei uns bleiben", sagten sie. Und so blieb Schneewittchen bei den Zwergen. Jeden Tag, wenn sie zur Arbeit gingen, schärften sie ihr ein: „Lass bloß niemanden herein!"

Lange Zeit war die Königin beruhigt, weil sie Schneewittchen tot glaubte. Eines Tages aber stand sie vor ihrem Spiegel und fragte: „Spieglein, Spieglein an der Wand, wer ist die Schönste im ganzen Land?“ Da antwortete der Spiegel: „Frau Königin, Ihr seid die Schönste hier. Aber Schneewittchen, hinter den Bergen, bei den sieben Zwergen, ist tausendmal schöner als Ihr!“

Die Königin dachte wütend: „Dann muss ich sie selbst töten.“ Sie verkleidete sich als Krämerin und suchte das Haus der Zwerge auf. „Schöne Schnallen, schöne Gürtel!“, rief sie. Schneewittchen schaute neugierig aus dem Fenster. „Die Frau ist harmlos“, dachte sie, öffnete die Tür und suchte sich einen schönen Gürtel aus.

„Ich lege dir gern den Gürtel um“, sagte die Königin, doch dann zog sie ihn so fest, dass Schneewittchen nicht mehr atmen konnte und umfiel.

Als die Zwerge am Abend heimkehrten, fanden sie Schneewittchen bewusstlos am Boden und lösten den Gürtel. Schneewittchen kam wieder zu sich und erzählte, was passiert war. „Das war die Königin“, sagten sie. „Und sie kommt gewiss wieder!“

Der Zauberspiegel der Königin antwortete schon bald auf die Frage „Spieglein, Spieglein an der Wand, wer ist die Schönste im ganzen Land?“ wieder mit der Wahrheit: „Frau Königin, Ihr seid die Schönste hier. Aber Schneewittchen, hinter

den sieben Bergen, bei den sieben Zwergen, ist tausendmal schöner als Ihr!" Da wurde die Königin noch wütender und versuchte ein zweites Mal, Schneewittchen zu töten – diesmal mit einem vergifteten Kamm. „Schöne Kämme! Schöne Kämme!", rief sie, wieder als Krämerin verkleidet. Aber Schneewittchen öffnete die Tür nicht mehr. „Ich gebe ihn dir gern durch das Fenster", sagte die Königin mit verstellter Stimme.

„Ach, die Alte ist bestimmt harmlos", dachte Schneewittchen gutgläubig und öffnete das Fenster. „Lass mich dein schönes Haar kämmen", sagte die Königin. Und als der Kamm Schneewittchens Kopf berührte, drang das Gift in die Haut und ließ sie bewusstlos zu Boden sinken. Als die Zwerge am Abend Schneewittchen leblos am Boden fanden, entfernten sie schnell den Kamm, und sie erwachte wieder zum Leben.

Die Königin aber ging zu Haus im Schloss sofort zu ihrem Spiegel, um sich Gewissheit zu verschaffen. Entsetzt hörte sie, dass Schneewittchen immer noch lebte. Da bereitete sie einen vergifteten Apfel vor: Die eine Seite war grün und gesund, die andere Seite jedoch rot.

Diesmal ging die Königin als Bäuerin verkleidet zum Haus der Zwerge. Und als Schneewittchen weder Tür noch Fenster öffnen wollte, hielt die Königin ihr den vergifteten Apfel vor das geschlossene Fenster und rief verlockend: „Hab doch keine Angst, mein schönes Mädchen! Schau mal, ich habe so einen wunderschönen Apfel für dich!"

„Nein, ich darf nicht", sagte Schneewittchen, obwohl der Apfel gar zu köstlich aussah.

„Schau, wir teilen uns den Apfel! Ich nehme die saure grüne Seite, und du kannst die süße rote Hälfte haben", sagte die Königin und biss sogleich in ihre Hälfte. „Dann wird er nicht vergiftet sein", dachte Schneewittchen und biss in die rote Apfelhälfte. Da fiel sie auf der Stelle tot um.

Die Königin aber lief eilig zurück zum Schloss und war zufrieden, als der Spiegel endlich die gewünschte Antwort gab: „Ihr seid die Schönste im Land!"

Die Zwerge fanden Schneewittchen und weinten bittere Tränen, als sie sahen, dass sie tot war. Sie legten sie in einen gläsernen Sarg vor ihrem Haus.

Eines Tages kam ein Prinz vorbei, der von ihrem Anblick so ergriffen war, dass er sie mit sich nehmen wollte. Weil ihm sonst das Herz gebrochen wäre, willigten die Zwerge schließlich ein. Als die Diener des Prinzen aber den Sarg hochhoben, stolperte einer, und das Apfelstück fiel aus Schneewittchens Mund. Da erwachte sie wieder zum Leben.

Der Prinz war überglücklich, und so war Schneewittchen. Sie heirateten und lebten noch viele Jahre, und von der bösen Königin hat man nie mehr etwas gehört!

Schmetterlingsjagd

Kitty Kätzchen lag dösend in der Sonne, da kitzelte sie etwas an der Nase. Sie schlug die Augen auf und sah einen Schmetterling vor sich. Als sie mit der Pfote nach ihm schlug, flatterte er davon. Kitty sprang ihm nach und landete mit einem Schrei in den Disteln. Der Schmetterling jedoch flog weiter.

„Den krieg ich!", sagte sie sich. Kitty jagte bis zum Bach hinter dem Schmetterling her. Dort setzt er sich auf einen Ast. Kitty kletterte den Baum hinauf, höher und höher, aber jedes Mal, wenn sie sich dem Schmetterling näherte, flog er ein Stück weiter.

Schließlich war Kitty so hoch geklettert, dass sie weder vor noch zurück konnte! Ängstlich sah sie auf das wirbelnde Wasser hinab. Da flog der Schmetterling direkt vor ihrer Nase vorbei. Ohne nachzudenken schlug Kitty mit der Pfote nach ihm. Dabei verlor sie das Gleichgewicht und fiel mit einem großen PLATSCH ins Wasser. „Hilfe!", schrie sie und ruderte wild mit den Pfoten. Zum Glück bekam sie einen Ast zu packen, der über den Bach ragte, und

konnte sich ans Ufer retten. Völlig nass und erschöpft kam Kitty nach Hause. Ihr Fell war verfilzt, und überall hatte sie Kratzer. Müde rollte sie sich vor dem Kamin zusammen und döste ein. Da zupfte etwas an ihren Schnurrhaaren. Sie machte ein Auge auf und sah eine kleine Maus. „Oh nein, für heute habe ich genug gejagt", sagte Kitty.

Dann schloss sie beide Augen, schlief sofort ein und träumte davon, schöne Schmetterlinge zu jagen!

Im Kindergarten

Es war Montag früh. Julia öffnete ihre Augen, als Mutter die Treppe hochkam. „Aufstehn!“, rief sie und schaute zu Julia ins Zimmer herein.

„Willst du den Kindergarten kennen lernen?“

„Oh – ja!“, sagte Julia und sprang aus dem Bett. Mutter hatte schon viel vom Kindergarten erzählt. Und während Mutter beim Anziehen half, fragte Julia neugierig:

„Mama – wie ist es im Kindergarten?“

„Kletterst du gerne an Gerüsten?“, fragte die Mutter.

„Oh – ja!“, sagte Julia.

„Dann wirst du den Kindergarten mögen“, sagte die Mutter. „Dort gibt’s viele spannende Sachen, wie Klettergerüste und Spiele, die du noch nicht kennst, zu entdecken. Und vor allem kannst du dort mit anderen Kindern zusammen spielen. – Komm, wir beeilen uns, dann wirst du selbst sehen.“

Vater wartete in der Küche. „Alle fertig für die Besichtigung des Kindergartens?“, fragte er.

„Ja!“, rief Julia.

„Na dann: Auf geht’s!“, rief er. Als sie ankamen, wurden sie von einer Frau empfangen.

„Du musst Julia sein“, sagte sie und lächelte. „Ich bin Beate Becker. Möchtest du dich vielleicht hier ein bisschen umsehen?“

Julia nickte schüchtern. Beate Becker öffnete eine Tür – da waren lauter Kinder, die spielten! Einige kletterten an einem gelben Gerüst empor. Andere spielten mit Förmchen, Eimern und Spaten in einer großen Wanne voll Sand. „Du hast Recht, Mama!“, sagte Julia. „Hier gibt's eine Menge zu entdecken!“ Doch schon bald war es Zeit zu gehen, aber Julia hatte noch so viele Fragen. „Wann kann ich mit dem Kindergarten anfangen?“, fragte sie auf dem Weg nach Hause.

„Nächste Woche“, sagte Mutter.

Beim Mittagessen fragte Julia: „Wie lange bleibe ich im Kindergarten?“

„Zunächst nur am Vormittag“, antwortete Vater. „Und wenn es dir dort gefällt, kannst du später auch länger bleiben.“

Und als Julia am frühen Abend mit Mutter fernsah, hatte sie noch längst nicht alle Fragen gestellt, die ihr unter den Nägeln brannten: „Kann ich meinen Teddy mit in den Kindergarten nehmen?“

„Natürlich!“, lächelte Mutter. „Ihm wird es dort auch gefallen.“

Am nächsten Morgen ging Mutter mit Julia zum Spielplatz im Park. Als Julia die Leiter zu Rutsche emporkletterte, traf sie oben einen kleinen Jungen. Die Mutter des kleinen Jungen lächelte Julias Mutter an und begann ein Gespräch. Sie sagte: „Ab nächste Woche geht er in den Kindergarten.“

„Ich auch!“, rief Julia laut und wandte sich an den Jungen. „Wie heißt du denn?“, fragte sie.

„Jakob“, antwortete der Junge und rutschte die Bahn hinunter. „Magst du den Kindergarten?“, rief er, als er unten angekommen war.

„Ich glaub, schon“, antwortete Julia.

„Dann sehen wir uns nächste Woche!“, rief der Junge und winkte ihr beim Abschied zu.

Die Woche ging schnell vorüber, und endlich kam der Tag, an dem Julia zum ersten Mal in den Kindergarten ging.

Sie war sehr aufgeregt – aber zugleich auch ein wenig ängstlich.

„Wo soll ich meine Jacke aufhängen?“, fragte Julia ihre Mutter, als sie im Kindergarten ankamen.

„Jedes Kind bekommt seinen eigenen Haken dafür, du wirst sehen“, antwortete Mutter.

„Schön, dich wiederzusehen, Julia“, sagte Beate Becker und begrüßte sie. „Siehst du die Kleiderhaken dort? Der mit dem blauen Schweinchen ist für dich. Da kannst du ab heute deine Jacke hinhängen. – Was möchtest du als Erstes gern tun?“

Julia erkannte am Puzzletisch Jakob wieder, der ein Feuerwehrauto zusammensetzte. Sie ging freudig zu ihm hinüber.

„Hallo Jakob“, sagte sie. „Darf ich mitmachen?“ Und sie nahm ein Puzzleteil und setzte es genau an die richtige Stelle.

„Ich gehe jetzt“, flüsterte Julias Mutter und drückte sie noch einmal an sich.

„In Ordnung, Mama“, lächelte Julia. „Bis nachher!“ Und dann wendete sie sich wieder den vielen Puzzleteilen auf dem Tisch zu.

„Julia kann das richtig gut, nicht wahr?“, sagte Beate Becker zu Jakob. Jakob nickte – Kindergarten machte wirklich Spaß!

Später fragte Beate Becker die beiden, ob sie helfen wollten, Getränke und Apfelstückchen an die Kinder zu verteilen.

„Oh ja!“, riefen Julia und Jakob wie aus einem Mund.

„Kommt mal alle her und begrüßt Julia und Jakob!“, rief Beate Becker den anderen Kindern zu. Und alle kamen und begrüßten die beiden Neuankömmlinge. Und Julia und Jakob gaben jedem eine Tüte Saft und ein Stück Apfel.

Dann fragte die Kindergärtnerin, was sie jetzt am liebsten tun wollten. Julia wusste es genau: Sie zog Jakob zur Kleiderkiste.

„Schau mal!", sagte sie und zog zwei Helme daraus hervor. „Wir können Feuerwehr spielen!"

Jakob zeigte auf das große rote Auto, das in der Ecke am anderen Ende des Raumes stand. „Und das da hinten ist unser Feuerwehrauto!", sagte er.

Nachdem Jakob und Julia zahlreiche gespielte Brände gelöscht hatten, wurde ihnen die Feuerwehr langsam langweilig. Da bemerkten sie zwei Mädchen, die sich an einem Tisch zu schaffen machten. Zusammen liefen sie zu ihnen hinüber. Auf dem Tisch lagen Karton, Kleber und Farben.

„Komm, wir bauen ein Feuerwehrauto!", sagte Julia. Sie nahm zwei Kartonschachteln und klebte sie zusammen. Dann schnitt sie aus einer Pappe vier gleich große rund Kreise für die Räder aus, und Jakob half, sie anzukleben. Anschließend malten sie alles leuchtend rot an. Als sie fast fertig waren, stand Julias Mutter in der Tür.

„Mama, schau mal!", rief Julia und lief aufgeregt zu ihrer Mutter und zog sie stürmisch zurück an den Basteltisch. „Wir haben ein Feuerwehrauto gebastelt!"

„Das ist sehr schön!", sagte Mutter. „Willst du es mit nach Hause nehmen?"

„Aber ich will noch nicht nach Hause!", sagte Julia.

„Du kannst morgen mit Jakob hier weiterspielen", antwortete Julias Mutter. „Jetzt ist Zeit fürs Mittagessen."

Julia zog ihre Jacke an und winkte Jakob zum Abschied noch einmal zu.

„Hat dir der Kindergarten gefallen?", fragte Mutter. „Willst du morgen wieder hin?"

„Ja – unbedingt!", sagte Julia. „Im Kindergarten ist's super!"

Margarete und die Blumen

Jedes Jahr gab es einen Wettbewerb auf dem Hof. Und alle machten mit, denn der Gewinner erhielt immer einen Preis. In einem Jahr gab es einen Preis für das schönste lila Gemüse, ein anderes Mal für die knubbeligsten Knie. (Diesen Preis gewann natürlich die Ente Gerda.) Einmal wurde ein Preis ausgesetzt für den, der „Chrysanthemen" buchstabieren konnte. Diesen Preis gewann niemand, denn wer kann schon „Chrysanthemen" richtig buchstabieren? Dieses Jahr sollte der schönste Blumenstrauß premiert werden. Doch wer sollte Preisrichter sein? Die meisten Hoftiere waren es in den letzten Jahren schon gewesen und hatten stolz die gelbe Plakette mit dem „R" für „Richter" getragen.

Wenn sie das Huhn Nelly zum Preisrichter machten, würde es sich selbst zum Gewinner ernennen. Das tat Nelly immer. Das Schaf Frieda blieb mit seiner Wolle immer und überall hängen. Stets riss es die Tische und Stühle um, an denen es vorbeiging.

Walburga, das Schwein, bekleckerte alles mit Schlamm. Rambo, das große Pferd, passte nicht einmal in das Zelt hinein!

Aber Margarete, die Ziege, wollte die Aufgabe gern übernehmen. Sie erzählte den anderen, wie sehr sie Blumen mochte. Warum also nicht? Und so wurde Margarete zur Preisrichterin ernannt.

Bald brach der große Tag an. Alle waren schon seit Tagen mit den Vorbereitungen beschäftigt. Das Zelt war voller Blumen, voller Farben und Licht. Es duftete herrlich nach Rosen, und die Tiere warteten gespannt darauf, dass der Wettbewerb endlich eröffnet wurde.

Als Erste ging Margarete, die Preisrichterin, hinein. Sie sah überaus wichtig aus. Dann folgten die anderen Tiere, eines nach dem anderen. Übrig blieb

Rambo, das Pferd, das nur seinen Kopf ins Zelt steckte. Margarete wurde zum ersten Strauß geführt. „Ich soll also einfach aussuchen, welche Blumen ich am liebsten mag?“, fragte Margarete.

„Ja, wir gehen am Tisch entlang, und der Strauß, der deiner Meinung nach der beste ist, erhält den Preis. Dies hier ist Walburgas Strauß. Sie hat den ganzen Vormittag daran gearbeitet.“

„Es sind Gänseblümchen und Löwenzahn“, erklärte Walburga stolz. Die Blumen waren weiß und gelb und sahen in dem leuchtend blauen Krug sehr hübsch aus. Margarete betrachtete sie und schnüffelte ausgiebig an ihnen. Dann fraß sie sie auf.

Die anderen Tiere waren sprachlos! Sie konnten nur mit großen Augen zusehen, wie Margarete zum nächsten Strauß aus Butterblumen und Rosen ging.

Auch diese Blumen fraß die Ziege! Sie legte den Kopf auf die Seite und schloss die Augen halb, während sie den Geschmack von Butterblumen und Rosen mit dem von Gänseblümchen und Löwenzahn verglich.

Weiter ging es mit Schlüsselblumen und Geißblatt, die Margarete ebenfalls fraß. Dann fraß sie Klatschmohn und Kriesantem, Krüsantem, ääh Christmateen … also Klatschmohn und eine andere Blume, deren Namen niemand buchstabieren kann! Margarete rümpfte die Nase.

„Ein wenig säuerlich“, fand sie. Endlich drehte sie sich um und stellte fest, dass die anderen Tiere sie verdattert anstarrten.

„Ja, was?“, fragte sie verwirrt. „Was ist los?“ – „Du solltest beurteilen, wie hübsch die Blumen sind!“, erwiderte Rambo milde. Margarete war irritiert. „Wie, Blumen kann man auch hübsch finden?“ Alle brachen in Gelächter aus. Sie mussten Margarete den Wettbewerb noch einmal ganz genau erklären. Die Zeit reichte nun nicht mehr, noch einmal neue Sträuße zu binden. Deshalb verliehen sie Walburga den Preis, denn Margarete hatte entschieden, dass Walburgas Strauß aus Gänseblümchen und Löwenzahn am besten geschmeckt hatte.

Und die Preisrichterin erhielt als Anerkennung einen Blumenstrauß. Margarete freute sich sehr – und fraß ihn auf!

Die Sperlinge

O welch ein Geschnatter, was ist denn los?
Ach nichts, es haben die Sperlinge bloß
Bürgerversammlung auf Nachbars Zaun,
Wohl an dreihundert sind zu schaun!
Die höchsten Interessen der Sperlingsschaft
Bereden sie dort mit großer Kraft:
Wie die Erbsen stehn und der Kopfsalat
Und was sich sonst ereignet im Staat.

Heinrich Seidel

Unser Haus

Und wenn wir mal beisammen
sind,
Wo kriegen wir her ein Haus?
Wir nehmen einfach 'nen
Hühnerkorb
Und gucken oben raus!

Fünf kleine Entlein

Fünf kleine Entlein gingen schwimmen im See,
Mit Köpfchen im Wasser, Schwänzchen in der Höh.
Mutter Ente rief von weitem: „Quack, quack, quack, quack!
Doch es kamen nur vier kleine Entlein zurück.

Ein kleines Entlein ging schwimmen im See,
Mit Köpfchen im Wasser, Schwänzchen in der Höh.
Mutter Ente rief von weitem: „Quack, quack, quack, quack!
Und alle fünf Entlein kamen schnatternd zurück!

Es saß eine Krähe

Es saß eine Krähe
Auf einem Zweig.
Sie sagte: „Ich sehe
Nur Unglück und Leid."

Die unzufriedene Eule

Als die Eule in der Nacht auf ihrer Eiche saß,
Da sprach sie laut und für sich hin: „Das macht doch keinen Spaß!
Immer dies Geheule und das die ganze Nacht –
Viel lieber hätt ich auch mal einen Tagausflug gemacht!"

Der Strauß

Seht nur den Strauß,
So mächtig und hoch.
Schaut er von oben aufs Gras herab,
Verkriechen sich die Würmer im Loch!
Und hier – seht den Igel,
So stachlig und klein.
Rollt er sich zusammen,
Wird gleich ein Ball er sein.
Hier kommt die Spinne auf leisen Sohlen,
Schleicht ins Gras, als hätt sie was gestohlen.
Seht ihr die Vögel am Himmel dort oben?
Sie spreizen die Flügel auch beim Toben.
Und seht, wie die Kinder schlafen fest!
In der Nacht ruft die Eule aus ihrem Nest:
„Tuit-tuiit, tu-wuuiiiith!"

Abzählreim

Müllers dicke faule Grete
Saß auf einem Baum
Und nähte.
Plumps – fiel sie herab:
Du bist ab.

Federbällchen

Federbällchen tanzt am Wasser gar zu gern.
Hündchen sieht ihn, bellt ganz laut,
Wedelt mit dem Schwanz und
läuft herbei von fern.
Jetzt tanzen sie,
Das Küken und der Hund.

Eleonore Eichhorn lernt eine Lektion

Eleonore Eichhorn hatte den schönsten Schwanz sämtlicher Tiere am Spiegelglasteich. Er war noch flauschiger als Ella Entes Schwanz ... und buschiger als der von Herta Hase ... und sowieso flinker als alle anderen zusammen!

Jeden Morgen bürstete Eleonore ihren Schwanz und betrachtete ihn anschließend im Teich. „Ich habe wirklich einen wunder-wunderschönen Schwanz“, sagte sie dann und lächelte ihrem silbernen Spiegelbild im Wasser zu.

Manchmal spielte Eleonore auch mit ihren Freunden. Doch das endete oft in Tränen. „Du spritzt meinen schönen Schwanz ganz nass!“, schimpfte sie, wenn sie mit Ferdinand Frosch Bocksprünge machte. „Du machst meinen Schwanz ganz dreckig!“, beschwerte sie sich, wenn sie mit Hartmut Hase Löcher buddelte. Bald spielte Eleonore überhaupt nicht mehr mit ihren Freunden.

Wenn sie nach ihr riefen, antwortete sie: „Ich kann jetzt nicht – kommt ein anderes Mal! Ich muss meine Pfoten putzen und meinen prächtigen Schwanz bürsten.“

Eines Morgens bewunderte Eleonore wie gewöhnlich ihren schönen Schwanz im Teich – da kam ihr ein seltsamer Gedanke: Sie konnte sich nicht mehr erinnern, wann sie ihre Freunde zuletzt gesehen hatte!

Eleonore sah in ihr Spiegelbild. Zurück starrte ein merkwürdiges Gesicht ... ein missmutiges Gesicht ... ein grantiges Gesicht. Das war Eleonores Gesicht! Sie traute ihren Augen nicht.

„Kein Wunder, dass mich keiner meiner Freunde mehr besucht", rief sie. „Ich weiß ja gar nicht mehr, wie man lächelt!"

Am nächsten Tag rief Eleonore alle ihre Freunde herbei. Sie machten Bocksprünge und buddelten tiefe Schlammlöcher und tollten und tobten, dass sie ihren prächtigen Schwanz völlig vergaß. „Von nun an", sagte sie, „schau ich nur noch in den Spiegel, um Lächeln zu üben!"

Der Drache, der Angst vorm Fliegen hatte

Es war einmal in einem fernen Land, da lebte ein Drache namens Dennis in einer tiefen Höhle, hoch oben in den Bergen. Alle seine Freunde lebten in Nachbarhöhlen, und seine Brüder und Schwestern lebten gleich nebenan. Nun könnte man meinen, Dennis sei ein glücklicher Drachen gewesen – mit allen Freunden und Verwandten so nahe bei. Doch ich bedaure, sagen zu müssen, dass Dennis in Wirklichkeit ein zutiefst unglücklicher und einsamer Drache war!

Und es gab einen Grund dafür. Denn Dennis hatte Angst vorm Fliegen. Jeden Tag flogen alle anderen Drachen hinaus und erlebten tolle Abenteuer. Der arme Dennis aber blieb allein zurück. Er starrte aus seiner Höhle heraus und sah den anderen beim Abflug traurig nach. Ach, könnte er ihnen nur folgen!

Dann hockte er sich auf die Felsplatte vor seiner Höhle und sammelte allen Mut zusammen. Doch sobald er nur ein wenig über den Felsrand hinaus nach unten blickte, wurde ihm so schwummrig, dass er zurückschrak. Niedergeschlagen kroch er zurück in seine Höhle und zählte die Stalagtiten, die von der Decke herabhingen, oder ordnete seine umfangreiche Fledermausknochensammlung.

Jeden Abend kamen die anderen Drachen mit fantastischen Erlebnissen.

„Ich habe eine Prinzessin gerettet“, sagte ein Drache zum Beispiel.

„Ich habe gegen einen einäugigen Riesen gekämpft – und gewonnen!“, rühmte sich ein anderer.

„Ich hab einer Hexe geholfen, das Feuer unter ihrem Topf anzuzünden“, sagte ein dritter. „Und was hast du den ganzen Tag über gemacht?“

„Ooch“, antwortete Dennis dann gewöhnlich, „... dies und das“ und sah betreten auf seine abstehenden Zehen. Dorit, seine Schwester, nahm ihn manchmal mit nach draußen und versuchte, ihm das Fliegen beizubringen. Dann nahm Dennis Anlauf, sprang, und dabei flatterten seine Flügel wild auf und ab – doch seine Füße blieben nach wie vor in Tuchfühlung mit dem Boden. Oft lachten die anderen Drachen ihn dann aus. Und am Ende gab er immer auf.

Eines Tages hielt Dennis es einfach nicht mehr aus. Und als alle anderen Drachen zu ihren Abenteuern davongeflogen waren, kroch er nicht, wie üblich, in seine Höhle zurück, sondern kletterte den Abhang auf der anderen Seite hinab. Bisher war Dennis nie weiter als bis zum Felsrand vor seiner Höhle gegangen – und Gehen war sehr anstrengend für ihn, sodass er bald schnaufte und prustete. Er wollte gerade am Wegesrand ein wenig ausruhen, als er in der Ferne etwas leuchtend Buntes erblickte. Dort unten im Tal konnte er einige bunte Zelte erkennen. Und jetzt hörte er sogar leise Anklänge von Musik zu ihm heraufschweben. „Besser, ich schau dort mal nach“, dachte er. „Vielleicht wartet dort ja ein Abenteuer auf mich!“ Und der Gedanke allein erregte ihn so sehr, dass er zu laufen begann.

Endlich erreichte Dennis die Zelte und fand sich in einer Welt wieder, die exotischer war als alles, was er sich bisher vorstellen konnte! Auch begegnete er Lebewesen, die er niemals zuvor gesehen hatte. Da war zum Beispiel ein mächtiges gelbes Geschöpf, das brüllte, – und ein anderes hatte lauter Streifen und kräftige weiße Zähne. Auch gab es dort haarige Wesen mit langen Schwänzen. Kannst du dir vorstellen, wer diese Lebewesen waren? Na klar – Dennis hatte zuvor nie einen Löwen, einen Tiger oder einen Affen gesehen. Und er hielt sie alle für äußerst sonderbar. Doch sonderbar fanden die Tiere Dennis auch! Sie standen im Kreis um ihn herum. „Wie merkwürdig", brummte der Löwe. „Was für ein schleimiges Ding mit Flügeln!"

„Seht euch mal den komischen knorpeligen Schwanz an!", kicherte nun der Affe.

Dennis fühlte sich unbehaglich und schon wieder ausgestoßen, als er eine freundliche, fröhliche Stimme hinter sich hörte: „Hallo, du da! – Willkommen in Zampanos Zirkus. Ich bin Zippo, der Clown."

Dennis drehte sich um. Und jetzt war er restlos konfus – denn hinter ihm stand ein Mann mit dem traurigsten Gesicht, das er je gesehen hatte. Er hatte große traurige Augen, und seine Mundwinkel hingen bis zum Kinn herab. Und dabei sprach er gleichzeitig so fröhlich!

„Ich bin Dennis, der Drache", sagte Dennis.

„Ein Drache?", fragte Zippo. „Na – das hatten wir bisher noch nie. Wär bestimmt eine Riesenattraktion! Willst du nicht bei uns im Zirkus mitmachen?"

„Oh ja, bitte!", rief Dennis.

„Gut!", sagte Zippo. „Du bist bestimmt talentiert."

Und so machte Dennis beim Zirkus mit und war zum ersten Mal in seinem Leben glücklich. Die anderen Tiere wurden auch freundlicher, sobald sie ihn näher kannten. Zippo brachte Dennis bei, auf dem Einrad zu jonglieren. Er lernte sogar, in einen Eimer zu tauchen. Das machte ihm nichts aus – denn seine schleimige Haut war wasserdicht!

Da Drachen Meister im Flammenwerfen sind, wurde Dennis die Feuerschluckattraktion im Zirkus. Die Leute kamen von nah und fern, um zu sehen, wie er seine Flammen bis in die Spitze des Zirkuszelts schleuderte!

Eines Abends hatte Dennis gerade seine Feuerschlucknummer beendet und aß ein Eis, um seinen heißen Hals abzukühlen. Dabei bewunderte er Karoline, die Seiltänzerin. Sie drehte ihre Pirouetten auf dem Hochseil, oben in der Zirkuskuppel. Doch plötzlich verlor sie den Halt, und Dennis sah mit Entsetzen, dass sie sogleich herabstürzen würde. Er ließ seine Eistüte fallen, und ohne nachzudenken, streckte er seine Flügel aus und schlug sie heftig. Und als Karoline fiel, befand sich Dennis bereits in der Luft auf dem Weg zu ihr. Behutsam nahm er sie auf seinem Rücken auf und flog mit ihr in einem großen Bogen hinab auf den Zirkusboden. Das Publikum brach in begeisterten Applaus aus – denn für sie war das die Attraktion des Abends!

„Danke schön, Dennis“, flüsterte Karoline und beugte sich vor zu Dennis’ Ohr. „Du hast mir das Leben gerettet.“

Dennis war glücklich! Er hatte nicht nur Karoline das Leben gerettet, sondern auch Fliegen gelernt. „Eins muss ich sagen“, erklärte er grinsend. „Fliegen macht unheimlich Spaß!“

Trautes Heim

Karla Karnickel betrachtete das zarte grüne Gras auf der anderen Seite des Bachs. Sie hatte das harte Gras satt, das neben ihrem Bau wuchs.

„Da gehe ich jetzt rüber!", erklärte sie ihren Geschwistern und zeigte auf einen abgebrochenen Ast, der quer über dem Bach lag. Geschwind hüpfte Karla über den Ast auf die andere Seite und machte sich über das zarte, saftige Gras her. Ihre Brüder und Schwestern fanden sie ungeheuer mutig und wollten ihr schon folgen, als sie plötzlich sahen, wie sich der Fuchs von hinten an Karla heranschlich!

„Pass auf!“, schrien sie. Karla drehte sich um und sah den Fuchs!

Sie sprang zurück auf den Ast, doch in ihrer Eile rutschte sie aus und fiel in den Bach. Zum Glück hatte Bibi Biber alles mit angesehen und brachte Karla sicher zur anderen Seite. „Nur schnell nach Hause!“, japste Karla.

Sie schwor sich, von nun an immer in der Nähe ihres Baus zu bleiben.

Tessa, die schusselige Tierärztin

„Guten Morgen!", ruft Tessa Tierärztin, als sie die Tür zu ihrer Praxis öffnet. „Na, wie geht es meinen Tierchen denn heute?"

Tessa beginnt ihre tägliche Morgenrunde mit Golda Goldfisch. Tessa liebt alle ihre Tiere, doch es gibt immer so viel zu tun! Und manchmal bringt sie dabei alles durcheinander!

Heute morgen ist wieder viel los – deshalb sollen zunächst alle Käfige sauber gemacht und alle Tiere gefüttert werden, bevor sie sich ihrem ersten Patienten widmen kann. „Zuerst kriegst du eine frische Zeitungsunterlage, Schecki", sagt sie zu dem Hündchen und bückt sich dabei zu dem Kater, der ihr um die Beine schnurrt. „Und dann schüttele ich deine Decke aus, Taps."

„So – schau mal, Taps. Jetzt ist dein Bett wieder schön flauschig", sagt Tessa und legt die Decke zurück in Taps' Körbchen.
Da klingelt das Telefon: Drriiing! ... Drriiing!
... Drriiing!

Tessa lässt alles stehen und liegen und läuft zum Telefon. Doch als sie den Hörer abnimmt, meldet sich niemand. Wahrscheinlich hat jemand die falsche Nummer gewählt und gleich wieder aufgelegt. „So – wo war ich stehen geblieben?", denkt sie, als sie zu den Käfigen zurückkommt.

„Ich wollte euch gerade neue Sägespäne geben, nicht wahr?“, sagt sie zu Holter und Polter, den beiden Mäuschen. Doch als sie gerade die Sägespäne auffüllt ... Ding-dong! ... Ding-dong! – „Wer kann das sein?“, wundert sich Tessa. „Mein erster Patient ist erst in einer halben Stunde dran.“ Sie läuft zur Tür und lässt die Käfigtüren offen stehen. Schecki springt heraus und jagt Taps durch das Zimmer!

Draußen steht Paula Post mit einem Paket, das zu groß ist, um in den Briefkasten zu passen. „Danke schön, Paula“, sagt Tessa. „Aber das Paket ist nicht für mich. Es ist an Tonys Pizza-Treff adressiert.“

„Du meine Güte!“, sagt Paula. „Wie konnte ich nur so schusselig sein? ’tschuldigung, Tessa!“

„Ich glaube, ich war dabei, Partizia Papageis Käfig zu säubern“, sagt Tessa. Als sie damit fast fertig ist, spürt sie, wie etwas an ihrem Bein hochkrabbelt.

„Oh nein!“, schreit Tessa. „Holter und Polter! Wie seid ihr nur aus dem Käfig entwischt? Und Schecki und Taps! Wie seid ihr herausgekommen?“

Tessa läuft panisch umher und versucht, ihre Tiere wieder einzufangen. Währenddessen hüpft Patrizia immer näher zur offenen Tür ihres Käfigs.

Tessa kriecht hinter Taps her, stolpert über Holter und Polter und jagt Schecki zurück, als plötzlich ... mit lautem Gekreisch Patrizia auf das offen stehende Fenster zufliegt!

„S-t-o-p Patrizia! Halt!“, ruft Tessa und springt hinter dem Papagei her. Zum Glück erwischt sie ihn noch rechtzeitig und schließt das Fenster. Dann fängt sie auch Holter und Polter ein, setzt Taps zurück ins Körbchen und sperrt Schecki wieder in seinen Käfig.

„Piuh!“, stöhnt Tessa. „Ich fühle mich, als hätte ich schon den ganzen Vormittag gearbeitet. Jetzt ist erst mal Zeit zum Frühstücken!“

Sie stellt alle Fressnäpfchen und das Tierfutter auf den Tisch. Sorgfältig misst sie leckeres Hundefutter für Schecki ab und legt außerdem einen saftigen Knochen für ihn bereit. Patrizia erhält einen Löffel voll Vogelfutter. Für Taps öffnet Tessa eine Dose Katzenfutter mit Fisch, und die leckeren Sonnenblumenkerne sind für die Mäuschen bestimmt. Tessa hat beinahe alle Fressnäpfe gefüllt als ... Ding-dong! ... Ding-dong! ... es wieder an der Tür klingelt.

„Oh – mein erster Patient!“, ruft Tessa. „Ich glaub, ich muss mich beeilen!“ So schnell sie kann, räumt sie den Tisch ab und verteilt die Fressnäpfchen in den Käfigen – doch dabei gibt sie nicht Acht, wer was erhält! Und so landet das Vogelfutter in Scheckis Käfig. Holter und Polter erhalten das Hundefutter und den saftigen Knochen. Taps, der Kater, soll Sonnenblumenkerne knabbern – und Patrizia Papagei soll mit ihrem Schnabel das Katzenschälchen voll Dosenfutter mit Fischgeschmack aufpicken!

Und dann ist Tessa wieder so in Eile, dass sie sämtliche Käfigtüren noch einmal offen stehen lässt!

Doch diesmal wissen die Tiere, was zu tun ist. Patrizia pickt ihr leckeres Vogelfutter in Scheckis Käfig auf. Schecki findet den saftigen Knochen im Mäusekäfig. Holter und Polter finden ihre Sonnenblumenkerne in Taps' Körbchen. Und Taps entdeckt ihr fischiges Katzenfutter in Patrizias Vogelbauer.

Freddy Feuerwehrmann steht an der Tür und möchte seine Hündin Alma untersuchen lassen. „Hereinspaziert!", sagt Tessa. „Da kommt ihr gerade rechtzeitig."

„Wir kommen gern hierher", sagt Freddy. „Die Tiere sehen so glücklich aus, und alle sind so ruhig. Ich bin oft so fix und fertig. Was ist nur dein Geheimnis, Tessa?"

Da denkt Tessa an ihren verrückten Vormittag, und sie fragt sich, was Freddy wohl über das Chaos sagen wird, das ihn drinnen erwartet. Doch Schecki, Taps, Patrizia, Holter und Polter sind bereits zurück in ihren eigenen Käfigen. Tessa findet ein tadellos aufgeräumtes Behandlungszimmer vor und zwinkert ihren Tieren zu.

„Das ist eigentlich ganz einfach, Freddy: Immer die Ruhe und 'ne Tasse Tee!", flüstert sie.

Walter, der kleinste Frosch

Walter war der kleinste Frosch auf dem Teich – und er hatte genug. Genug davon, bevormundet zu werden. Genug davon, allein zu spielen. Genug davon, immer der Kleinste zu sein! Die größeren Frösche ließen ihn niemals mitspielen.

„Sprung und ... Pitsch!“, quakten sie. „Du bist viel zu klein, um mitzumachen.“

Jeden Tag saß Walter allein und sah zu, wie die anderen Frösche auf dem Spiegelglasteich Bockspringen und Froschhüpfen spielten.

„Man muss kein großer Frosch sein, um springen zu können“, dachte er beim Zusehen. „Ich kann das auch.“

Eines Abends, als der Mond voll und hell am Himmel stand, nahm Walter allen Mut zusammen und fragte die anderen, ob er mitspringen durfte.

„Bitte – lasst mich mitspielen!“, sagte Walter. „Ich kann wirklich sehr hoch springen!“

Doch die anderen Frösche lachten ihn nur laut aus.

„Doch! Ich kann's!", beharrte er und holte tief Luft. „Ich ... ich ... kann sogar über den Mond springen!"

Die Frösche lachten dermaßen, dass sie beinahe von den Seerosenblättern fielen.

„Ich beweise es euch!", sagte Walter. „Schaut nur zu."

Eins ... zwei ... SPRUNG! Walter sprang von seinem Seerosenblatt hoch – und segelte über das Spiegelbild des Mondes im Teich.

Da staunten die anderen Frösche! Es war wahr: Walter sprang über den Mond!

„Entschuldigung, dass wir dir nicht geglaubt haben", sagte einer der dicken Frösche.

„Natürlich kannst du mit uns spielen. Vielleicht bist du nicht der größte Frosch auf dem Teich. Doch du bist bestimmt der klügste!"

Fische schwimmen

Fische tauchen ins Wasser rein.
Vögel fliegen in die Luft hinein.
Schlangen kriechen auf dem Grund.
Wenn Kinder hüpfen, sind sie gesund.

Die Disteln

Die Disteln blühn im Mai.
Im Juni ist ihre Zeit vorbei.
Willst du sie dann schneiden,
Können sie das gar nicht leiden.
Sie wehren sich und stechen,
Willst du sie einfach brechen.

Rotkehlchen

Rotkehlchen hüpfte auf die Mauer.
Das Kätzchen sprang sogleich hinterher.
Da hub das Rotkehlchen an und sang
Ein Lied – so schön, dass Kätzchen von der Mauer sprang.

Rotkehlchen saß hoch oben im Baum,
Kätzchen sprang rauf, Rotkehlchen flog runter.
„So krieg mich doch!“, sang Rotkehlchen frech –
Flog auf und zwitscherte dabei laut und munter.

Der seltene Vogel

Macht der Wind kein Federlesen,
Gar kein Federlesen,
Und nun muss das Männlein fliegen.
Hui, wie ist es aufgestiegen,
Wie ein Flügelwesen.

Gustav Falke

Du bist meine Königin

Lilien sind weiß,
Der Rosmarin ist grün.
Bin ich erst König,
Bist du meine Königin.

Ringeding-ding

Ringeding-ding, die Veilchen sind blau.
Ringeding-ding, pflück nicht zu wenig.
Ringeding-ding, wirst du meine Frau,
Ringeding-ding, werd ich dein König.

Das Kälbchen

Ich hatt ein kleines Kälbchen,
Muh, muh, muh,
Das stand in seinem Ställchen,
Muh, muh, muh,
Und lief manchmal ins Wäldchen –
Muh, muh, muh!

Eine Kuh

Eine Kuh, die saß im Schwalbennest
Mit sieben jungen Ziegen.
Sie feierten ihr Jubelfest
Und fingen an zu fliegen.
Der Esel zog Pantoffeln an,
Ist übers Haus geflogen.
Und wenn das nicht die Wahrheit ist,
So ist es doch gelogen.

Gustav Falke

Hans Kinzig

Hans Kinzig
War so winzig,
Eine Maus konnt ihn schlucken –
Ohne hinzugucken!

Miesepetra, die nörgelnde Fee

Miesepetra hatte keine Freunde. Daran war sie selbst schuld, denn sie nörgelte ständig herum. Sie knurrte die Fee an, die das Brot backte. Sie schimpfte mit der Fee, die ihre Schuhe flickte. Sogar zu der Fee, die Honig für sie erntete, war sie garstig. Ihre Nichte Wilma konnte das nicht verstehen.

„Warum meckerst du an allem herum?“, fragte sie.

„Weil niemand zu etwas zu gebrauchen ist“, antwortete ihre nörgelige Tante.

Eines Tages sagte Miesepetra zu der Fee, die das Brot backte: „Dein Brot ist zu weich, ich mag es lieber knusprig.“

„Wie du meinst – dann backst du dir dein Brot demnächst am besten selbst.“

„Mach ich auch“, behauptete Miesepetra.

Am nächsten Tag war sie, wie schon oft, grob zu der Fee, die ihre Schuhe flickte.

„Das lasse ich mir nicht mehr länger gefallen“, sagte die Schusterfee. „Ab heute kannst du deine Schuhe gefälligst selbst flicken.“

„Nichts lieber als das“, knurrte Miesepetra. Dann beleidigte sie die Fee, die bei den Bienen den Honig erntete. „Was fällt dir überhaupt ein?“, sagte die Fee. „Von dir muss ich mich nicht beschimpfen lassen. Ernte deinen Honig doch selbst!“ Dann stürmte sie davon.

Es dauerte nicht lange, da wollte im ganzen Dorf niemand mehr etwas für Miesepetra tun.

„Du warst so gemein zu allen“, sagte Wilma. „Wie willst du denn jetzt klarkommen?“

„Kein Problem“, antwortete Miesepetra. „Ich mache eben alles selbst.“

Am nächsten Tag wollte sie Brot backen. Sie machte Feuer, um den Ofen vorzuheizen. Dann mischte sie einen Teig und knetete ihn, bis ihr die Arme wehtaten. Anschließend ließ sie ihn ruhen und langsam aufgehen. Schließlich schob sie den Laib in den Ofen und machte eine wohlverdiente Pause. Dabei schlief sie ein! Doch der Geruch von Verbranntem weckte sie. Sie rannte zum Ofen und riss die Tür auf. Von ihrem Brot war nur noch glühende Asche übrig.

Außerdem wusste Miesepetra nicht, dass die Bäckerfee einen besonderen Backzauberspruch benutzte, den Miesepetra nicht kannte.

Miesepetra war wild entschlossen weiterzumachen. Sie ging los, um Honig bei den Bienen zu ernten. Als das ganze Bienenvolk summend um den Bienenstock herum schwärmte und surrte, wedelte sie mit den Armen und rief: „Weg da, ihr Bienen!“

Das gefiel den Bienen überhaupt nicht. Sie gingen auf Miesepetra los und stachen sie in die Nase. Ihr ahnt es schon – die Honigfee benutzte einen besonderen Honigernte-Zauberspruch.

Miesepetra lief, so schnell sie konnte. Dabei verlor sie auch noch einen Schuh!

„So kann es nicht weitergehen“, sagte Wilma, als sie ihre Tante traf.

Miesepetra dachte lange nach.

„Sag den anderen Feen Bescheid“, bat sie Wilma. „Von nun an werde ich nie mehr nörgelig sein!“

Wilma und die anderen Feen freuten sich sehr. Weil sie sich bei allen entschuldigen wollte, veranstaltete Miesepetra ein großes Fest und wurde von da an nur noch Petra genannt.

Eine Freundin für Ferdinand

An einem Samstagmorgen auf Hof Sonnenschein gingen Rosalinde, Robert und Kollo, der Hund, mit einer Tüte Brotkrumen hinunter zum Teich, um die Enten zu füttern. „Alle Enten sind Freunde“, sagte Rosalinde. „Sie streiten nie darüber, wer das größte Stück erhält.“

„Nicht wie du!“, sagte Robert.

„Das ist nur, weil du immer das größte Stück kriegst!“, sagte Rosalinde.

Als sie bei den Hühnern vorbeikamen, fragte Robert. „Sind die auch Freunde?“

„Ich glaube schon“, antwortete Rosalinde. „Nur manche hacken aufeinander herum.“

„Was ist mit den Schweinen? Bessie kann manchmal ganz schön biestig zu ihren Ferkeln sein“, sagte Robert.

„Ach, das ist nur, weil sie ihre Mutter ist“, erwiderte Rosalinde. „Manchmal sind sie auch einfach zu gierig. Dann muss Bessie schimpfen. Eigentlich ist sie ganz sanft.“

„Auf Hof Sonnenschein hat jeder Freunde“, sagte Robert. „Sogar der rote Traktor – er ist mit dem blauen Lieferwagen befreundet.“

„Mein Freund ist Kobold“, sagte Rosalinde.

„Katzen dagegen sind langweilig“, erklärte Robert. „Sie schlafen die ganze Zeit und scheinen gar nicht an anderen Katzen interessiert zu sein.“

„Außer Katzenkinder", sagte Rosalinde. „Die spielen gern mit anderen Kätzchen."

„Also, mein Freund ist Kollo", sagte Robert. „Er ist der schnellste Hund der Welt, und er kann Stöcke in der Luft fangen. Sieh her!"

„Nur Ferdinand, die Vogelscheuche, hat keinen Freund", sagte Rosalinde bekümmert. „Er steht allein auf dem Hügel und hat niemanden, mit dem er reden kann. Komm, wir besuchen ihn!"

Als sie zum Haus zurückkehrten, ging Rosalinde zu Mutter. „Ferdinand ist so allein, Mama. Wir möchten, dass er einen Freund hat."

„Warum bastelt ihr ihm nicht einen?", antwortete Mutter.

Nachmittags nahm Mutter die beiden Kinder mit zum Flohmarkt, wo sie Kleidungsstücke für eine neue Vogelscheuche suchten.

Robert kaufte ein Paar alte Schuhe und Motorradhandschuhe. Rosalinde fand ein schickes rosa Partykleid und einen Hut mit grünen Bändern. Sie fragten Vater, ob er beim Vogelscheuchenbasteln helfen könnte. „Na klar! Alles, was wir brauchen, ist ein Sack, Stroh und einen dicken Kürbis."

Robert füllte den Sack mit Stroh und half anschließend Rosalinde dabei, ein Gesicht auf den Kürbis zu malen.

„Aber sie soll auch die Vögel verscheuchen!", sagte Robert. Mutter brachte inzwischen Wolle für die Haare und fand noch eine Kette und eine hellblaue Handtasche.

„Was für eine Schönheit!", sagte sie. „Jetzt braucht sie noch einen Namen."

„Ich möchte, dass die Fanni heißt – wie meine Lieblingspuppe", rief Rosalinde und malte noch einen lachenden Mund auf das runde Kürbisgesicht.

„Also Fanni Vogelscheuche", sagte Robert zufrieden. Und dann trugen sie Fanni Vogelscheuche hinaus und hinauf auf die Spitze des Hügels.

„Hallo, Ferdinand", grüßte Robert. „Wir bringen dir eine Freundin!"

„Damit du nicht mehr so allein bist", rief Rosalinde.

„Ich glaube, Ferdinand mag sie“, sagte Robert. „Denn er erkennt an ihren Schuhen, dass sie ziemlich gut Fußball spielen kann.“

„Ich glaube, er mag sie, weil sie so schön lächelt“, sagte Rosalinde. Vater steckte einige Münzen in Ferdinands Manteltasche und einige in Fannis Handtasche. „So, jetzt können die beiden an den Strand gehen und sich ein Eis kaufen“, sagte er.

Rosalinde tanzte auf dem Weg nach Hause vor Freude und lief zu Kobold, um ihm von Fanni Vogelscheuche zu erzählen.

„Ich bin so froh!“, sagte sie und nahm den Kater auf den Arm. „Jetzt hat wirklich jeder auf Hof Sonnenschein einen Freund.“

Die Karnevalsnacht

Jim konnte es nicht ertragen, wenn es dunkel war. Nachts fühlte er sich einsam und angreifbar. Waren das wirklich Monster dort an der Wand? Sein Zimmer wurde von Kobolden und Trollen überrannt!

Eines Nachts, die Mutter hatte das Licht schon ausgemacht, da starrte Jim gespannt in die dunkle Nacht. Er stand am Fenster; sein Blick war leer, die Laterne dort draußen schwankte hin und her. Leuchtend rief sie ihm zu: „Es ist Karneval heut! Es lebe das Abenteuer! Kommt her, ihr Leut!" Das ließ sich Jim nicht zweimal sagen und beschloss, den Ausstieg durchs Fenster zu wagen. Er rutschte die Regenrinne hinunter und feierte die Nacht hindurch putzmunter. Schließlich war es Zeit, wieder nach Hause zu gehen. „Was ist?", fragte die Laterne, denn Jim blieb unter ihr stehen.

„Im Dunkeln habe ich Angst! Siehst du sie denn nicht? Überall sind Monster! Darum brauche ich dein Licht!" – „So ist Karneval!", rief sie. „Kein Grund zu erschrecken. Im Karneval muss sich keiner verstecken!"

„Ich muss weiter", seufzte die Laterne. „Schlaf gut, Jim! Ich denk an dich in der Ferne." Jim lag nun wieder im Dunkeln und hörte die Schatten munkeln.

Und ab heute weiß er für immer Bescheid: Wer fürchtet sich schon vor der Dunkelheit?

Die Monsterkönigin

Am Ende des Jahres, so hört man erzählen, versammeln sich Monster in einer Höhle, um ihren König oder ihre Königin zu wählen. Doch mit welchem Riesenradau und Gegröle!

In der Menge versteckt saß auch die kleine Mau, sie hoffte heimlich zu triumphieren. Doch die zierliche Süße mit vier zarten Füßen konnte eigentlich nur verlieren.

Den meisten Lärm machte Trumm, der Troll. Sein Schrei röhrte lauter als hundert Traktoren, sein Krawall war selbst für Monster zu viel. Ihnen dröhnten noch stundenlang danach die Ohren!

Der haarige Hägar, dieser Angsteinjager, aus dem Mund tropfte laufend ihm Giftschleim, mit Krallen zum Kratzen an seinen Tatzen – er war endlich wieder daheim!

Miefmichel, der Stinker, war kein großer Denker, er trieb selbst starke Monster zur Flucht. Sein Mundgeruch war ein echter Fluch, und an den Bäumen verdorrte die Frucht.

Doch keine war so schlimm wie Schlampe Schleimball, sie war so verwarzt, dass sogar Heldenmonster zitterten. Sie sonderte ab viele Liter von Schleim und brachte die ganze Gesellschaft ins Schliddern.

Die Monster haben das Mahl genossen und im Anschluss daran gemeinsam beschlossen, dass Schlampe Schleimball doch nur alle quält. Daher haben sie als Königin die kleine Mau gewählt.

Nachbarschaftsstreit

Eines sonnigen Morgens graste Karla zufrieden auf der Wiese, als sie mit Verwunderung ein Loch entdeckte, wo doch Gras sein sollte! „Meine Lieben“, muhte sie, „es gibt ein Loch in unserer Wiese!“

Die Kühe kamen, um sich ein Bild von der Lage zu machen. Es bestand kein Zweifel: Jemand hatte ein tiefes rundes Loch in den Boden gegraben.

„Wir müssen aufpassen, dass wir nicht hineinfallen“, sagte Karola ängstlich.

Am nächsten Morgen waren fünf Löcher dort, wo gestern nur eins war. „Wenn das so weitergeht“, sagte Karola, „dann haben wir bald keinen Boden mehr, auf dem wir stehen und gehen können.“

„Und schlimmer noch: nichts mehr zu essen“, ergänzte Karoline bang.

Am Wochenende gab es bereits über hundert Löcher auf der ganzen Wiese verstreut!

„Ihr habt ein paar naschende Nachbarn erhalten", sagte der alte Bauer Bastian, der seit ein paar Tagen die Veränderungen auf der Wiese beobachtete. „Sieht ganz so aus, als ob sich hier eine Hasenfamilie ein quartiert hat."

Die Kühe schüttelten sich. „Etwa diese hüpfenden Dinger mit den langen Ohren?", fragte Karlotta. „Ich werd immer nervös in ihrer Gegenwart!"

„Und sie haben riesige Familien", warnte Karoline. „Sie kriegen nicht, wie wir Kühe, ein Baby nach dem anderen, sondern viele auf einmal – und das mehrmals im Jahr!"

„Komisch, dass wir nie einen gesehen haben", dachte Karola laut nach. „Vielleicht graben sie nachts? Am besten halte ich heute Nacht Wache und schaue, was passiert."

In dieser Nacht, als der Vollmond über der Wiese aufging, stellte sich Karola schlafend.

Und obwohl sie auf etwas wartete, erschrak sie doch, als plötzlich zwei kleine helle Augen und ein zuckendes Näschen direkt vor ihr auftauchten.

„Aaaah!", schrie Karola auf.

„Aaaah!", schrie der Hase und verschwand in dem Loch, aus dem er gekommen war.

„Du hättest es verfolgen müssen!", rief Karla, die durch den Krach wach geworden war.

„Etwa durch das Hasenloch?", schnaubte Karoline, die nun ebenfalls wach war. „Sei keine dumme Kuh, Karla. Sie ist doch viel zu groß."

„Dann sind wir ausgeliefert", sagte Karlotta finster. „Die Hasen werden uns überrollen, ohne dass wir sie dabei aufhalten können."

Am nächsten Morgen bot sich den Kühen beim Aufwachen ein Anblick, den sie für den Rest ihres Lebens nicht vergessen sollten: Hunderte von Hasen saßen um sie herum!

„Entschuldigt bitte!", sagte der größte von ihnen. „Wir sind gekommen, um eure Hilfe zu erbitten."

„Hilfe?", wiederholte Karla erstaunt und auch ein bisschen empört. „*Wir* sind diejenigen, die Hilfe benötigen!"

Doch der Hase erklärte, dass er und seine ganze Familie in Panik lebten. „Eure Hufen sind so groß – ihr könntet, ohne es zu wollen, auf uns treten."

In diesem Augenblick hatte Karola eine ihrer brillianten Ideen und sagte wie nebenbei. „Im Grunde wärt ihr ja viel sicherer, wenn ihr drüben, unter der Heckenreihe leben würdet."

Und genau das taten die Hasen. Und so herrschte von nun an tagsüber auf der Wiese ein einziges Kauen, Wiederkauen und Muhen – und nachts unter der Hecke ein Knabbern, Graben und Zucken. Und alle waren glücklich!

Der verzauberte Garten

Prinzessin Isabella wuchs in einem wunderschönen Schloss auf, das jedoch keinen Garten hatte. Daher wanderte sie oft über Wiesen, um dort die zahlreichen Blumen zu betrachten, denn die Prinzessin liebte Blumen über alles.

Eines Tages stieß Prinzessin Isabella auf einen überwucherten Pfad. Sie fragte eine Frau, die des Weges kam, wohin der Pfad wohl führe. „Dieser Pfad führt zum Garten der Zauberin!“, antwortete die Frau.

Prinzessin Isabella aber war neugierig und folgte dem Pfad, bis sie zu einem kleinen Häuschen gelangte mit dem schönsten Garten davor, den sie je gesehen hatte. Die Blumen darin blühten in allen nur vorstellbaren Farben und dufteten hinreißend.

Prinzessin Isabella ging von nun an täglich dorthin. Der Winter kam mit viel Schnee, doch der wunderbare Garten blieb ganz so, wie er im Sommer war.

Die Prinzessin hatte die Zauberin inzwischen völlig vergessen. Eines Wintertages pflückte sie eine schöne dunkelrote Rose aus dem Garten und nahm sie mit ins Schloss.

Die Tage vergingen, und die Rose blieb frisch wie am ersten Tag. Auch nach Monaten stand sie noch in voller Blüte. Da beschloss Prinzessin Isabella, noch einmal zu dem verzauberten Garten zu gehen.

Doch als sie zum Garten kam, war ihr zum Weinen zumute, denn das Gras war braun, die Blumen waren verwelkt, und alles abgestorben. Da hörte Prinzessin Isabella jemanden schluchzen. Drinnen in dem Häuschen saß die Zauberin am Feuer und weinte bitterlich. Sie war alt und krumm. Und obwohl Prinzessin Isabella Angst hatte, tat die Zauberin ihr Leid.

„Was ist mit deinem schönen Garten geschehen?“, fragte sie.

„Jemand hat eine Rose aus meinem Zaubergarten gepflückt“, sagte die Zauberin. „Diese Rose wird zwar ewig leben, aber alles andere musste sterben.“

„Kannst du denn nicht mit deiner Zauberkraft den Garten wieder zum Leben erwecken?“, fragte Prinzessin Isabella.

„Oh nein. Als die Rose gepflückt wurde, ging auch meine Zauberkraft verloren. Und nun werde auch ich dahinwelken und sterben.“

„Wie kann ich dir nur helfen?“, fragte Prinzessin Isabella bestürzt.

„Eine Prinzessin müsste mir sechs Säcke voll Brennnesseln bringen. Aber welche Prinzessin würde so etwas tun?“

Prinzessin Isabella erwiderte nichts und lief zur Wiese. Dort pflückte sie sechs Säcke voll Brennnesseln, ohne darauf zu achten, wie sehr ihre Hände und Arme davon schmerzten, und brachte sie der Zauberin.

„Ach, wie lieb von dir“, sagte die Zauberin. „Aber die Nesseln wirken nur, wenn sie von einer Prinzessin gepflückt wurden.“

„Aber ich bin eine Prinzessin!“, erklärte Prinzessin Isabella.

Da bereitete die Zauberin aus den Brennnesseln einen heißen Sud und trank ihn. Und es dauerte nicht lang, da war der Garten wieder voller Blüten, und anstelle der alten gebeugten Zauberin stand eine wunderschöne junge Frau vor ihr.

Die beiden wurden die allerbesten Freundinnen und erfreuten sich noch viele Jahre gemeinsam an dem verzauberten Garten.

Orange und Zitron

„Orange und Zitron“,
Läuten die Glocken von St. Gereon.
„Ich schulde dir fünf Taler, das ist wahr“,
Tönen die Glocken von St. Ursula.
„Wann wirst du sie mir zahlen?“,
Fragen die Glocken von St. Pantale'n.
„Wenn ich einmal reich bin“,
Singen die Glocken von St. Martin.

Die Donaubrücke bricht entzwei

Die Donaubrücke bricht entzwei,
Bricht entzwei, bricht entzwei.
Die Donaubrücke bricht entzwei –
Mein schönes junges Mädchen.

Bruder Jakob

Bruder Jakob, Bruder Jakob,
Schläfst du noch? Schläfst du noch?
Hörst du nicht die Glocken, hörst
du nicht die Glocken?
Ding, dang, dong –
ding, dang, dong.

Es klappert die Mühle

Es klappert die Mühle am rauschenden
Bach,
Klipp-klapp!
Bei Tag und bei Nacht ist der Müller stets
wach,
Klipp-klapp!
Er mahlet das Korn zu dem kräftigen Brot,
Und haben wir solches, dann gibt's
keine Not.
Klipp-klapp, klipp-klapp, klipp-klapp!

Kätzchen, mein Kätzchen

Kätzchen, mein Kätzchen,
Wo willst du denn hin?
Ich will nach London
Zur Königin.
Kätzchen, mein Kätzchen,
Was willst du denn da?
Eine Maus erschrecken
Mit Miau und Trara!

Alles neu macht der Mai

Alles neu macht der Mai,
Macht die Seele frisch und frei.
Lasst das Haus – kommt hinaus!
Bindet einen Strauß!
Rings erstrahlet Sonnenschein,
Duftend stehen Flur und Hain –
Vogelsang, Hörnerklang
Tönt den Wald entlang!

Ein kleines Haus im Wald

Ein kleines Haus im Wald,
Der alte Mann darin hört, wie es knallt.
Da sieht er den Hasen flitzen!

„Hilfe!", ruft der Has mit allerletzter Kraft.
„Komm schnell ins Haus!
Und hast du es geschafft,
Kannst du in aller Ruhe hier
Mit mir am Fenster sitzen."

Es geht eine Zipfelmütz

Es geht eine Zipfelmütz in unserm Kreis herum,
Es geht eine Zipfelmütz in unserm Kreis herum.
Dreimal drei ist neune, du weißt ja, wie ich's meine.
Dreimal drei und eins ist zehn, Zipfelmütz bleib
stehn!

Sie rütteln sich, sie schütteln sich,
Werfen die Beine hinter sich,
Sie klatschen in die Hand –
Wir beide sind verwandt!

Goldlöckchen und die drei Bären

Es war einmal eine Bärenfamilie, die lebte in einem tiefen, dunklen Wald. Papa Bär war riesengroß, Mama Bär war mittelgroß und das Bärenkind war winzig klein. An einem sonnigen Morgen standen die Bären zeitig und mit großem Frühstückshunger auf. Papa Bär kochte drei Schüsseln Brei mit reichlich goldenem, flüssigem Honig. „Das Frühstück ist fertig!“, rief Papa Bär.

Aber der Brei war noch viel zu heiß zum Essen.

„Wir müssen den Brei erst abkühlen lassen, sonst verbrennen wir uns die Schnauze“, sagte Mama Bär.

„Ich habe aber Hunger!“, jammerte das Bärenkind.

„Lasst uns ein Weilchen im Wald spazieren gehen“, schlug Mama Bär vor. „Auf dem Weg sammeln wir Beeren.“

Die drei Bären ließen den dampfenden Brei auf dem Tisch stehen und gingen in den Wald. Das Bärenkind ging als Letzter und vergaß, die Tür hinter sich zuzuziehen.

An jenem Morgen war noch jemand unterwegs im Wald: Goldlöckchen, ein kleines Mädchen mit langen, goldenen Locken und einem allerliebsten Näschen.

Es hüpfte vergnügt durch den Wald, als ihm plötzlich ein köstlicher Duft in die Nase stieg. Es folgte dem leckeren Duft, bis es zum Häuschen der drei Bären gelangte. Da die Tür offen war, schaute Goldlöckchen vorsichtig hinein. Da sah es die drei Schüsseln mit Brei auf dem Tisch und konnte dem Duft einfach nicht widerstehen und schlich auf Zehenspitzen ins Haus.

Zuerst probierte es den Brei von Papa Bär. „Aua“, sagte sie, „dieser Brei ist viel zu heiß!“ Also probierte es den Brei von Mama Bär. „Bäh“, sagte Goldlöckchen, „dieser Brei ist viel zu süß!“ Schließlich probierte es den Brei vom Bärenkind. „Hmmm“, sagte es und leckte sich die Lippen, „dieser Brei ist genau richtig!“ Goldlöckchen aß alles auf – bis auf den letzten Löffel.

Als es den Brei vom Bärenkind aufgegessen hatte, fühlte sich Goldlöckchen so satt, dass es sich ausruhen musste. Zuerst setzte es sich

auf Papa Bärs großen Stuhl. „Oh je!", sagte es, „dieser Stuhl ist viel zu hart!" Dann setzte es sich auf Mama Bärs mittelgroßen Stuhl. „Oh nein", sagte Goldlöckchen, „dieser Stuhl ist viel zu weich!" Schließlich setzte sich Goldlöckchen auf den kleinen Stuhl vom Bärenkind. „Ja", rief es, „dieser Stuhl ist genau richtig!" Dort wollte es sich gemütlich niederlassen. Aber der Stuhl des Bärenkinds war viel zu klein und brach in Stücke, als Goldlöckchen sich darauf setzte.

Goldlöckchen war müde von all dieser Ausprobiererei und suchte in dem Häuschen nach einem geeigneten Ruheplatz. Mit den Betten, die es im Schlafzimmer fand, erging es Goldlöckchen genauso wie zuvor mit den Stühlen und den Schüsseln mit dem Brei … Das kleine Bett vom Bärenkind war genau richtig, und so legte

es sich hinein und schlief sofort ein.

Wenig später kamen die drei Bären von ihrem Spaziergang zurück und freuten sich schon auf den köstlichen Brei. Sobald sie aber ihr Häuschen betraten, merkten sie, dass etwas nicht stimmte. „Jemand hat von meinem Brei gegessen!“, sagte Papa Bär beim Anblick seiner großen Schüssel. „Jemand hat von meinem Brei gegessen!“, sagte Mama Bär und schaute auf ihre mittelgroße Schüssel. – „Jemand hat von meinem Brei gegessen!“, rief das Bärenkind und sah traurig auf seine winzig kleine Schüssel. „Und alles restlos aufgegessen!“

Und als sie ihre Stühle sahen, riefen Papa und Mama Bär wie aus einem Mund: „Seht mal! Jemand hat auf meinem Stuhl gesessen!“

„Auf meinem Stuhl hat auch jemand gesessen“, rief das Bärenkind. „Er ist ganz kaputt!“ Alle drei schauten auf die traurigen Reste des Stühlchens. Das Bärenkind brach in Tränen aus.

Plötzlich hörten die drei Bären ein Geräusch. Da schnarchte jemand – und zwar in ihrem Schlafzimmer. Ganz leise schlichen sie die Treppe hoch, um nach dem Rechten zu sehen.

„Jemand hat in meinem Bett gelegen!“, rief Papa Bär.

„Jemand hat in meinem Bett gelegen!“, sagte Mama Bär.

„Jemand hat in *meinem* Bett gelegen!“, schrie das Bärenkind. „Und liegt immer noch drin!“

Von dem Lärm wachte Goldlöckchen erschreckt auf.

Als es die drei Bären sah, die sich über Goldlöckchen beugten, fürchtete es sich sehr. „Oh je, oh je, oh je!“, rief es und sprang aus dem Bett. Es rannte aus dem Schlafzimmer, die Treppe hinunter, aus der Haustür und den ganzen Weg bis nach Hause – und kehrte nie wieder in den Wald zurück.

Die tollpatschige Fee

Wusstest du, dass Feen auch zur Schule gehen? Oh ja, dort lernen sie, zu tanzen, zu zaubern und zu fliegen. Manchen Feen fällt das schwer – zum Beispiel Clementine. Die Arme! Sie war tollpatschig, unbeholfen, und beim Tanzen stolperte sie stets über ihre eigenen Füße.

Am Ende des Schuljahres erhielten alle Feen eine Aufgabe für die Ferien. Beatrice wollte Blumengirlanden für den Maiball flechten, Jenny bei den Bienen Honig ernten. Jessica und Larissa sollten die Blätter der Stechpalme sauber wischen. Clementine sollte einem kleinen Mädchen helfen, das die Masern hatte.

„Clementine", sagte die Feenlehrerin, Madame Rosalie, „betupfe mit diesem Rosenblütenöl eine Woche lang jede Nacht die kranke Haut des Mädchens, wenn es schläft. Dann wird es bald wieder gesund sein."

Clementine flog noch in derselben Nacht zu dem kleinen Mädchen, das Anja hieß. Anja schlief fest und hielt einen dicken Knuddelteddy im Arm. Clementine schlüpfte durch das offene Fenster und schlich leise zum Bett. Dabei stolperte sie über den Teppich und landete mitten auf einer stacheligen Haarbürste. „Aua!", schrie sie.

Anja drehte sich im Schlaf, wachte aber nicht auf. Leise stand Clementine auf, verlor aber schon nach ein paar Schritten das Gleichgewicht und fiel auf Anjas Wärmflasche, die auf dem Boden lag. Die Wärmflasche federte sie hoch in die Luft zurück, sodass sie mit einem „Plopp!" auf Anjas Bett landete. Diesmal wurde Anja wach.

„Wer ist da?“, fragte sie ganz verschlafen und glaubte kaum, was sie sah: Vor ihr auf der Bettdecke saß eine Fee und strich sich das zerknitterte Kleidchen glatt und streckte die Flügelchen. Clementine erklärte Anja den Grund ihres Besuchs.

„Es tut mir sehr leid, dass ich dich geweckt habe“, sagte Clementine schließlich. „Du darfst mich nämlich eigentlich nicht sehen.“

Anja aber freute sich, mit einer echten Fee zu reden. „Kannst du wirklich zaubern?“, fragte sie. – „Ja, im Zaubern bin ich ganz gut. Wenn ich bloß nicht so tollpatschig wäre!“

Clementine erzählte vom Tanzunterricht, und Anja berichtete von ihren eigenen Ballettstunden. „Wenn du mir bei meinen Masern hilfst“, schlug Anja vor, „dann helfe ich dir beim Tanzen.“

Clementine besuchte Anja nun jede Nacht, und Anja brachte ihr bei, wie man auf Zehenspitzen steht, auf einem Bein das Gleichgewicht hält und anmutig knickst. Clementine übte und übte, bis sie alles konnte. Am besten aber drehte sie bald Pirouetten! Und als Gegenleistung rieb Clementine Anjas Masern ein, die nach einer Woche verschwunden waren.

Nach den Ferien kehrten alle kleinen Feen in ihre Schule zurück. „Nun, meine lieben Feen“, sagte Madame Rosalie, „führt mir bitte den ‚Tanz der Zuckerfee‘ vor.“

Und wer tanzte am allerschönsten? Madame Rosalie traute ihren Augen kaum.

„Aber Clementine!“, jauchzte sie begeistert. „Du bist ja meine Primaballerina geworden! Ja – wie der Name sagt: meine Erste und Beste!“ Und Clementine war die glücklichste Fee auf der ganzen Welt!

So ein Schlamassel!

Der alte Bauer Bastian hat einen Stall voller Schweine. Zwei davon sind seine Lieblinge – Fritz, das Ferkel, und das älteste, Jonathan Jakob Johann Jollop.

Jonathan Jakob Johann Jollop ist der Geburtsname des Schweins. Heute heißt er weniger pompös. Und dies ist die Geschichte, wie das Schwein zu seinem neuen Namen kam.

Als Jonathan Jakob Johann Jollop noch ein junges Ferkel war, kam er irgendwie auf die Idee, er sei etwas Besseres als alle anderen Tiere auf dem Hof. Gewiss lag das zum Teil daran, dass er so einen langen Namen hatte – aber wahrscheinlich lag es auch daran, dass der alte Bauer Bastian sich täglich gern mit ihm unterhielt.

„Ich weiß gar nicht, was mit dem jungen Ferkel los ist", gluckste Henriette, die Henne, eines Morgens. „Ich habe ihn vorhin gegrüßt, er aber hat kein Wort gesagt. Der hielt einfach die Nase hoch und stolzierte stumm vorbei!"

„Mit mir hat er dasselbe gemacht“, wieherte Goliath, der alte Gaul. „Ob er nicht weiß, was sich gehört?“

Bald gab es kein Tier mehr auf dem Hof, das noch ein gutes Wort über Jonathan Jakob Johann Jollop zu sagen hätte – und das junge Ferkel hatte sich das selbst eingebrockt!

Und deshalb hielt ihn auch keiner davon ab, als er eines Tages – nachdem er Heinrich, den Hahn, auf dem Dach des Hühnerhauses stehen und krähen sah – aufs Dach des Schweinestalls kletterte.

Nun sind Schweine nicht gerade berühmt für ihre Kletterkünste, doch das hielt Jonathan Jakob Johann Jollop keineswegs davon ab! Er kratzte und krabbelte, schnaubte und schnaufte ... und hievte sich schließlich wie einen Sack auf das Dach seines Kobens.

Und gleich darauf erkannte er, dass er ein nun echtes Problem hatte.

Hier heraufzukommen, war keinesfalls einfach gewesen – herunterzukommen erschien ihm dagagen geradezu unmöglich. Außerdem entdeckte er, dass er Höhenangst hatte!

Und nicht lange, da war was los um den Schweinekoben! Da wurde gemuht und geblökt, gewiehert und gegackert ...

Und alle starrten auf das ängstliche Schwein auf dem Dach.

„Wie ist das Schwein nur in den Schlamassel geraten?“, muhte Karla, die Kuh.

„Was für ein alberner Platz für ein Schwein“, gackerte Henriette, die Henne. „Das ist ein Platz für Hühner – und nicht für Schweine!“

Hei – Schlamasselschwein!“, quakte Ella, die Ente. „Was machst du denn da oben? Und wie willst du da wieder runterkommen?“, fragte sie und ließ ein quackelndes Kichern hören.

„Das war wirklich ein bisschen dumm von mir“, sagte Jonathan Jakob Johann Jollop. „Bitte – helft mir!“

Mit einem herzhaften Lacher packte Goliath ihn beim Schwanz und setzte ihn – Plopp! – auf dem Boden ab.

Jonathan Jakob Johann Jollop war sichtlich erleichert, wieder festen Boden unter allen vier Schweinsfüßen zu haben.

Und er lächelte glücklich allen Tieren entgegen, die sich nun vergnügt um ihn herum scharten.

Jonathan Jakob Johann Jollop hielt nie wieder die Nase hoch – und er sollte sein Kletterabenteuer nie wieder vergessen. Denn von nun an hieß Jonathan Jakob Johann Jollop nur noch – Schlamasselschwein!

Jade und die Juwelen

Jade war die schönste Nixe in der ganzen Lagune. Ihre glänzend schwarzen Haare reichten bis zu den Schuppen ihres schmucken Fischschwanzes. Ihre Augen waren smaragdgrün, und ihre Haut schimmerte wie eine schneeweiße Perle. Leider war Jade aber so eingebildet und eitel, dass die anderen Nixen sie nicht ausstehen konnten.

Es gab aber jemanden, der Jade mochte, und das war Rita, die Riesenschildkröte. Sie schwamm immer an Jades Seite. Jade jedoch beachtete Rita kaum. Sie kämmte sich den ganzen Tag lang die Haare und bewunderte sich im Spiegel.

Einmal belauschte Jade die Nixen, als sie über ein Piratenschiff sprachen, das auf dem Meeresgrund lag. Darin war eine Schatztruhe mit Juwelen.

„Allerdings wagt niemand, die Juwelen zu holen", flüsterten die Meerjungfrauen, „denn das Piratenschiff ist verflucht."

„Dieses Piratenschiff will ich finden", erklärte Jade Rita, „und die Schatztruhe auch!"

„Aber was ist mit dem Fluch?", fragte Rita besorgt.

„Das ist mir egal", meinte Jade und schoss davon.

„Warte doch!", schrie Rita und ruderte hinter ihr her. „Das ist viel zu gefährlich für eine allein."

Jade schwamm weit ins tiefe Meer hinaus, wo sie nie zuvor gewesen war. Sie tauchte durch bunte Fischschwärme hindurch, um den Rand des Korallenriffs herum und immer tiefer bis zum Meeresgrund. Dort fand sie schließlich das Schiffswrack.

„Pass auf, Jade", warnte Rita. „Denk an den Fluch!"

„Quatsch", sagte Jade. „Ohne die Juwelen schwimme ich nicht nach Hause!"

Jade durchsuchte das Wrack und entdeckte nach einer Weile die Schatztruhe durch ein Bullauge. Sie schwamm hindurch und griff nach der Truhe. Der Deckel sprang auf, und funkelnde Edelsteine in leuchtenden Farben quollen über den Rand.

Jade nahm eine Kette heraus und legte sie sich um den Hals. In der Truhe war auch ein kleiner, mit Gold verzierter Spiegel. Darin konnte sie ihre Schönheit bewundern.

Plötzlich zerbrach der Spiegel. Im selben Augenblick verwandelte sich die Kette in ein Halsband aus Steinen.

Jade wollte die Kette abnehmen, aber es gelang ihr nicht. Sie wollte fortschwimmen, aber die Kette war so schwer, dass sie nicht von der Stelle kam.

„Hilfe!", schrie Jade. „Hilfe! Hilfe!" Riesenschildkröte Rita hörte sie draußen und schwamm um das Wrack herum bis vor das Bullauge.

„Hilf mir, Rita!", rief Jade, „bitte hilf mir!"

„Habe ich nicht gesagt, dass du aufpassen sollst?"

Jade weinte. „Hätte ich doch bloß auf dich gehört, Rita", schluchzte sie.

Mit ihren starken Flossen zerriss Rita die Kette und befreite Jade.

Während sie, so schnell sie konnten, von dem Wrack fortschwammen, sagte Rita: „Du bist auch ohne funkelnden Schmuck hübsch genug, Jade."

Als sie zu Hause in Sicherheit waren, erzählte Jade den anderen Meerjungfrauen von ihrem Abenteuer. Dabei hatte sie ihre Lektion gelernt.

„Ich bin bestimmt nie wieder eingebildet", sagte Jade. Von diesem Tag an waren sie alle miteinander befreundet, aber Rita blieb Jades allerbeste Freundin.

Winter ade!

Winter ade, Scheiden tut weh.
Aber dein Scheiden macht,
Dass mir das Herze lacht.
Winter ade! Scheiden tut weh.

Kein schöner Land

Kein schöner Land in dieser Zeit
Als hier das unsre weit und breit,
Wo wir uns finden
Wohl unter Linden
Zur Abendzeit.

Da haben wir so manche Stund'
Gesessen da in froher Rund'
Und taten singen.
Die Lieder klingen
Im Eichengrund.

Dass wir uns hier in diesem Tal
Noch treffen viele hundertmal:
Gott mag es schenken,
Gott mag es lenken,
Er hat die Gnad.

Nun, Brüder, eine gute Nacht,
Der Herr im hohen Himmel wacht!
In seiner Güte
Uns zu behüten
Ist er bedacht.

Schau hier, die Kirche

Schau hier, die Kirche,
Und hier, die Kirchturmspitz.
Öffne ihre Tore –
Jeder auf einen Sitz!
Hier kommt der Pastor
Die Treppe hinauf –
Und sagt uns
Sein Gute-Nacht-Gebet auf.

Ich seh den Mond

Ich sehe den Mond,
Der Mond sieht mich.
Gott segne den Mond
Und segne auch mich.

Guten Abend, gut Nacht

Guten Abend, gut Nacht,
Mit Rosen bedacht,
Mit Näglein besteckt,
Schlüpf unter die Deck:

Morgen Früh, wenn Gott will,
Wirst du wieder geweckt,
Morgen Früh, wenn Gott will,
Wirst du wieder geweckt.

Guten Abend, gut Nacht,
Von Englein bewacht,
Die zeigen im Traum
Dir Christkindleins Baum:

Schlaf nun selig und süß,
Schau im Traum 's Paradies,
Schlaf nun selig und süß,
Schau im Traum 's Paradies.

GEORG SCHERER

Falle, leuchtend Sternlein

Falle, leuchtend Sternlein!
Heut wirst du der Erste sein.
Ich mach schnell die Augen zu
Und wünsch mir was. Erfüll es du!

Wie weit ist es nach Babylon?

Wie weit ist es nach Babylon?
Wohl einige Stunden von hier.
Ich eile, doch es dunkelt schon.
Hab nur eine Kerze bei mir.
Lauf und gib Acht auf den Kerzenschein,
Dann wirst du bald in Babylon sein.

Blinke, blinke, kleiner Stern

Blinke, blinke, kleiner Stern,
Bist von uns so weit und fern.
An dem großen Himmelszelt
Leuchtest du, wie's dir gefällt.

Sonne, Mond und Sterne

Sonne, Mond und Sterne sehen Kinder gerne.
Sonne scheint von früh bis spät, bis das Kindlein schlafen geht.
Mond und Sterne halten Wacht, wenn das Kindlein schläft bei Nacht.

Elefant

Dies ist das Elefantenkind. Das Elefantenkind spielt mit seinen Freunden – und es hilft ihnen auch.

„Giraffe, du hast dein Muster im Schlamm verloren“, sagt das Elefantenkind. „Komm, ich geb dir eine Dusche mit meinem Rüssel.“

„Löwe, dir scheint furchtbar heiß zu sein“, sagt das Elefantenkind. „Komm, ich gebe dir Schatten mit meinen großen Ohren.“

„Affe, du siehst so müde aus“, sagt das Elefantenkind. „Komm, ich trage dich jetzt eine Weile auf meinem Rücken.“

„Oh nein, Rino! Du bist in den Fluss gefallen“, sagt das Elefantenkind. „Komm, halt dich an meinem Schwanz fest. Ich zieh dich heraus!“

Nach aller Arbeit und Hilfe für seine Freunde will das Elefantenkind unter dem Baum ausruhen.

„Wir bleiben in der Nähe vom Elefantenkind“, sagen seine Freunde. „Damit es ungestört ausruhen kann!“

Tiger

Das Tigerkind lebt im Dschungel. Eines Tages fällt es in tiefen Schlaf – und seine Freunde können es nicht finden, so sehr sie es auch suchen.

„Wo ist das Tigerkind?“, fragen sie.

Der Affe klettert in die Spitze des höchsten Baumes. Rino läuft, so schnell er kann, den ganzen Fluss entlang. Der Elefant durchsucht den Dschungel.

„Wo bist du?“, rufen sie, so laut sie nur können. Und noch einmal: „W-o b-i-s-t d-u?“

Dann bläst der Elefant so laut seine Trompete, dass das Tigerkind davon erwacht.

„Hier bin ich“, ruft das Tigerkind – gähnt, streckt sich und winkt mit seiner gestreiften Pfote.

„Tigerkind! Wir haben überall nach dir gesucht!“, sagen die Tiere.

„Wegen deiner Streifen konnten wir dich nicht entdecken“, sagt der Affe.

„Wir haben dich vermisst, Tigerkind!“, sagen alle Tiere und umarmen es, einer nach dem anderen und sind froh, dass sie alle wieder beisammen sind!

Die hochmütige Prinzessin

Es war einmal ein König, der hatte eine wunderschöne Prinzessin. Und zahlreiche Herzöge, Grafen, Prinzen, ja, sogar, Könige kamen und wollten um ihre Hand anhalten. Doch die Prinzessin war stolz und hochmütig – und keiner war ihr gut genug. An jedem Freier fand sie einen Makel, und alle schickte sie mit bösen Worten wieder fort.

Zu dem dicken Freier sagte sie: „Dich werde ich nicht heiraten, Dickbauch."

Und dem blassen Freier sagte sie: „Dich werde ich nicht heiraten, Totenmaske." Und einem anderen, der groß und dünn war, sagte sie: „Dich werde ich nicht heiraten, Bohnenstange." Ein Prinz mit roten Haaren wurde

fortgeschickt mit den Worten: „Dich werde ich nicht heiraten, Feuertopf." Und so ging es in einem fort, bis auch der letzte unverheiratete Herzog, Graf, Prinz, ja, sogar König abgelehnt war. Und der alte König dachte, sie fände wohl niemals einen Mann, der ihr gefiele.

Eines Tages erschien ein König, der sah gut aus und war höflich – sodass es der Prinzessin schwer fiel, einen Fehler an ihm zu finden. Sie besah sich den König von oben bis unten – auf der Suche nach irgendeinem Makel. Doch zuletzt siegte der Stolz der Prinzessin. Sie sah auf seinen krausen Bart unterm Kinn und sagte: „Dich werde ich nicht heiraten, Kraushaar!"

Der arme König verlor endlich die Geduld. „Ich hab genug von deinen Grobheiten. Ich gebe deine Hand dem ersten Bettler, der an meiner Tür um Almosen bettelt – und dann bin ich dich los!"

Nicht lange danach kam ein Bettler, der klopfte an des Königs Tür und bat um Kleidung und Nahrung. Seine eigenen Kleider hingen in Fetzen, sein Haar war verdreckt, und sein Bart war lang und strähnig. Doch der König war ein Mann der Ehre – er hielt sein Wort und gab dem Bettler seine Tochter zur Frau. Die Prinzessin weinte und versuchte verzweifelt, wegzulaufen – doch vergeblich.

Der Bettler führte seine Braut in den Wald. Er erzählte ihr, der Wald und die Felder drum herum gehörten dem König, den sie „Kraushaar" genannt hatte. Da war die Prinzessin noch trauriger, dass sie den schönen König verstoßen hatte. Und sie verbarg ihr Gesicht vor Scham, als sie die elende Hütte sah, in welcher der Bettler lebte.

Der Ort war schmutzig, und es brannte noch nicht einmal ein Feuer im Ofen. Die Prinzessin warf einen Kittel über, half ihrem Mann beim Feuer- und Saubermachen und bereitete ihnen ein Mahl.

Der Bettler sammelte inzwischen Weidenzweige, und nach dem Essen saßen sie zusammen bei Tisch und flochten Körbe. Doch die Zweige rissen der Prinzessin die Hände auf, und sie weinte vor Schmerzen. Der Bettler war kein Unmensch – daher gab er ihr ein Stück Stoff und eine Nadel, damit sie stattdessen nähen sollte. Doch obwohl sie sich recht bemühte, stach sich die Prinzessin immer wieder mit der Nadel, sodass ihre Finger bluteten und ihre Augen bald erneut weinten. Daher kaufte der Bettler tags darauf billige Tonware ein und sandte die Prinzessin von nun an zum Markt, damit sie diese verkaufen sollte.

Am ersten Tag verkaufte die Prinzessin recht viel. Doch am nächsten Tag ritt ein betrunkener Jäger durch die Marktstraße, und sein Pferd schlug aus und trat sämtliches Geschirr der Prinzessin in Scherben. In Tränen aufgelöst lief sie nach Haus.

Der Bettler überredete den Koch im Palast des Königs Kraushaar, seine Frau als Küchenhilfe einzustellen. Die Prinzessin arbeitete schwer, und so gab ihr der Koch am Abend Reste mit, die sie nach Hause brachte. Die Prinzessin mochte den Koch und gab sich in der Küche bald geschickt. Doch noch immer bereute sie sehr, König Kraushaar verstoßen zu haben.

Bald darauf kamen Unruhe und Geschäftigkeit im Palast auf. König Kraushaar wollte heiraten. „Wen heiratet der König?“, fragte die Prinzessin. Doch keiner kannte die Braut. die Prinzessin und der Koch beschlossen, in die Empfangshalle zu gehen und zu sehen, was sich dort tat. Sie öffneten leise die Tür und spähten hinein.

König Kraushaar stand da – und kam auf sie zu. „Willst du den König ausspionieren? Zur Strafe für deinen Ungehorsam sollst du mit mir den Pantoffeltanz tanzen!“

Der König nahm ihre Hand und führte sie in die Mitte der Halle. Da begannen die Musiker zu spielen.

Doch als sie sich bei dem derben Tanz schwungvoll drehte, flogen Kartoffeln und Rüben aus ihren Taschen, und jedermann im Saal lachte. Die Prinzessin lief davon und wollte fliehen. Doch der König holte sie ein und nahm sie zur Seite.

„Weißt du noch immer nicht, wer ich bin?", fragte er sie und lächelte mild. „Ich bin König Kraushaar – und dein Ehemann, der Bettler – und der betrunkene Jäger, der dir die Töpfe auf dem Markt zerschlug. Dein Vater kennt mich, und ich habe mit seiner Erlaubnis alles arrangiert, um dich von deinem Stolz zu befreien."

Die Prinzessin war so erstaunt, dass sie nicht wusste, was sie sagen sollte. Alle möglichen Gefühle wallten in ihr auf – Schrecken, Wut, Freude ... doch das stärkste war das der Liebe zu ihrem Mann, König Kraushaar.

Die Zofen halfen ihr in ein Kleid, das einer Königin würdig war. Dann ging sie zurück zu ihrem Mann – und keiner der Gäste ahnte, dass die neue Königin das Küchenmädchen war, mit dem der König den Pantoffeltanz getanzt hatte.

Ein Freund für Babybär

Babybär reckte und streckte sich, als er aus dem langen Winterschlaf erwachte. Er atmete die frische Frühlingsluft ein. Fast platzte er vor Energie. Jetzt brauchte er nur noch jemanden zum Spielen.

„Komm und spiel mit mir“, rief er der Eule zu. – „Ich spiele nur nachts!“, sagte die Eule schläfrig.

In der Nähe tollten ein paar Kaninchen. Babybär tapste hin, um mitzuspielen, aber Mutter Karnickel scheuchte ihn weg. „Du verletzt meine Kleinen mit deinen Tatzen“, sagte sie. „Du kannst nicht mit ihnen spielen.“

Dann kletterte er auf einen Baum und fragte das Eichhörnchen, ob es spielen wollte, aber das schickte ihn weg. „Ich baue gerade ein Nest“, sagte es ärgerlich, „und du bringst den Baum zum Schwanken.“

Babybär trottete zum Fluss hinunter, wo die Biber fleißig einen Damm bauten. „Kommt spielen“, rief Babybär. Aber die Biber waren zu beschäftigt. Also setzte er sich und sah dem Eisvogel zu, der ins Wasser eintauchte. „Das sieht spaßig aus!“, rief er und sprang mit einem Platsch ins Wasser! „Verschwinde!“, schimpfte der Eisvogel.

„Du verscheuchst mir die Fische!“ Allmählich hatte Babybär genug und war müde. Er legte sich in eine Mulde und schloss die Augen.

Als er gerade eindöste, rief eine Stimme: „Spielst du mit mir?“ Er machte die Augen auf und sah ein anderes Bärenkind. Babybär lächelte. „Jetzt bin ich zu müde“, sagte er. „Aber morgen spiele ich mit dir!“

Und von da an war er nie mehr allein.

Stadtmaus

und

Landmaus

Es war einmal ein rührig raschelnder, schnüffelnd naseweiser Mäuserich, der lebte in einem kuscheligen Nest unter einer dicken Eiche. Landmaus liebte sein Zuhause. Er hatte lauter Eicheln, Nüsse und Beeren vor der Tür und drinnen ein warmes weiches Bett aus Stroh. Und Eichhörnchen und Rotkehlchen waren die besten Nachbarn in der Eiche, die man sich nur wünschen konnte.

Eines Tages erhielt Landmaus einen Überraschungsgast. Sein Cousin Stadtmaus kam aus der großen Stadt zu Besuch. Stadtmaus war schlank und schlacksig und trug ein weiches glänzendes Fell. Seine Barthaare waren gekämmt und elegant. Landmaus fühlte sich ein wenig gewöhnlich neben ihm. Aber egal – alles, was er wollte, war, dass Stadtmaus sich bei ihm wohl fühlte.

„Hast du Hunger, Cousin?“, fragte er. „Komm, lass uns zu Abend essen!“

Doch Stadmaus mochte die Eicheln und Beeren überhaupt nicht, die Landmaus ihm auftischte. Sie waren hart und sauer. Außerdem fand Stadtmaus die Freunde seines Cousins allesamt langweilig. Und das Strohbett, auf dem er schlafen musste, war so hart und kratzig – er konnte die ganze Nacht kein Auge zutun!

Am nächsten Tag sagte Stadtmaus: „Komm mit mir in die Stadt, Cousin. Da ist es viel aufregender als bei dir auf dem Land! Ich wohne in einem riesigen Haus, esse lauter leckere Sachen und erlebe jeden Tag Abenteuer. Komm mit, und du wirst sehen, was du alles verpasst!“

Das klang so verlockend, dass Landmaus nicht widerstehen konnte. Und so sagten sie den Nachbarn in der Eiche Lebewohl und machten sich auf den Weg in die Stadt.

Als sie dort ankamen, bekam Landmaus einen Schrecken. Überall war es so laut – Hupen hupten, und Reifen knatterten um sie herum. Riesige Laster röhrten und ratterten die Straßen entlang, und der stinkende Rauch ließ sie keuchen und husten. Und wie viele Hunde es gab – einfach überall!

Doch endlich erreichten sie sicher das Haus von Stadtmaus. Es war in der Tat riesig – genau so, wie Stadtmaus gesagt hatte. Aber so groß! Landmaus hatte Angst, darin verloren zu gehen.

„Keine Angst“, sagte Stadtmaus zu Landmaus. „Du wirst dich bald auskennen. Bleib einfach dicht bei mir. Oh – ich sterbe vor Hunger! Komm, lass uns einen Snack genehmigen.“ Landmaus hatte auch Hunger, und so folgte er seinem Cousin in die Küche. Er hatte nie zuvor so viele leckere Dinge gesehen – Platten voller Früchte, Nüsse, Käse und Kuchen.

Er und sein Cousin aßen und aßen und aßen und aßen! Doch Landmaus war solch reichhaltige Kost nicht gewöhnt – und noch bevor er aufhören konnte, tat ihm der Bauch weh. Plötzlich kam eine große Frau in die Küche. „Iiigitt! Mäuse!“, schrie sie. Dann nahm sie einen Besen und begann, die Mäuse herumzuscheuchen. Die stolperten davon, so schnell sie nur eben konnten!

Wie sie so den Boden entlanghuschten, konnte sich Landmaus nicht vorstellen, dass es noch schlimmer kommen könnte. Doch da irrte er! Eine dicke Katze sprang plötzlich hinter einem Stuhl hervor! „MIIAUUU!“ Mit einem Satz sprang sie auf die Mäuse zu. Landmaus hatte sich noch nie im Leben so gefürchtet. Er flitzte hin und her, so schnell er mit seinem vollen und schmerzenden Bauch nur konnte. Durch ein Mauseloch schlüpften die beiden endlich aus der Küche und waren in Sicherheit.

„Piuh! Das war wohl genug für heute!“, sagte Stadtmaus, als sie wieder zu Atem kamen.

„Komm, lass uns etwas ausruhen“, sagte er und gähnte. „Den Rest des Hauses zeige ich dir morgen.“ Landmaus rollte sich in dem harten winzigen Bett zusammen. Aber er war so erschreckt und so unglücklich, dass er nicht schlafen konnte. Als er seinen Cousin schnarchen hörte, musste er mit den Tränen kämpfen.

Am nächsten Morgen war Stadtmaus bereit für neue Abenteuer, doch Landmaus hatte bereits mehr als genug. „Danke für deine Einladung“, sagte er zu seinem Cousin. „Aber ich habe alles gesehen, was ich von der großen Stadt sehen wollte. Sie ist zu groß, zu laut, zu dreckig – und viel zu gefährlich für mich. Ich gehe zurück in mein ruhiges Landhaus.“

Und so ging Landmaus zurück in sein kuscheliges, gemütliches Landhaus unter der Eiche. Und wie froh war er, seine alten Freunde wiederzusehen! Sie wollten alles über seine Abenteuer in der Stadt erfahren.

Landmaus erzählte gern jede Einzelheit aus der großen Stadt – doch dahin zurück wollte er bestimmt nie, nie wieder!

Nixe Nelly

In einer Zauberhöhle – unten, auf dem tiefen Meeresgrund – lebte Nelly, eine wunderschöne Nixe mit einem schimmernden Nixenschwanz. Sie glitt durch das Wasser, auf der Suche nach strahlenden Perlen und Muscheln.

Della, die Delfinin, war Nellys beste Freundin. Zusammen tauchten und trudelten sie durch das kristallklare, tiefblaue Wasser und spielten zwischen den leuchtend bunten Korallen und Meeresgewächsen Verstecken.

Eines Tages herrschte helle Aufregung am Meeresgrund. Es war König Neptuns Geburtstag – und es sollte ein rauschendes Fest geben.

Nelly putzte sich heraus und legte eine Kette aus glänzenden Perlen an, ein Armband und ein Paar winziger Seesternohrringe.

„Wie sehe ich aus, Della?“, fragte sie ihre Freundin. Della schlug freudig mit ihren Flossen und drehte eine spezielle Delfinrunde: Nelly sieht entzückend aus! Zum Schluss bürstete Nixe Nelly ihr langes wunderschönes Haar und flocht winzige blaue Meeresblumen hinein. Dann schlugen beide mit ihren Schwänzen kurz auf, und davon schwammen Nelly und Della – auf zum Fest.

Als sie in Neptuns Palast eintrafen, staunten die anderen Nixen sehr – Nelly war die schönste von allen!

„Einen Herzlichen Glückwunsch zum Geburtstag, Majestät!“, sagte sie lächelnd und übergab dem König ihr Geschenk – eine kostbare Perle. „Danke schön Nelly“, sagte der König. „Sie ist beinahe so strahlend schön wie du.“

Der Bienenstock

Seht den Bienenstock.
Wo sind nur die Bienen?
Tief drinnen im Versteck,
Wenn sie nicht der Königin dienen.
Doch kriechen sie hervor
Und schwirren aus dem Tor ...
Eins, zwei, drei, vier, fünf!

Summ, summ, summ

Summ, summ, summ,
Bienchen, summ herum!
Ei, wir tun dir nichts zu Leide,
Flieg nur aus in Wald und Heide.
Summ, summ, summ –
Bienchen, summ herum!

Die kleine Krabbelspinne

Die kleine Krabbelspinne
Kriecht hinauf die Regenrinne.
Kommt Regen, dann spült er sie hinaus.
Kommt die Sonne, leckt sie alle
Pfützen aus.
Dann streckt die Krabbelspinne
alle Glieder –
Und macht sich auf den Weg
nach oben wieder.

A, B, C

A, B, C
Die Katze läuft im Schnee,
Die Mutter hinterdrein,
Und du sollst meine Prinzessin sein!

Das kalte alte Haus

Ich kenne ein Haus, ein kaltes altes Haus,
Ein kaltes altes Haus am Meer.
Wär ich eine Maus in dem kalten alten Haus –
ach – was für eine kalte, kalte Maus ich dann wär!

Kommt ein Mäuschen

(zur Melodie von „Bruder Jakob")
Kommt ein Mäuschen,
Kommt ein Mäuschen –
Klettert rauf,
Klettert rauf ...
... Klettert wieder runter,
Klettert wieder runter –
Tick-tick-tack,
Tick-tick-tack.

Kommt die Maus

Kommt die Maus die Trepp' heran.
Klingelingeling –
Tock, tock, klopf an:
Guten Tag, Herr Nasemann!

Drei kleine Mäuse

Drei kleine Mäuse, die waren blind.
Wie schnell sie dennoch gelaufen sind!
Sie rannten der Bauersfrau hinterher.
Da ergriff sie ein Messer, wer weiß woher,
Und nahm sich die Mäuse vor ... schnipp-schnapp!
Habt ihr gesehn? Blinde Mäuse ... Schwänze ab!

Der kleine freche Kater

Eddie war ein kleiner frecher Kater. Meistens wollte er gar nicht frech sein, das ergab sich einfach so.

„Pass doch ein bisschen besser auf", ermahnte ihn seine Katzenmama. Aber Eddie stellte viel zu gern etwas an, als dass er gehorcht hätte.

Eines Tages war Eddie besonders übermütiger Laune. Zuerst spielte er mit seiner kleinsten Schwester Fangen – und jagte sie geradewegs einen alten Apfelbaum hinauf. Erst nach Stunden kam der Katzenpapa, um sie zu retten.

Dann kippte Eddie dem Hund Pudding über den Schwanz. Wie ein Kreisel drehte der Arme sich um die eigene Achse, als er versuchte, sich den Pudding hinten abzulecken. Ihm wurde dabei so unglaublich schwindelig, dass er umfiel. Darüber musste Eddie lachen, bis ihm der Bauch wehtat.

Dann bekam Eddie Lust, mit den Mäusen Verstecken zu spielen. Er versetzte sie in solche Angst, dass sie sich für den Rest des Tages weigerten, ihr Mäuseloch zu verlassen. Kurz darauf schlich Eddie sich von hinten an das Kaninchen heran und schrie plötzlich: „He du!" Das arme Kaninchen erschrak so sehr, dass es kopfüber in sein Frühstück fiel. Eddie fand es unglaublich komisch mit den Salatblättern im Gesicht. Das Kaninchen aber fand das gar nicht komisch.

Und schließlich stieß Eddie auch noch eine Schubkarre voller Äpfel um, als er versuchte, einen Vogel zu fangen. Er hielt sich den Bauch vor Lachen, als sein kleiner Bruder über die kullernden Äpfel stolperte. Als dann ein Apfel im

Gartenteich landete, beschloss Eddie begeistert, gleich noch ein paar weitere Äpfel schwimmen zu lassen. Wie lustig war das, als die Goldfische in heller Aufregung zu flüchten versuchten und dabei mit den Köpfen zusammenstießen!

Eddie prustete so sehr los, dass er – uuiiih! – aus dem Gleichgewicht geriet. Er versuchte, die Balance zu halten, aber umsonst: Mit einem lauten Platsch! fiel er in den Teich.

„Hilfe! Ich kann nicht schwimmen!", jammerte er.

Seine Angst war eigentlich unbegründet, weil ihm das Wasser nur bis zum Bauch reichte, dennoch ruderte er aufgeregt mit den Pfoten. „Igitt!", schimpfte er wütend und spuckte einen Mund voll Wasser aus.

„Hihihi!", kicherten die anderen Kätzchen, die von dem Lärm angelockt worden waren. Und es dauerte nicht lange, bis der Hund und das Kaninchen auch mitlachten.

„Du solltest wirklich besser aufpassen", sagte die Katzenmama und versuchte, ernst zu bleiben.

„Sehr witzig", maulte Eddie. Finster musterte er die anderen Tiere, als ihn der Katzenpapa aus dem Teich fischte. Doch dann erblickte er sein Spiegelbild im Wasser. Er sah tatsächlich zu komisch aus! Da musste er in das Gelächter der anderen mit einstimmen.

Seit diesem Tag gab Eddie sich Mühe, nicht mehr ganz so frech zu sein. Und wisst ihr was? Es gelang ihm sogar ... naja, zumindest manchmal!

Rüssel-gewirr

Emma, Ellen und Erik Elefant hatten den ganzen Tag am Fluss verbracht und im kühlen, klaren Wasser gespielt und geplantscht – und sich dabei gegenseitig immer wieder erfrischende Elefantenduschen verabreicht. Doch jetzt wurde es schon dunkel, und das Rumpeln in ihren Bäuchen sagte ihnen: Zeit fürs Abendessen zu Hause.

Doch zunächst mussten die kleinen Elefanten sich abtrocknen. Dazu trabten sie auf eine Lichtung mit trockener Erde und feinem Sand und nahmen dort eine Sanddusche. WUSCH! WUUSCH! PFFFF! machten Ellen und Emma mit ihren Rüsseln. Die beiden Schwestern hatten schöne lange und schlanke Rüssel, und sie waren stolz darauf. WUSCH! PFFF! WUSCH-PFF! machte Erik, als die Schwestern sich umdrehten. KCHCH-KCHCH! HA-TSCHII! machten Ellen und Emma. „Hei – lass das!“, riefen sie.

Erik kicherte. Er ärgerte seine Schwestern gern. „Ich bin der Schnellste!“, rief er. „Wer zuletzt zu Hause ist, nur Elefantenreste frisst!“ Und damit düste er ab in den Dschungel.

Ellen und Emma liefen hinter ihm her. „Wir sind zuerst da! Wir kriegen dich!“, riefen sie und rannten, so schnell sie konnten. Sie waren so sehr damit beschäftigt, Erik einzuholen, dass sie nicht darauf achteten, wohin sie traten. Plötzlich verfing sich Emmas Fuß in Schlinggewächsen, und sie verlor ihr Gleichgewicht.

„Aaaa-AUUTSCH!“, schrie sie, als sie taumelte – und fiel.

„Fass meinen Rüssel!“, rief Ellen und reichte ihn der Schwester. Doch Emma zog Ellens Rüssel so fest, dass sie ihre Schwester ebenfalls hinabzog und sich ihre beiden Rüssel verknoteten.

„Hilfe!“, riefen sie. „Erik! Hilfe!“ Ihr Bruder kam zurück.

„Keine Sorge!“, rief er. „Ich rette euch!“ Erik reichte seinen Schwestern den Rüssel, um ihnen aufzuhelfen. Doch die Schlinggewächse unter seinen Füßen waren so glatt und schlüpfrig, dass er – als die Schwestern nach seinem Rüssel griffen – ebenfalls das Gleichgewicht verlor und hinplumpste. Und jetzt war auch noch Eriks Rüssel mit dem der Schwestern verknotet! Und so saßen die drei Elefanten in einem traurigen Haufen beieinander und konnten sich kaum bewegen.

„Was sollen wir nur tun?“, jammerte Emma. – „Mach dir keine Sorgen. Jemand wird kommen und uns helfen“, erwiderte Ellen hoffnungsvoll. – „Das ist alles eure Schuld!“, brummte Erik. „Wenn ihr nicht wärt, wär ich längst zu Hause und könnte essen!“

Kurz darauf kam Sally, die Schlange, herbeigeschlängelt. „Oh, issst diesss ein neuesss Ssspiel?“, zischte sie und betrachtete neugierig den verknoteten Elefantenhaufen.

„Nein!“, weinte Emma. „Wir sind ineinander verknotet und können nicht aufstehen. Kannst du uns helfen, Sally?“

„Na – ich kannsss ja versssuchen“, sagte Sally. „Mal ssseh’n, ob ich ’sss hinkriege.“ Und sie schlängelte sich zwischen den Rüsseln hindurch, um die Lage genauer zu untersuchen.

Doch die Lage war so verdreht und vertrackt, dass Sally nicht mehr aus dem Rüsselgewirr herausfand! „SSSO'N MISSST!", zischte sie. „ICH SSSTECKE FESSSSST!"

„Großartig!", sagte Erik. „Jetzt müssen wir uns auch noch um eine Schlange kümmern!"

„Ich ssschlage vor, ihr lössst die Lage – sssofort", zischte Sally drohend. „Ich hänge nicht ssso fessst, dass ich euch nicht einen Bisss verpasssen könnte!"

In diesem Augenblick kamen Albert und Anton, die Affen, durch die Bäume herangehangelt. „HALLO – IHR DA!", schrien sie, obwohl sie gar nicht weit weg waren – denn sie schrien immer. „WAS IST DENN HIER LOS?"

„Wir sitzen fest!", weinte Ellen. „Befreit uns, damit wir nach Hause können!"

„Na, wir können versuchen, euch auseinander zu ziehen", sagte Anton und ließ sich vom Baum herab. „Albert, nimm du einen Schwanz, und ich nehm ein Paar Ohren!"

Albert ergriff Eriks Schwanz und Anton packte Ellens Ohren. Und dann zogen sie und zogen und z-o-g-e-n.

„AUTSCH-AUTSCH-AAAUUUTSCH!", brüllte Ellen. „Ich krrrieg keine Luffffft", pfiff Sally in Not.

Albert und Anton gaben auf. Mit Ziehen war gewiss nichts auszurichten.

Plötzlich war lautes Flügelschlagen über ihnen zu hören. Patrizia Papagei und ihre Tochter Penelope flogen durch die Bäume und trugen etwas in ihren Schnäbeln. Als der verknotete Haufen nach oben blickte, ließen die beiden Papgeien ihre Beute fallen – und eine dicke Wolke Staub und Erde fiel herab.

„Kch-Kchch Pa-tschiii", prusteten Albert und Anton.

„Kch-Kch Ta-tschiii!", trompeteten die Elefanten.

„Ksss-Ksss Ka-tsssiii!", keuchte Sally.

Zunächst wussten sie nicht, was passiert war. Doch dann spürten sie – sie hatten sich auseinander geniest!

„Danke vielmals!“, riefen die Elefanten und die Schlange glücklich.

„Gern geschehen!“, rief Patrizia.

„Alle sind zum Abendessen bei uns eingeladen!“, verkündete Erik großzügig.

„Hurra!“, antworteten alle. Und mit erhobenem Rüssel gingen die Elefanten voran – und zwar ganz ruhig und sehr, sehr vorsichtig!

Die Prinzessin der Herzen

Prinzessin Rosamunde erhielt ihren Namen, weil sie von Geburt an einen herzförmigen Mund mit rosaroten Lippen hatte. Sie wuchs zu einem wunderschönen Mädchen heran. Ihr pechschwarzes Haar reichte ihr bis zur Hüfte, ihre Augen waren grün und ihre Haut hell und zart.

Rosamunde war ein freundliches, liebenswürdiges Mädchen, doch sie bestand darauf, dass alles, was ihr gehörte, die Form eines Herzens haben musste. Ihr Bett war herzförmig, ihr Tisch und ihr Stuhl waren herzförmig, ihre Kissen waren herzförmig, ja sogar die Kuchen und Plätzchen, die ihre Zofe nachmittags zum Tee brachte, mussten in Herzform geschnitten sein.

Als Prinzessin Rosamunde alt genug war, wollten der König und die Königin einen passenden Gemahl für sie suchen.

„Im benachbarten Königreich lebt Prinz Galan, der eine Gemahlin sucht", sagten sie zu ihr. „Er ist tapfer und klug, und er sieht sehr gut aus. Mehr kann sich eine Prinzessin nicht wünschen."

Aber die törichte Prinzessin verkündete: „Ich heirate diesen Prinzen nur, wenn er die Sterne am Himmel in Herzen verwandeln kann!" Der König und die Königin schüttelten verständnislos den Kopf.

Als Prinz Galan zu Besuch kam, sah er so gut aus, wie ihre Eltern angekündigt hatten, und Prinzessin Rosamunde gefielen seine gütigen Augen. Sie verbrachten den Nachmittag im Park des Palastes und unterhielten sich über alles Mögliche. Doch Prinz Galan konnte Prinzessin Rosamunde natürlich nicht versprechen, die Form der Sterne zu verändern. Deshalb wollte die Prinzessin ihn auch nicht heiraten.

Als der Prinz aber am Abend davonritt, wünschte sie sich mit einem Mal, sie wäre nicht so töricht gewesen. Und auch Prinz Galan war unglücklich, als er durch den Wald nach Hause ritt. Plötzlich vernahm er einen klagenden Laut. Auf einer Lichtung griff ein Drache einen Pfau an. Der Prinz sprang vom Pferd, zog sein Schwert und jagte den Drachen davon. Der Pfau war gerettet, doch er hatte viele seiner wunderbaren Schwanzfedern verloren. „Danke, dass du mich gerettet hast", sagte der Pfau. Der Prinz sah den Pfau überrascht an. „Ich habe magische Kräfte", erklärte der Pfau. „Aber jetzt bin ich sehr geschwächt. Der Drache hat mir einige meiner magischen Federn ausgerissen."

Der Prinz sammelte alle Schwanzfedern des Pfaus auf. Sobald sie wieder an ihrem Platz waren, schlug der Pfau ein großes Rad. Die Federn leuchteten prachtvoll. „Bevor ich gehe, möchte ich dir einen Wunsch erfüllen", sagte der Pfau zum Prinzen. Prinz Galan wünschte sich, die Sterne am Himmel mögen die Form von Herzen annehmen.

An diesem Abend bedauerte es Prinzessin Rosamunde sehr, dass sie sich geweigert hatte, Prinz Galan zu heiraten. Traurig blickte sie aus dem Fenster ihres Schlafgemachs auf den Mond, der sein sanftes Licht über die Hügel vor dem Palast warf. Dann blickte sie auf die Sterne – und wollte ihren Augen nicht trauen. Jeder einzelne Stern hatte die Form eines funkelnden Herzens! Und dann sah sie Prinz Galan über den Hügel reiten. Er brachte sein Pferd unter ihrem Fenster zum Stehen. Prinzessin Rosamunde war überglücklich.

„Wirst du mir je verzeihen", rief sie, „dass ich so töricht war, von dir zu verlangen, die Form der Sterne zu verwandeln?" – „Da gibt es nichts zu verzeihen", versicherte der Prinz, und wieder fragte er sie, ob sie ihn heiraten wolle. Rosamunde stimmte zu, und an einem Sommertag wurden sie glücklich vermählt!

Ein windiger Tag

Es war ein strahlender und frischer Tag auf Hof Sonnenschein. Rosalinde schaute zum Fenster heraus. „Schau mal, Mama", rief sie. „Die Wolken jagen wie eine Herde wolliger Schafe durchs blaue Gras!"

„Hm – es sieht aus, als würde das ein idealer Tag zum Wäscheaufhängen", antwortete Mutter. „Bei dem Wind trocknet sie im Handumdrehen."

Rosalinde und Robert halfen Mutter beim Wäschesortieren: Laken und Handtücher, Hemden und Socken, Roberts dreckige Fußballklamotten, Rosalindes Partykleid ... Vaters gestreifter Pullover und die gelb getupfte Decke, auf der Kollo, der Hund, schlief.

„Hase Hubert braucht auch ein Bad", sagte Rosalinde. „Seine Ohren sind ganz dreckig, und er hat seine Jacke mit Kakao bekleckert."

„Von wegen Hase Hubert – du warst das!", lachte Robert.

„Ich hab ihn nur gefragt, ob er einen kleinen Schluck möchte", sagte Rosalinde zu ihrer Verteidigung.

Mutter stellte das Radio an und summte die Musik nach. Rosalinde füllte das Waschpulver in die Maschine,

und Robert drehte die Knöpfe daran. Kollo sprang allen zwischen den Beinen herum, und Kater Kobold versuchte, im Wäschekorb zu schlafen. Als Letztes kam Hase Hubert in die Waschtrommel.

Bald war die Wäsche fertig, und Mutter trug den schweren Korb mit nasser Wäsche hinaus. Rosalinde trug Hase Hubert. Der war jetzt blitzsauber – aber tropfnass. „Wir hängen ihn mit auf die Leine und klammern ihn an seinen Ohren fest", sagte Mutter. „Dann trocknet er im Nu."

Draußen blies der Wind heftig. Johann, der Hofarbeiter, versuchte gleichzeitig, das Gatter zu reparieren und sich den Hut auf dem Kopf festzuhalten. „Oh, schau Mama", rief Rosalinde. „Die Wolkenschafe rennen jetzt richtig schnell!"

„An eurer Stelle würde ich die Wäsche gut festklammern", rief Johann. „Der Wind wird stärker. Nick kommt mit dem Milchwagen nicht mehr durch, weil ein umgestürzter Baum die Straße blockiert."

Die Laken blähten auf wie volle Schiffssegel, die Socken hüpften auf der Leine auf und ab, und Vaters gestreifter Pullover sah aus, als ob jemand Unsichtbares darin steckte. Robert breitete seine Arme aus und lief Flugzeug spielend über den Hof.

„Huuiiih! Ich liebe stürmische Tage!", rief er.

„Hase Hubert tanzt auf der Leine!", rief Rosalinde ebenso begeistert.

„Kommt rein, ihr Zwei!", mahnte Mutter.

Der Wind wurde immer stärker. Er rüttelte an den Fenstern und pfiff unter der Tür hindurch. „Da kommt Jakob!", rief Rosalinde. „Ups! Der Wind hat seine Postkappe vom Kopf gerissen!"

„Wir sollten mal nach der Wäsche sehen", sagte Mutter. Whsch! Der Wind blies sie beinahe um, als sie nach draußen gingen.

„Hilfe – ich werde weggeblasen!", schrie Rosalinde.

„So wie Jakobs Briefe! Schaut mal – sie fliegen die Straße entlang!", lachte Robert. Doch gleich darauf rief er erschreckt: „Mama! Wo ist die Wäsche hin? Wo sind meine Fußballklamotten?"

„Wo ist Hubert?", weinte Rosalinde. Und die Laken hingen auch schon in der Hecke, die Socken schwammen auf dem Teich, und sämtliche Briefe flatterten über die Straße. Vaters gestreifter Pullover hing im Apfelbaum.

„Hier – meine Fußballklamotten!", rief Robert. „Die sind ja dreckiger als nach einem Spiel!"

Kollo fand seine Hundedecke und hockte sich darauf, damit sie

nicht hinüber zu den Hühnern wehte. „Schnell – lasst uns die Wäschestücke aufsammeln und ins Haus tragen, bevor der Wind sie wieder erfasst."

„Sieht aus, als hätte Jakob alle seine Briefe wieder eingesammelt", sagte Robert nach einer Weile.

„Und wo ist mein Hubert?", weinte Rosalinde.

„Komm mal hierher", rief Johann, „und schau dir das an! Die Ferkel haben einen neuen Freund gefunden!" Und da, mitten in der Schweinekuhle, hockte Hase Hubert. Die Ferkel quiekten und zuckten aufgeregt mit ihren kleinen Kringelschwänzchen.

„Da bist du ja, du ... Flughase!", lachte Rosalinde. „Ich weiß – die Ferkel sind nette Spielkameraden. Aber jetzt hast du überall Schlamm auf deiner Jacke. Du dummes Häschen! Und ich muss dich jetzt noch mal von oben bis unten waschen!"

Im Dunkeln

Etwas bewegte sich im Dunkeln in Berts Zimmer. Bert selbst war es nicht, das war sicher, denn er schlief fest. Aber Berts Teddy war hellwach. Nachdem Bert eingeschlafen war, war Teddy aus Berts Arm und aus dem Bett geschlüpft. Und nun kroch er leise auf dem Boden aus dem Zimmer hinaus. Draußen auf dem Korridor kletterte er auf das Treppengeländer und – husch! – glitt hinab. Unten nahm er sich Berts Dreirad und fuhr durch den Korridor in die Küche und kroch dort durch die Katzenklappe hinaus in die dunkle Nacht.

Bert schlief derweil in seinem Zimmer tief und fest.

Im Garten steuerte Teddy als Erstes auf den Sandkasten zu. Er baute eine hohe Burg und klopfte den Sand mit den Pfoten fest. Oben drauf steckte er einen langen Stock, dessen Spitze er durch ein großes Kastanienblatt stach, sodass es aussah wie eine Fahne.

Anschließend lief Teddy hinüber zur Schaukel und kletterte auf den Sitz. Er begann zu schaukeln – erst zaghaft hin und her ... und hin und her ... dann höher und höher und noch höher! Und bei jedem neuen Schwung versuchte er, mit einer Pfote hinauf zum Himmel nach den blinkenden Sternen zu greifen.

Oben in seinem Bett träumte Bert unterdessen von allem, was er und Teddy tags zuvor erlebt hatten.

Draußen im Garten erklomm Teddy Sprosse für Sprosse die Leiter der Rutsche. Dann rutschte er mit einem leisen Freudenjauchzer hinunter und landete – Krrrch! – mitten in einem Haufen trockener Blätter!

Plötzlich erblickte Teddy zwei gelbe Augen, die ihn aus dem Blumenbeet anstarrten. Die Katze! Zeit abzuhauen! Schnurstracks stolperte er zum Haus und kroch durch die Katzenklappe in die sichere Küche. Da er wusste, wo Mutter den Honig aufbewahrte, genehmigte er sich noch eine Pfote voll davon, bevor er in Berts Bett zurückschlich.

Bert drehte sich im Schlaf und gähnte. Das erste Licht tastete sich bereits durch die Vorhänge ins Zimmer. Bert griff nach seinem Teddy.

„Komisch“, dachte er. „Ich fühle Sand an Teddys Pfoten.“ Dann öffnete er, noch halb im Schlaf, die Augen. „Merkwürdig“, dachte er. „Wie kommt denn das Blatt hinter Teddys Ohr?“ Er wollte Teddy danach fragen – doch der schlief tief und fest, und Bert wollte ihn nicht wecken.

Bert hatte Hunger, und er stand auf, um ein Honigbrot zu machen. Er schlüpfte in seine Pantoffeln und ging zur Tür. Am Türgriff klebte seine Hand fest ... Die klebrige Teddypfotenspur hatte Bert nicht gesehen!

Zum Geburtstag

Zum Geburtstag Wackelpudding,
Zum Geburtstag
Wackelpudding –
Wibbel-wabbel, wickel-wackel,
Zum Geburtstag
Wackelpudding.

Dazu bunte Süßigkeiten,
Dazu bunte Süßigkeiten –
Rot, blau, gelb und grün,
Rot, blau, gelb und grün,
Lauter bunte Süßigkeiten.

Auf dem Kuchen Jahreskerzen,
Auf dem Kuchen
Jahreskerzen –
Blas sie aus!
Blas sie aus!
Pf, PFF, PFFFFF!

Polly stell den Kessel auf

Polly stell den Kessel auf,
Polly stell den Kessel auf,
Polly stell den Kessel auf,
Wir wollen Kaffee trinken.

Susi stell den Kessel ab,
Susi stell den Kessel ab,
Susi stell den Kessel ab,
Sie gehen schon und
winken.

Wir wollen Eis!

Ist es im Sommer heiß,
Wie du und ihr ich schrei's:
Wir wollen Eis!

Der kleine blonde Jan

Der kleine blonde Jan
Schluckt nicht gerne Lebertran.
Dafür liebt er Kuchen!
Da hinein steckt er den Daumen,
Pult hervor die dicksten Pflaumen …
Mutter wird sie suchen!

Zehn grüne Flaschen

Zehn grüne Flaschen stehn auf der Gartenmauer,
Zehn grüne Flaschen stehn auf der Gartenmauer.
Fällt eine herab, wie viele ... Na, wer ist jetzt schlauer?
Dann stehn neun grüne Flaschen auf der Gartenmauer!

Neun grüne Flaschen stehn auf der Gartenmauer,
Neun grüne Flaschen stehn auf der Gartenmauer.
Fällt eine herab, wie viele ... Na, wer ist jetzt schlauer?
Dann stehn acht grüne Flaschen auf der Gartenmauer!
(Rap weiter mit acht grünen Flaschen usw.)

Meine Mu, meine Mu

Meine Mu, meine Mu,
Meine Mutter schickt mich her.
Ob der Ku, ob der Ku,
Ob der Kuchen fertig wär.
Wenn er no, wenn er no,
Wenn er noch nicht fertig wär,
Käm ich mo, käm ich mo,
Käm ich morgen wieder her!

Backe, backe Kuchen

Backe, backe Kuchen,
Der Bäcker hat gerufen.
Wer will süße Küchlein backen,
Der muss haben sieben Sachen:
Eier und Salz,
Zucker und Schmalz,
Butter und Mehl –
Safran macht die Küchlein gel!

Backe, backe Bäckersmann

Backe, backe, Bäckersmann,
Back mir einen Kuchen mit Zucker und Safran.

Tu Früchte rein und Sahne, oben drauf ein B –
Für Berthold und Bettina: prima Geschenkidee!

Die Schöne und das Biest

Es war einmal ein Mann, der lebte in einer Landhütte und hatte drei Töchter. Seine jüngste Tochter war so schön, dass sie nur „Schöne" genannt wurde – was ihre beiden Schwestern ärgerte und sie von Tag zu Tag neidischer machte.

Eines Tages wollte der Mann in die Stadt gehen. Zuvor fragte er seine drei Töchter, was er ihnen als Geschenk mitbringen könne.

„Juwelen!", verlangte die älteste Tochter. – „Seidene Kleider!", forderte die zweite. Alles aber, wonach Schöne fragte, war eine einzelne weiße Rose.

Auf dem Heimweg kam der Mann mitten im Wald in einen Schneesturm und verirrte sich. Das Schneetreiben war so gewaltig, und der Wald war so groß und dunkel, dass er beinahe die Hoffnung aufgab, herauszufinden. Doch da erblickte er durch den dichten Nebelschleier einen riesigen Palast.

Er fand den Weg bis zum Einganstor – doch es schien niemand da zu sein. Drinnen, in der Halle, fand er eine reich gedeckte Tafel. Der Mann war hungrig, und so aß er eilig etwas und wollte anschließend den Palast erkunden. In den oberen Gemächern fand er ein riesiges Bett, in das er erschöpft hineinsank und

sofort in tiefen Schlaf fiel. Als er am nächsten Morgen erwachte, stand neben dem Bett ein Frühstückstablett für ihn bereit.

Nachdem er sich gestärkt hatte und auf den Heimweg machte, bemerkte er in der Nähe des Palastes einen wunderschönen Rosengarten – und erinnerte sich an den Wunsch seiner jüngsten Tochter. Er hielt an und pflückte eine weiße Rose ... Plötzlich hörte er ein mächtiges Brüllen und sah ein furchterregendes, zähnefletschendes Biest hinter sich.

„Ich habe dich mit allem Komfort begrüßt – und was machst du? Zum Dank stiehlst du meine Rosen!“, knurrte das Biest.

Der Mann zitterte um sein Leben und bat um Vergebung. „Ich wollte nur eine Rose als Geschenk für meine Tochter!“

„Ich will dich verschonen“, sagte das Biest. „Doch nur, wenn deine Tochter herkommt und aus freien Stücken bei mir lebt. Wenn nicht, erwarte ich dich in drei Monaten zurück!“

Zu Hause erzählte der Mann unter Tränen, was ihm geschehen war. Und zu seiner Verwunderung willigte Schöne ein, in den Palast zu gehen.

Als sie eintraf, erwartete auch sie eine reich gedeckte Tafel.

„Ob das Biest mich mästen möchte?“, fragte sie sich und aß.

Sobald sie fertig gegessen hatte, erschien das Biest. Es war wirklich Grauen erregend – und Schöne fürchtete sich sehr.

„Dein Zimmer ist bereitet", sagte das Biest und führte sie zu einer Tür, daran stand mit goldenen Buchstaben: Schönes Zimmer. Das Zimmer ließ nichts zu wünschen übrig. Schöne erblickte ein Klavier, bezaubernde seidene Kleider und frische, duftende Rosen. Auf der Kommode fand sie einen Spiegel, darauf stand geschrieben:

Sehnst nach einem Wunsch du dich,
sprich ihn aus und schau in mich!

„Ach, ich wünschte, ich könnte meinen Vater sehen!", sagte Schöne. Und im selben Augenblick erblickte sie im Spiegel ihren Vater, der traurig zu Hause am Kamin saß.

„Vielleicht will das Biest mich gar nicht umbringen", dachte Schöne. „Doch was will es dann?"

Am nächsten Abend leistete das Biest der Schönen beim Essen Gesellschaft. „Sag mir", fragte es, „bin ich wirklich so schrecklich anzusehen?"

Und Schöne konnte nicht lügen. „Ja, wirklich“, antwortete sie. „Aber ich weiß, dass du ein gutes Herz hast.“

„Nun“, fuhr das Biest nach einigem Zögern fort, „willst du mich dann heiraten?“

Schöne erschrak. Denn sie wusste, das Biest könnte zornig werden, wenn sie sich weigerte. Doch zugleich konnte sie nicht zustimmen – denn sie liebte es nicht. „Nein“, sagte Schöne nach einer langen Stille, „ich werde dich nicht heiraten.“

Da seufzte das Biest so erschütternd, dass die Palastmauern zitterten. „So schlaf denn wohl“, sagte das Biest traurig und verließ den Tisch und ließ Schöne allein zu Ende essen.

Die Monate vergingen, in denen das Biest alle Wünsche der Schönen erfüllte. Sie war beinahe glücklich.

Und jeden Abend fragte er sie, ob sie seine Frau werden wolle. Und Schöne sagte jeden Abend: „Nein.“ Doch mit der Zeit wuchs ihre Zuneigung zu ihm.

Eines Tages schaute Schöne in den Zauberspiegel und sah, dass ihr Vater krank war. Sie bat das Biest unter Tränen, es möge sie nach Hause gehen lassen. Traurig willigte es ein.

„Nimm diesen Zauberring“, sagte es beim Abschied. „Wenn du je zurückkommen willst, lege ihn neben dein Bett. Und wenn du erwachst, wirst du wieder hier sein.“

„Ich werde zurückkommen“, versprach Schöne.

Und so fuhr Schöne nach Haus, um nach ihrem Vater zu sehen. Als er wieder gesund war, war auch Schöne bereit, wieder zurück in den Palast zu gehen. Doch ihre neidischen Schwestern konnten den Gedanken nicht ertragen, dass Schöne wieder in einem Palast, sie dagagen weiterhin in der ärmlichen Hütte leben sollten. Und so überredeten sie Schöne, in der Hütte zu bleiben.

Eines Nachts träumte Schöne, das Biest läge tot in seinem Garten. Und sie erwachte unter Tränen. Da wusste sie, dass sie das Biest liebte und dass sie zu ihm zurückkehren musste.

Schöne legte den Zauberring neben ihr Bett, legte sich hinein und schloss die Augen. Als sie erwachte, war sie zurück im Garten des Biests – und wie in ihrem Traum lag es leblos zwischen den Rosen.

„Oh, mein Biest!“, weinte sie und nahm ihn in ihre Arme. „Bitte bleib am Leben! Ich liebe dich – und ich will dich heiraten!“

Da füllten Musik und tanzende Lichter die Luft. Das Biest verschwand – und an seiner Stelle stand ein wunderschöner Prinz.

„Wer bist du?“, fragte Schöne.

„Ich war dein Biest“, sagte der Prinz. „Eine böse Hexe hatte mich verzaubert und in das arme, grässliche Geschöpf verwandelt. Nur ein schönes Mädchen, das bereit war, mich zu heiraten, konnte mich aus dem Zauber erlösen."

Kurz darauf heirateten sie, und Schönes Vater und Schwestern kamen in den Palast, um mit ihnen zu feiern.

Schöne war unendlich glücklich. Sie liebte den Prinzen von ganzem Herzen – und sie lebten glücklich in ihrem Rosenpalast bis an ihr Ende.

NACH JEANNE MARIE LEPRINCE DE BEAUMONT

Das Schwein und die Perlen

Dalia war bildschön – und außerdem auch gutherzig. Sie sorgte für alle Tiere auf dem Bauernhof, auf dem sie lebte. Dalia liebte sie alle – und die Tiere liebten sie. Doch Dalia trämte davon, mehr zu sein als nur eine Bauerntochter. Sie träumte davon, eine Prinzessin zu sein.

Eines Tages fand sie ein krankes Schwein am Waldrand. Sie nahm es auf und trug es zum Hof, wo sie es pflegte, bis es wieder gesund war. Das Schwein wurde ihr Lieblingstier – und es folgt ihr auf Schritt und Tritt.

Dalia erzählte dem Schwein alle ihre Geheimnisse. Und das Schwein hörte aufmerksam zu und betrachtete sie dabei, als ob es jedes ihrer Worte verstand. Und so erzählte sie ihm sogar das tiefste ihrer Geheimnisse.

„Liebes kleines Schwein“, flüsterte Dalia in sein Ohr. „Ich wünschte – ich wünschte, ich wär eine Prinzessin!“ In dieser Nacht lief das Schwein fort. Als es am nächsten Morgen wiederkam, trug es einen perlenbesetzten Haarreif auf dem Kopf.

„Liebes Schwein“, rief Dalia, „ist das etwa für mich?“ Das Schwein grunzte. Dalia nahm den Haarreif und setzte ihn sich auf den Kof. Er passte ihr haargenau.

In der folgenden Nacht verschwand das Schwein erneut und kehrte am Morgen mit einer wunderschönen Kette zurück. Dalia legte sie an.

„Wie seh ich aus?“, fragte sie. Aber das Schwein grunzte natürlich nur.

Danach verschwand das Schwein während weiterer sechs Nächte und brachte jedes Mal etwas mit zurück – zuerst ein Kleid aus weißer Seide, dann einen purpurnen Mantel und weiche lederne Schuhe, darauf wertvolle Armbänder und lange seidene Bänder für ihr Haar. Zum Schluss brachte es einen Ring aus Gold und Rubinen.

Dalia zog alle Geschenke, die das Schwein gebracht hatte, an und besah sich im Spiegel. „Jetzt", flüsterte sie, „seh ich genau so aus wie eine echte Prinzessin!"

Am nächsten Tag verschwand das Schwein wieder. Dalia machte sich keinerlei Sorgen, denn sie erwartete es am folgenden Morgen zurück. Doch Tage vergingen und Wochen – und das Schwein kam nicht. Dalia vermisste es mehr, als sie sagen konnte.

Dalia verbrachte die Abende am Kamin – in ihrem seidenen Kleid und in dem purpurnen Mantel. Sie dachte traurig an ihr liebes, verlorenes Schwein. „Ich bliebe liebend gern eine einfache Bauerntochter, wenn nur mein Schwein zurückkäme!", weinte sie und starrte dabei in die lodernden Flammen im Kamin. Da hörte sie draußen vor der Tür ein Scharren. Und als sie öffnete, stand da ihr Schwein!

Sie beugte sich herab und küßte es unter Freudentränen. Da verwandelte sich das Schwein unter Dalias Augen in einen wunderschönen Prinzen!

„Liebe Dalia", sagte der Prinz und nahm ihre Hand. „Wenn du nicht gewesen wärst, liefe ich noch immer allein und ohne Freunde durch den tiefen Wald." Und er berichtete von der bösen Hexe und ihrem Zauberspruch, der ihn in ein Schwein verwandelt hatte. „Dein Kuss hat mich erlöst", sagte der Prinz. „Willst du mich heiraten, Dalia?"

Und so wurde Dalias Traum tatsächlich wahr – denn nun wurde sie wirklich „Prinzessin Dalia"!

Hase und Schildkröte

Hase war das selbstverliebteste Tier von allen. An diesem sonnigen Morgen rannte er den Waldpfad entlang und sang: „Bin der klügste Hase von allen. Wem würd ich, so hübsch, nicht gefallen? – Auch bin ich der schnellste – waldweit!"

Maulwurf, Maus und Eichhorn saßen auf einem gefällten Baumstamm und beobachteten ihn. „Hase ist dermaßen nervtötend!", sagte Maulwurf. „Man sollte ein für alle Mal seine Angeberei stoppen."

„Ich mach das!", sagte Eichhorn und sprang davon in Richtung auf den Waldpfad, direkt vor Hases Nase.

„Ich bin mindestens so hübsch wie du", sagte er. „Schau dir nur meinen langen buschigen Schwanz an!"

„Lange nicht so hübsch wie meine flauschige weiße Blume und meine langen seidigen Ohren!", plusterte sich Hase auf und reckte sein Näschen stolz in die Luft.

„Na – dafür bin ich mindestens so klug wie du!", sagte Maus, die eilends herbeikam. „Ich kann Löcher unter Bäumen graben und dort genug Nüsse und Körner verstecken für den ganzen Winter!"

„Nichts gegen mich!", erwiderte Hase. „Ich kann im Winter mein Fell wechseln – und mit meinem weißen Fell kann ich mich im Schnee verstecken!"

„Und überhaupt – ist etwa jemand hier, der glaubt, er könne schneller laufen als ich?“, fragte Hase herausfordernd in die Runde Waldtiere, die sich inzwischen versammelt hatte. „Wer läuft mit mir um die Wette?“

Niemand antwortete. Alle wussten schließlich, dass Hase wirklich sehr schnell lief, und keiner glaubte ernsthaft, ihn einholen zu können.

„Ha!“, triumphierte Hase. „Das ist der Beweis! Ich bin der Hübscheste, der Klügste und der Schnellste!“

„Ehem – ’tschuldigung“, sagte eine leise Stimme.

„Ja, bitte?“, fragte Hase und schaute sich um.

„Ich laufe mit dir um die Wette“, sagte Schildkröte.

„Du?“, fragte Hase perplex. „Das langsamste, schwerfälligste Tier auf vier Beinen, das es gibt?“

„Ja“, sagte Schildkröte gelassen. „Ich laufe gern mit dir um die Wette.“ Die anderen Tiere staunten, und Hase lachte laut los.

„Läufst du etwa mit mir bis hinunter zur Weide?“, fragte er zweifelnd.

„Na klar“, antwortete Schildkröte.

„Läufst du auch weiter – bis zum Bach?“, fragte Hase herausfordernd.

„Ja gut“, antwortete Schildkröte.

„Läufst du auch noch weiter – über die Weide und den Bach hinaus, bis zur alten Eiche?“

„Von mir aus“, sagte Schildkröte.

„Prima“, sagte Hase. „Dann treffen wir uns morgen früh – hier an der großen Buche!“

„Abgemacht", sagte Schildkröte. Alle Tiere liefen davon, um ihren Freunden die Neuigkeiten zu berichten.

Am nächsten Morgen waren alle auf den Beinen, um das große Rennen zu sehen. Einige kamen zum Start, andere trafen sich am Ziel, wo sie sehen wollten, wer wohl zuerst eintreffen würde.

Elster rief: „Auf die Plätze ... Fertig? ... LOS!" Und gemeinsam liefen Schildkröte und Hase los. Hase schoss sofort an Schildkröte vorbei, und als niemand mehr zu sehen war, vor dem er angeben konnte, verlangsamte er seinen Lauf ein wenig. Als er die Weide erreichte, blickte er hinter sich. Doch Schildkröte war nicht in Sicht!

„Das dauert Jahre, bis sie mich einholt", dachte Hase. „Ich brauche mich nicht zu beeilen und kann mich ruhig ein wenig ausruhen." Und so setzte er sich unter die Weide und schloss seine Augen. Und in wenigen Minuten war er eingeschlafen.

Unterdessen schleppte sich Schildkröte voran. Sie versuchte erst gar nicht, schneller zu sein als sie konnte, aber hielt auch nicht an. Sie lief einfach weiter und weiter und weiter. Die Sonne stieg höher, und Schildkröte begann zu schwitzen. Doch sie lief unbeirrt weiter. Ihre kurzen Beine taten schon weh, doch sie wusste, was das Wichtigste war: Nur nicht anhalten! Derweil schnarchte Hase unter der Weide.

Kurz darauf erreichte Schildkröte Hase. Zunächst dachte sie, sie sollte ihn wecken. Doch dann besann sie sich eines Besseren. „Hase ist so klug", dachte sie. „Er schläft bestimmt nicht ohne Grund. Wenn ich ihn wecke, verärgere ich ihn nur." Und so ließ sie ihn schlafen und lief langsam und stetig weiter auf das Ziel zu.

Später am Nachmittag, als die Sonne schon unterging und die Luft kühler wurde, wachte Hase erschrocken auf. „Der Wettlauf!", dachte er. „Ich muss ja das Rennen zu Ende laufen!" Und er sah sich nach Schildkröte um. Doch sie war nicht in Sicht. „Ha!", lachte Hase. „Die ist immer noch nicht da. Also kein Grund zur Eile!"

Und so trabte er gemächlich auf die Lichtung zu, mit breitem Grinsen im Gesicht. Als er sich dem Ziel näherte, hörte er schon den Applaus und die anfeuernde Rufe. „Sie können mich schon sehen!", dachte er und schlenkerte in Vorfreude auf seinen Sieg mit den Ohren. Doch als er näher kam, entdeckte er den wahren Grund für die Begeisterung: In diesem Moment überquerte Schildkröte die Ziellinie! Hases Herz sank. Schildkröte hatte gewonnen! Die Tiere applaudierten begeistert.

Als Hase sich dem Ziel näherte, verwandelte sich die Begeisterung in Hohngelächter. Hases Ohren wurden knallrot und sanken vor Scham. Mit hängendem Kopf lief er davon, und alle Tiere kamen und gratulierten Schildkröte, die schüchtern, doch mächtig stolz war. Sie hatte bewiesen, dass langsam, langsam –

aber stetig immer gewinnt!

Und nun wussten die Tiere, dass sie Hases laute Angeberei von heute an einfach ignorieren würden!

Die Prinzessin, die nicht lachte

Vor langer, langer Zeit kam in einem fernen Land eine Prinzessin zur Welt. Der König und die Königin nannten sie Prinzessin Kolumbina. Sie fanden, dass sie das entzückendste kleine Mädchen war, das je geboren wurde. Und um ganz sicher zu sein, dass sie jederzeit umsorgt war, stellten sie eine Amme ein, die immer bei ihr blieb.

Als die Königin eines Tages das Kinderzimmer betrat, schlief die Amme, und die kleine Prinzessin weinte. Darüber war die Königin sehr verärgert. Sie rief den König herbei, und er schimpfte die Amme kräftig aus, weil sie nicht auf sein geliebtes Töchterchen aufgepasst hatte.

Der König und die Königin wussten jedoch nicht, dass die Amme in Wirklichkeit eine böse Zauberin war. In ihrem Zorn sprach sie einen Fluch über die kleine Prinzessin aus:

„Prinzessin Kolumbina wird so lange nicht lachen, bis sie meinen wahren Namen herausfindet!“ Der König und die Königin waren sehr betrübt. Von dem Tag an lachte die Prinzessin nicht mehr. Überall im Land wurde nun nach Namen gesucht. Sie versuchten es mit den üblichen Namen wie Lisa, Katharina und Marie. Sie probierten ungewöhnlichere Namen wie Arabella, Tallia oder Leonora. Selbst mit ganz außergewöhnlichen Namen wie Doromina, Truditta oder Ludwiga versuchten sie ihr Glück. Doch keiner der Namen konnte den Zauber brechen.

Nun wuchs Prinzessin Kolumbina zu einem liebenswerten und wunderschönen Mädchen heran. Doch ihr Gesicht sah immer so traurig aus, dass es den König und die Königin ganz unglücklich machte. Sie versuchten alles, um sie zum Lachen zu bringen. Sie schenkten ihr ein kleines Hündchen.

Und sie engagierten einen Hofnarren, der alberne Witze erzählte. „Warum schüttelt sich die Kuh auf der Weide?“, fragte der Narr. Die Prinzessin zuckte mit den Schultern. „Weil sie Geburtstag hat und Sahne schlagen will!“

„Wie nennt man den Zustand kurz nach dem Aufstehen?“, fragte der Narr noch einmal. Die Prinzessin blickte ihn nur höflich an.

„Morgengrauen!“

Eines Tages kam ein Künstler mit Namen Rudolpho zum Palast und fragte den König, ob er ein Bild von der Prinzessin malen dürfe. Der König stimmte unter einer Bedingung zu. Der Künstler sollte die Prinzessin mit einem Lächeln malen. Rudolpho baute seine Staffelei vor einem hohen Spiegel auf und begab sich sofort ans Werk. Die Prinzessin saß ihm gegenüber und beobachtete ihn in dem Spiegel beim Malen. Während Rudolpho arbeitete, stellte er der Prinzessin Fragen über alle Bewohner des Palastes. Schon bald hatte er das Porträt der Prinzessin gemalt, nur das Lächeln fehlte noch. Aber es gelang ihm einfach nicht, der Prinzessin ein Lachen zu entlocken.

Rudolpho versuchte es mit lustigen Zeichnungen. Er malte witzige Bilder vom König und der Königin. Die Prinzessin betrachtete sie höflich. Dann zeichnete er ein Bild ihrer alten Amme und versah es mit einem Schnurrbart. Darüber schrieb er AMME. Prinzessin Kolumbina blickte in den Spiegel. Dort, über dem Bild, sah sie in Spiegelschrift das Wort.

„EMMA“, sagte Prinzessin Kolumbina leise. Und dann lächelte sie. „Ihr Name ist EMMA!“, rief sie lachend. Endlich war der Bann gebrochen. Der König und die Königin hörten ihr Lachen und eilten herbei. Sie waren so glücklich, dass bald alle Palastbewohner in ihr Lachen einstimmten.

Weimarer Waschweiber

Wir Weimarer Waschweiber
Wüschen schwarze Wäsche weiß,
Wenn wir wüssten,
Wo warmes weiches Wasser wär!

Kinderfreuden

Dass ich mit meinen Puppen spiele
Und tausend Kinderfreuden fühle,
Bringt meine Jugend noch so mit.
Man darf ja tändeln, spielen, lachen
Und tausend Puppen fertig machen,
Eh man die Kinderschuh vertritt.
Doch etwas fängt mich an zu kränken:
Die Puppen können ja nicht denken!
O schade, dass ich sie geküsst.
Geschwinde, gebt mir Buch und Nadel!
O, ich verdiene Spott und Tadel
Geliebt zu haben, was nichts ist!

Gottlob Wilhelm Burmann

Ringelrein und Rosenkranz

Ringelrein und Rosenkranz,
Rundherum geht unser Tanz.
Immer schneller, immer schneller ...
Hatschi! – wir fallen hin!

Herr Niemand

Herr Niemand ist ein netter junger Mann.
Er klopft an die Tür, mit dem Hut in der Hand.
Da kommt sie herab, gekleidet ganz in Seide,
Eine Blume im Haar, ihr Anblick eine Augenweide!
Sie streift ihren Handschuh ab, zeigt ihren Ring:
Morgen, schon morgen, die Hochzeitsglocken kling'n!

Lisa Lustig

Lisa Lustig sitzt auf der Bank.
Vor Weinen und Jammern
Ist sie schon beinah krank.
Sie sehnt sich nach 'nem
jungen Mann.
Lisa, hör zu weinen auf
Und fang zu suchen an!
Such im Osten,
Such im Westen –
Aber nimm dir nur den Allerbesten!

Suse, liebe Suse

Suse, liebe Suse,
Was raschelt im Stroh?
Das sind die lieben
Gänse,
Sie haben kein Schuh.
Der Schuster hat's Leder,
Kein' Leisten dazu,
Drum geh'n die lieben
Gänse
Und haben kein Schuh.

Lied der Kinder

Wir sind noch jung, wir sind noch klein,
Uns lacht noch Lust und Leben.
Wir wachsen in die Zeit hinein,
Der wir ein Antlitz geben.

Der Vater werkt, die Mutter schafft,
Die Not hat sie verkümmert.
Wir wachsen in die große Kraft,
Die alle Not zertrümmert.

Die Welt ist morsch, die Welt ist alt,
Es gilt, sie jung zu rütteln.
Wir wachsen wie der junge Wald,
Den die Gewitter schütteln.

Klausi-Mausi

Klausi-Mausi war frech und gemein,
Er küsste die Mädchen, die fing'n an zu schrein.
Doch kamen Jungs und wollten mit ihm raufen –
Wie schnell konnte Klausi-Mausi da laufen!

Löwe

Heute war Löwes Geburtstag. „Ob die Tiere es vergessen haben?“, wunderte sich Löwe. „Noch niemand hat mir zum Geburtstag gratuliert!“ Löwe wanderte langsam durch den Dschungel und war sehr, sehr traurig.

„Wollen wir Löwe nicht mit einer Geburtstagsparty überraschen?“, fragte Elefant. „Au ja!“, sagte Giraffe. „Wir bringen unsere Geschenke ...“

„... Und wir denken uns lauter Spiele aus!“, rief Affe.

„Wir werden tanzen und Spaß haben!“, freute sich Zebra.

„HERZLICHEN GLÜCKWUNSCH, LÖWE!“, rief Flusspferd.

„Zum Geburtstag viel Glück!“, sangen die Tiere.

„Was für eine ÜBERRASCHUNG!“, brüllte Löwe.

Und die Tiere feierten die schönste Gebrutstags-party, die sie je erlebt haben!

Äffchen

Klein Äffchen war traurig. Es wusste nicht, wie man klettert.

Da beschlossen die Tiere, Äffchen aufzumuntern.

„Ich bringe dir ganz große Blätter, um dich vor der Sonne zu schützen“, sagte Giraffe und streckte sich nach oben in die Baumkrone.

„Ich hole viele Federn, aus denen wir ein weiches Bett für dich machen“, rief Papagei und flog eilig davon.

„Und eine schöne lange Gutenachtgeschichte wird dir helfen einzuschlafen“, gähnte Löwe müde.

„Aber ich will nicht schlafen!“, rief Äffchen. „Ich will lernen, wie man klettert!“

„Ich bringe dir das bei“, sagte Mutter Affe.

„Mach es mir einfach nach. Greif mit deinen Füßen, und schwing deinen Schwanz – so!“

Äffchen holte tief Luft – dann rannte es auf allen vieren den Baumstamm hinauf und hielt sich dabei an den Ästen immer wieder mit seinem Schwanz fest.

„Juchuu, Schaut alle her! Ich bin der beste Kletteraffe im Dschungel!“, rief es.

Die vermisste Maus

In mancher Hinsicht war Molly Maus genau wie ihre Brüder und Schwestern. Sie hatte weiche, rosa Öhrchen und eine süße winzige Nase. Doch in anderer Hinsicht war sie ganz und gar anders ...

Martha, Max und Baby Maus waren sehr reinlich – Molly aber war wirklich unordentlich! Ihre Barthaare waren nie sauber, und ihre Pfoten waren immer schmuddelig. Und überall hinterließ Molly einen regelrechten Mäusestall!

Nach dem Frühstück machten Martha und Max stets ihre Betten. Jeden Morgen warfen sie das alte Bettzeug hinaus und machten mit frischem Heu ein neues. Doch Molly war das egal! Sie sprang einfach aus dem Bett und ließ alles in einem Haufen Durcheinander liegen!

„Wie kannst du nur in so einem Chaos schlafen?“, fragte Martha.

Beim Mittagessen knabberte die ganze Familie sorgfältig ihre Körner und putzte sich anschließend gründlich. Dann wurde die Wohnung sauber gemacht. Alle Familienmitglieder halfen mit und fegten die Krümel zusammen und wuschen ihre Schüsseln.

Nur Molly war das egal! Sie knabberte vergnügt drauf los und hinterließ überall Krümel und Essenreste!

„Warum machst du nur immer so viel Dreck?“, fragte Vater Maus.

Wenn die Mäusekinder spielten, krabbelten Martha und Max immer vorsichtig die Weizenhalme bis zur Kornkammer empor. Doch Molly war das egal! Sie lief so wild die Halme entlang, dass sie sie zerbrach, fiel und einen wilden Haufen Stroh hinterließ.

„Warum bist du nur so ungeschickt?“, fragte Max.

Und wenn Max und Martha Nüsse und Körner sammelten, stapelten sie die stets zu sauberen, stabilen Häufchen. Molly aber war das egal! Ihre Haufen kullerten immer wieder auseinander.

„Warum bist du so unordentlich?“, fragte Martha.

Alle hatten eines Tages genug von Mollys Dreck und Durcheinander. „Warum kannst du nicht ordentlich essen?“, sagte Vater Maus.

„Warum kannst du dich nicht waschen und sauber halten?“, sagte Mutter Maus.

„Warum kannst du nicht leiser sein?“, sagte Baby Maus.

„Oh Molly“, stöhnten Max und Martha.

„Ich kann gar nichts recht machen“, schniefte Molly. „Das ist nicht fair!“ Und mit ihrem zerzausten Schwanz in der schmutzigen Pfote sagte sie „Gute Nacht!“ und ging zu Bett.

Doch Molly hatte einen Plan. Sie hatte die Nase voll von dem Gemeckere und wollte das nicht länger aushalten! Und als Max und Martha ins Bett kamen, schlief Molly bereits tief und fest – das dachten ihre Geschwister wenigstens. Doch in Wirklichkeit war Molly quietsch-wach!

Sie wartete, bis Max und Martha eingeschlafen waren. Dann kroch sie aus dem Bett. „Niemand liebt mich“, seufzte sie. „Ich gehe und suche mir ein anderes Zuhause.“

Und so machte sie sich auf den Weg. Molly hatte keine Ahnug, wo sie hingehen sollte. Sie schlenderte die Hecke entlang und bahnte sich einen Weg zwischen den Kornhalmen hindurch. Und als die Sonne aufging, kroch sie aus dem Kornfeld heraus und tanzte fröhlich die Straße hinunter.

„Ich werd’s ihnen zeigen!“, dachte Molly auf ihrem Weg in die Fremde. „Warum soll ich da bleiben, wo ich nur ausgeschimpft und gescholten werde? Ich werde ein neues Zuhause finden, wo man mich mag!“

Doch je höher die Sonne stieg und je weiter Molly lief, desto müder wurde sie. Als sie an das Hoftor kam, setzte sie sich nieder und gähnte erschöpft. „Uaaah! Bin ich müde!“ Da sah Molly, dass das Scheunentor offen stand. Und sie rappelte sich noch einmal auf und lief hinüber. Drinnen fand sie einen riesigen Haufen warmes und weiches Heu – ideal für ein kleines Nickerchen!

Zu Hause sah Mutter Maus am Morgen, als sie ihre Kinder wecken wollte, dass Mollys Bett leer war. „Wo ist Molly?“, fragte sie Martha und Max.

Die beiden kleine Mäuse rieben sich die Augen und schauten sich um. „Keine Ahnung“, piepsten sie. „Sie war hier und schlief, als wir ins Bett kamen.“

„Papa! Papa! Komm schnell“, riefen sie alle zusammen. „Unsere Molly ist weg!“ Gleich suchte die Mäusefamilie das ganze Haus ab, doch Molly war nirgends zu finden. Sie gingen hinaus und durchkämmten das Kornfeld,

liefen die Hecke ab, suchten unter jedem Fliegenpilz und wendeten beinahe jedes Blatt! Zum Schluss liefen sie sogar die Straße bis zum Hoftor hinab.

Plötzlich sprang Martha aufgeregt in die Luft. „Seht mal!“, quietschte sie und zeigte auf den schlammigen Pfad, der zum Bauernhof führte. Und da, direkt vor Marthas Füßen, entdeckten sie eine frische Mausspur.

Martha und Max folgten den Pfotenabdrücken über den ganzen Hof, bis in die Scheune hinein. Und da entdeckten sie Molly in einem zerwühlten Heuhaufen. Sie schlief tief und fest ... und schnarchte lauter, als sie sie bisher je gehört hatten!

„Wir haben sie gefunden!“, riefen sie.

Molly öffnete langsam ihre Augen. Einzelne Heuhalme stachen aus ihrem Fell heraus, ihre Barthaare waren zerknittert und ihre Pfoten schlammverschmiert.

„Oh Molly!“, jauchzten Max und Martha wie aus einer Mäusekehle und gaben ihrer Schwester einen Mäusekuss. „Wir haben dich so vermisst!“

„Wie könnt ihr mich vermisst haben?“, sagte Molly. „Wo ich doch so unordentlich bin!“

„Das mag sein“, sagte Mutter Maus. „Aber wir lieben dich trotzdem – so, wie du bist!“ Alle lachten, und Molly schmunzelte. Der Weg hatte sich gelohnt – denn sie hatte den Ort gefunden, an dem man sie wirklich liebte. Und zusammen trippelten sie nach Haus.

Die Zahnfee

Tabea war fast fünf Jahre alt. Sie zählte schon die Tage bis zu ihrem Geburtstag, weil ihre Mama ihr eine Gartenparty versprochen hatte – mit Kuchen, Luftballons und einem Clown. Sie hatte all ihre Freunde eingeladen. Es gab nur ein Problem: Tabeas obere Schneidezähne wackelten. Sie gaben nach, wenn sie zubiss. Wie sollte sie bloß auf der Party essen?

„Mama", fragte sie zum ungefähr hundertsten Mal, „glaubst du, dass meine Wackelzähne noch vor der Party rausfallen?"

„Sie fallen raus, wenn es so weit ist", sagte ihre Mutter und lächelte.

Eines Nachts wachte Tabea plötzlich auf. Die Vorhänge waren nicht zugezogen, und silbern schien das Mondlicht auf ihr Bett. Aber da war noch etwas! Auf Tabeas Kopfkissen saß eine Fee! Sie war winzig, hatte hellgelbe Flügel und einen Zauberstab in der Hand. Tabea starrte die Fee an – und die Fee starrte zurück. Die Fee brach das Schweigen.

„Kannst du mich sehen?", fragte sie. – „Na klar!" – „Das ist seltsam. Normalerweise bin ich unsichtbar." – „Bist du die Zahnfee?", fragte Tabea. – „Ja, ich heiße Bobo", sagte die Zahnfee. „Ich brauche noch zwei kleine Schneidezähne als Ersatz für meine Klaviertasten."

Tabea zeigte Bobo ihre Schneidezähne. Sie wackelten unheimlich.

„Hoffentlich fallen sie vor meinem Geburtstag raus", sagte Tabea.

„Wenn sie rechtzeitig rausfallen", sagte Bobo, „komme ich mit meinem Klavier zu deiner Party!"

Am nächsten Tag schaute Bobo kurz ins Spielzimmer, als Tabea

gerade einen Kopfstand machte. „Was machst du denn da, Tabea?"

„Wenn ich den ganzen Tag so bleibe", antwortete Tabea, „könnten meine Zähne doch rausfallen, oder?"

Am Nachmittag beobachtete Bobo, wie Tabea ihren Käsetoast mit Kruste und allem aufaß. Aber die Zähne wollten immer noch nicht rausfallen!

„Putz dir mal die Zähne", flüsterte Bobo, als Tabea ins Bett gehen wollte.

„Genau. Dann klappt's bestimmt!" Tabea putzte und schrubbte, aber die Wackelzähne blieben stehen. Einen Tag vor ihrem Geburtstag fielen die Schneidezähne endlich aus! Und es tat gar nicht weh.

„Guck mal!", sagte sie zu ihrer Mama, sperrte den Mund auf und zeigte ihr die riesige Lücke. – „Oh, wie unheimlich!", lachte ihre Mama und tat so, als hätte sie Angst. – „Die kriegt Bobo", sagte Tabea und zeigte ihrer Mutter die Zähne.

„Wer ist Bobo?" – „Die Zahnfee natürlich!"

An diesem Abend ging Tabea früh ins Bett. Ihre Zähne legte sie unter das Kopfkissen.

„Ich mache nur kurz die Augen zu", dachte sie. „Ich schlafe schon nicht ein."

Als Bobo später hereinkam, war Tabea doch eingeschlafen. Bobo flüsterte sogar ihren Namen, aber Tabea schlief tief und fest. Sie wachte erst auf, als die Sonne schon schien. Als Erstes schaute sie unter dem Kopfkissen nach. Die beiden Zähne waren tatsächlich fort! Stattdessen lagen dort zwei Münzen.

Zu Tabeas Geburtstagsparty kamen alle ihre Freunde. Es gab Wackelpudding und Eis und Luftballons. Ihre Freunde sangen so laut „Happy Birthday", dass ihre Mama sich die Finger in die Ohren steckte. Aber nur Tabea konnte hören, wie die Fee Klavier spielte und mit ihrem silberhellen Stimmchen „Happy Birthday" sang.

Ein gutes Beispiel

Gerda und Goliath waren zwei nette alte Gäule – doch nicht immer verstanden sie die jungen Tiere, die über den Hof rannten.

„Schau dir doch mal dieses Ferkel an“, brummte Gerda eines Tages. „Es hinterlässt überall seine schmutzigen Fußstapfen.“

„Die lauten Hühner und Enten können sich auch nicht richtig benehmen“, wieherte Goliath und nickte Gerda zustimmend zu.

„Sie sollten doch wissen, dass man während der Mittagsruhe nicht so laut durch die Gegend schnattert.“

„In der guten alten Zeit war das doch anders“ seufzte Gerda. „Die Jungen waren wenigstens noch erzogen! Wir waren als Fohlen jedenfalls sauber – und immer ganz, ganz leise.“

Leider behielten Gerda und Goliath ihren Unmut nicht für sich ...

Und so beschwerte sich Gerda am anderen Morgen bei Fritz, dem halbstarken Ferkelbruder, er solle den kleinen Ferkeln ein Beispiel sein.

Und Goliath gab Henriette und Hanna, den Hennen, seine Ratschläge

und Tipps, wie Küken richtig erzogen werden sollten. Und beide, Gerda und Goliath, hielten Ella, der Ente, einen langen Vortrag darüber, wann und wo Entchen quaken durften – und wann und wo auf gar keinen Fall!

Bereits zu Mittag waren sämtliche Tiere auf dem Hof über Gerda und Goliath verärgert.

„Die zwei möchte ich mal sehen, wie sie mit sieben kleinen Enten fertig werden wollen!", quakte Ella.

Zufällig kam genau an diesem Nachmittag der alte Bauer Bastian mit einem neuen Fohlen aus der Stadt, das Gerda und Goliath aufziehen sollten. Fritz, Hanna, Henriette und Ella waren gespannt – das konnte ja lustig werden!

Doch die Tiere wurden enttäuscht. Franz, das Fohlen, war außerordentlich wohlerzogen. Er stieß nie seinen Eimer mit Futter um und verspritzte nie das Wasser in seiner Tränke. Er war weder launisch noch ungezogen – und kein bischen laut.

Und was noch schlimmer war: Gerda und Goliath waren schrecklich stolz auf ihn und sich!

„Siehst du", sagte Goliath zu Fritz, „das ist alles eine Frage des guten Beispiels. Wenn ein junges Tier ein älteres oder erwachsenes ruhig und vernünftig erlebt, macht es ihm dies selbstverständlich nach."

Und dabei beschrieb Goliath mit seinem rechten Bein einen weiten Bogen – und sein Hufeisen, das seit kurzem ein wenig locker war, flog in hohem Bogen in die Luft!

Das Hufeisen flog quer über den Hof und warf – Klong! – den Eimer mit Schweinefraß um. Dann drehte es sich im Flug um die eigene Achse, sauste direkt auf das Fenster zu und – Klirr! – landete mitten in der Bauernküche – Klonk!

Berta, die Frau des alten Bauern Bastian, stürmte auf den Hof. In der Hand hielt sie einen frisch gebackenen Apfelkuchen – mit einem Hufeisen in der Mitte! „Wer hat das gemacht?“, fragte sie drohend. „Und den Krach? Und die Scherben??“

Der alte Goliath versuchte, ganz ruhig und unbeteiligt auszusehen, doch die Augen sämtlicher Tiere auf dem Hof ruhten auf ihm. Und vor allem – wer sonst hatte so riesige Hufe?

Heutzutage sind Gerda und Goliath nicht mehr so schnell dabei, ihre Freunde zu kritisieren. Und die Geschichte von Goliaths fliegendem Hufeisen zaubert noch immer ein Lächeln auf die Gesichter – außer, natürlich, Bertas!

Freunde fürs Leben

Elfie Entchen hatte viele Freunde. Doch ihre beste Freundin war Gisela Gänschen. Jeden Tag spielten sie zusammen und jagten einander durch das Schilf.

„Wenn ich mal groß bin, werde ich eine schöne Gans, wie meiner Mutter!", sagte Gisela. „Und ich werd eine langweilige braune Ente", sagte Elfie und hatte Angst, Gisela würde später nur mit ihren hübschen Gänsefreundinnen spielen wollen.

Eines Tages spielten sie Verstecken. Da passierte etwas Schreckliches. Elfie hatte sich zwischen den großen Blättern an der Uferböschung versteckt, als ein Fuchs heimlich heranschlich – und sie packte! Bevor sie noch einen Laut von sich geben konnte, hatte der Fuchs schon kehrt gemacht und lief zurück in seinen Bau. Aber Gisela hatte ihn beobachtet. Und mit ihrem spitzen Schnabel packte sie den Fuchs bei seiner Schwanzspitze. Und als er sich erschrocken umdrehte, zwickte Gisela ihn in die Nase! Da öffnete er sein Maul, und Elfie

fiel heraus. Doch der Räuber wurde fuchsteufelswild und griff an. Gut, dass Mutter Ente und Mutter Gans in diesem Moment herangeflogen kamen und ihn davonscheuchten!

Elfie konnte ihnen gar nicht genug danken. „Dafür sind Freunde da!“, sagte Gisela. Und Mutter Ente und Mutter Gans, die selbst Freundinnen waren, konnten dem nur zustimmen.

Katzenchor

Wir treffen uns nachts
Auf der Mauer im Garten.
Dort kannst du uns hören,
Hast du Glück und kannst warten.
Sandy singt den hohen Sopran,
Tom gibt den tiefen Bass.
Fleckie hält den Bariton,
Auf Berts Rhythmus ist Verlass:
Mit Miau und Mio, Gejaul und Hallo
Macht der Katzenchor alle Schlafenden froh!

Klettern zum Vogelnest

Es steigt ein Büblein
Auf einen Baum.
Oh so hoch, man sieht es kaum.
Schlüpft von Ast zu Ästchen,

Hüpft zum Vogelnestchen.
Hei, da lacht es,
Ei, da kracht es.
Plumps, da liegt es unten.

Von Katzen

Vergangenen Maitag
Brachte meine Katze
Zur Welt sechs
Allerliebste Kätzchen,
Maikätzchen, alle weiß mit
Schwarzen Schwänzchen.
Führwahr, es war ein
Zierlich Wochenbettchen!

THEODOR STORM

Die Affen rasen

Die Affen rasen durch den Wald,
Der eine macht den andern kalt,
Die ganze Affenbande brüllt:
Wo ist die Kokosnuss?
Wo ist die Kokosnuss?
Wer hat die Kokosnuss geklaut?

Katzenzungen-brecher

Es wollt ein Kätzchen
Knollen kau'n.
Es kaut ein Kätzchen
Knollen.

Der Kater und der Wetterhahn

Ein junger Kater
Sah den goldnen Wetterhahn,
Der auf dem Turme stand,
Für wahr und lebend an.

Ringel, ringel, Rose

Ringel, ringel, Rose,
Schöne Aprikose,
Veilchen blau,
Vergissmeinnicht,
Alle Kinder
Setzen sich.
Kikeriki,
Kikeriki!

Katzen und Hunde

Hudel, schnudel, rund und bunt,
Die Katze mag den Pudelhund.
Die Katze in der Jacke, der Hund mit dem Hut
Die wollen jetzt tanzen, das können sie gut.

Frau Weiß

Frau Weiß hat etwas Angst gemacht,
Es war schon mitten in der Nacht.
Sie sah ein Gespenst, wurde kreidebleich
Und lief geradewegs nach Haus sogleich.

Rabe

Was ist das für ein Bettelmann?
Er hat ein kohlschwarz Röcklein an
Und läuft in dieser Winterzeit
Vor alle Türen weit und breit,
Ruft mit betrübtem Ton: „Rab! Rab!
Gebt mir doch auch einen Knochen ab."

Da kam der liebe Frühling an,
Gar wohl gefiel's dem Bettelmann:
Er breitete seine Flügel aus
Und flog dahin weit übers Haus.
Hoch aus der Luft so frisch und munter:
„Hab Dank! Hab Dank!", rief er herunter.

Wilhelm Hey

Guten Abend, Herr Spielmann

Guten Abend, Herr Spielmann,
Wie geht es euch denn,
Mit der kleinen Violine,
Mit der großen
Schrummschrumm.
Da rasselt der Kessel,
Da klingelt der Topf.
Da tanzen die Mädchen
Einen Galopp. – Tralalala!

Die Fußballfee

Georgina spielte leidenschaftlich gern Fußball. Leider gab es ein Problem. „Diese blöden Flügel machen mich wahnsinnig“, sagte sie und wackelte nervös mit den Schultern. „Sie sind immer nur im Weg.“ Die anderen Feen waren entschieden anderer Meinung.

„Schon mal von einer Fee ohne Flügel gehört?“, lachte Trixi ironisch.

„Ohne Flügel kann man nicht einmal fliegen“, sagte Pippa und ließ sich auf einer Blume nieder.

„Fliegen ist fantastisch“, rief Sissy und verstreute glitzernden Feenstaub im Landeanflug. „Fußball ist vielleicht gut für Wichtel, aber nicht für Feen!“

„Wenn das so ist, dann möchte ich keine Fee mehr sein!“, sagte Georgina verärgert und stapfte wütend durch das Gras davon.

„Das überlegt die sich noch anders“, sagte eine kluge Fee.

Aber Georgina zog ihre Fußballschuhe an und spielte mit den Wichteln. Es war ein hartes Spiel. Der Ball sprang übers Spielfeld und oft genug sogar ins Aus. Manchmal landete er in den Bäumen. Zwei Vögel, die dort oben ihr Nest bauen wollten, hatten langsam genug davon, vor allem, als der Ball einmal ganz in ihrer Nähe landete.

Georgina flog hoch, um ihn zu holen. „Flügel sind ja doch ganz praktisch“, dachte sie, als sie wieder unten war. Sie sah sich rasch um. Hoffentlich hatte sie keiner gesehen. Leider doch! Der Wichtel Bernie, das alte Klatschmaul. Er konnte den Feen nicht schnell genug alles erzählen.

„Aha“, nickte die kluge Fee. „Ich wusste doch, dass sie früher oder später ihre Flügel benutzen würde.“

Als sie das nächste Mal Fußball spielte, ging es noch rauer zu. Ein Wichtel schoss den Ball hoch in den Baum bis ins Vogelnest. Darin lag ein Ei! Das Ei fiel heraus, aber die Wichtel merkten nichts. Sie stritten stattdessen mit dem Schiedsrichter. Also flog Georgina hoch und fing das Ei gerade noch rechtzeitig auf, bevor es am Boden zerbrochen wäre. Dann flog sie wieder hoch zum Nest.

„Vielen Dank", sagte die Vogelmutter. „Aber gebt demnächst besser Acht beim Fußballspielen."

Der petzende Bernie sah sie, als sie wieder hinunterflog. Und natürlich erzählte er es den Feen. „Na, was habe ich euch gesagt?", sagte die kluge Fee. „Sie wird bald wieder zu uns gehören wollen."

Vor dem nächsten Fußballspiel sah Georgina erst einmal nach dem Baum. Die Vogelmutter war nicht da.

„Gut!", dachte sie, „dann kann sie wenigstens nicht schimpfen."

Aber auch diesmal schoss der ungezogene Wichtel den Ball wieder in das Vogelnest. Ein kleines Federbällchen taumelte heraus. Ein Vogelbaby! Blitzschnell flog Georgina hin und fing es auf. Sie brachte das Vogeljunge sicher ins Nest zurück. Zum Schutz bestreute sie es mit Feenstaub. In diesem Augenblick kam die Vogelmutter nach Hause.

„Ich werde allen erzählen, wie lieb du bist", sagte sie. „Und da du so eine gute Fee bist: Möchtest du vielleicht Schnäbelchens Patentante werden?"

„Es ist mir eine Ehre!", sagte Georgina.

Nun waren die anderen Feen sehr stolz auf sie. Georgina aber grinste: „Es ist ja doch nicht so schlecht, eine Fee zu sein!"

Die große Pferdeparade

Vor langer Zeit lebte ein armer Bauer namens Fred, der hatte ein Pferd, das hieß Max. Früher war Max ein gutes kräftiges Pferd gewesen, das den Pflug zog und seinen Herrn in die Stadt zum Markt brachte. Nun war er zu alt, um zu arbeiten. Der Bauer aber hing an seinem Pferd und behielt es. Und so verbrachte Max seine Tage zufrieden auf der Weide, aber auch ein bisschen traurig, dass er dem Bauern nicht mehr helfen konnte.

Eines Tages schirrte Fred Holda, die junge Schimmelstute, vor den Wagen und fuhr wieder in die Stadt, um Gemüse zu verkaufen. Holda schüttelte ihre feine Mähne und warf im Vorübertraben einen Blick auf Max, als wollte sie sagen: „Ha, jetzt bin ich hier die Königin!"

In der Stadt wurde die große Pferdeparade angekündigt. Der Gewinner sollte den Wagen des Königs zum Großen Bankett ziehen!

„Komm, mein Mädchen – wir werden an der Parade teilnehmen! Hüah, Holda!", rief Fred und drehte sofort um nach Hause. Dort gab sich Fred große Mühe, um Holda noch schöner zu machen, als sie schon war. Er putzte ihre Hufe und ihr Fell, bis es glänzte. Dann kämmte er ihre Mähne und flocht ein rotes Band hinein. Max sah von seiner Weide aus zu und war traurig, dass er selbst zu alt war, um an der Parade teilzunehmen. Da kam Fred auf ihn zu. „Komm her, alter Junge", sagte er. „Du kommst auch mit! Die Parade wird dir gefallen." Max war begeistert! Fred bürstete nun auch das Fell von Max, und bald trabten die drei in die Stadt, der Bauer auf Holdas Rücken und Max an ihrer Seite.

Auf dem Paradeplatz warteten schon viele Pferde in jeder Farbe und Größe, kleine Ponys, langbeinige Vollblüter und starke Arbeitspferde. Und dann begann die Parade. Der König und sein Hofstaat nahmen ihre Plätze ein. Dann rief der König drei Wettbewerbe aus – zuerst ein Pferderennen, bei dem die Pferde um die Wette galoppieren sollten; dann ein Kräftemessen, bei dem die Pferde eine schwere Last ziehen mussten. Zuletzt sollte bei einem Reitturnier jedes Pferd einen Reiter über den Platz tragen.

Die Pferde reihten sich langsam auf. „Komm, Max. Du auch!", flüsterte der Bauer und führte Holda und Max zur Startlinie. Die anderen Pferde starrten Max an. „Was macht ein so altes Pferd wie du bei unserem Wettbewerb?", fragte eines von ihnen verächtlich.

Max sagte nichts und nahm seinen Platz ein. Dann galoppierten sie über den Platz. Max fühlte sein Herz schlagen, während seine Hufe flogen wie nie zuvor. Doch trotz aller Anstrengung konnte er nicht mithalten und lief als Letzter ins Ziel.

„Hast du etwas anderes erwartet?", schnaubten seine Konkurrenten und drehten ihm das Hinterteil zu.

Max ließ sich jedoch nicht entmutigen. „Geschwindigkeit ist nicht alles", sagte er sich, denn nun begann das Kräftemessen. Ein Pferd nach dem anderen versuchte, die Last zu ziehen. Auch Max gab sein Bestes, doch jeder Muskel in seinem Körper schmerzte, als er die Last nur langsam in Bewegung setzte.

„Hoffnungslos!", kommentierten die anderen Pferde.

„Pah – Kraft ist nicht alles", sagte sich Max und stellte sich nun für das folgende Reitturnier auf.

„Ich werde jedes Pferd selbst reiten", kündigte der König an und bestieg das erste Pferd. Das aber galoppierte so schnell davon, dass der König in den Steigbügeln hängen blieb. Das nächste Pferd stieg hoch, sodass der König in die Luft flog und verletzt worden wäre, hätte ihn nicht ein Diener aufgefangen. Das nächste Pferd klapperte vor Aufregung so laut mit den Zähnen, dass der König sich die Finger in die Ohren steckten musste. Nun trug Holda den König – zunächst sehr gut, aber sie stolperte kurz vor dem Ziel. Zuletzt war Max an der Reihe.

Die anderen Pferde höhnten schon: „Der alte Gaul wird sich wieder zum Narren machen!"

Max trug den König ruhig und gemächlich und hob vorsichtig die Hufe, sodass seine königliche Hoheit sanft geschaukelt wurde. „Vielen Dank für den wunderbaren Ritt", sagte der König am Ziel begeistert und ernannte Max zum Gewinner des gesamten Wettbewerbs.

„Denn er hat mir nicht nur den besten Ritt beschert", sagte der König und klopfte dabei Max anerkennend auf die Mähne. „Er hat auch seine Schwächen mit Würde getragen. Schnelligkeit und Kraft sind eben nicht alles!"

Dann fragte der König Fred, ob seine Tochter von Zeit zu Zeit auf Max reiten dürfe und gab ihm einen Beutel voller Gold, damit er von nun an bestens für seine Pferde sorgen konnte. So kehrten am Abend alle drei zufrieden zum Bauernhof zurück – der glücklichste von ihnen aber war Max!

Prinzessin Röschen

In einem herrlichen Palast lebte einst eine kleine Prinzessin. Ihre Eltern nannten sie Röschen, weil sie an ihrem linken Fußknöchel einen rosa Fleck in Form einer Rose hatte.

Zu ihrem dritten Geburtstag bekam Prinzessin Röschen ein weißes Pony geschenkt. Röschen ritt auf ihrem Pony aus, begleitet von ihrem Kindermädchen und einem Stallburschen. Als sie am Waldrand anlangten, hielten sie an, um Rast zu machen. Das Pony wurde so lange an einem Baum festgebunden. Während das Kindermädchen und der Stallbursche miteinander schwatzten und lachten, lief die Prinzessin den Waldpfad entlang und pflückte einen dicken Strauß duftender Gräser und bunter Blumen. Dabei vergaß sie Ort und Zeit und lief immer tiefer in den Wald hinein, bis sie sich vollends verlaufen hatte.

Allmählich wurde es dunkel. Röschen lief vor Angst weinend immer weiter, bis sie ein Licht in der Ferne sah und ein kleines Haus entdeckte – mit einem Strohdach, winzig kleinen Fenstern und einer kleinen Holztür. Die Tür wurde geöffnet, und eine kleine alte Frau trat heraus. Sie war blind und konnte die kleine Prinzessin nicht sehen, aber sie konnte das Weinen eines Kindes hören. Die Frau holte Röschen ins Haus, setzte sie an das warme Feuer und gab ihr zu essen und zu trinken.

„Wie heißt du, mein Kind?“, fragte sie mit warmer Stimme.

„Röschen“, erwiderte die Prinzessin. „Ich habe mich verlaufen.“

„Du kannst bei mir bleiben, bis dich jemand findet, mein Liebes“, sagte die nette alte Frau.

Der König und die Königin im Palast waren außer sich vor Sorge um ihre Tochter. Sie setzten eine Belohnung von tausend Goldmünzen für denjenigen aus, der Röschen zurückbrachte. Die Jahre vergingen ... Doch niemand fand die kleine Prinzessin.

Inzwischen wuchs Röschen zufrieden und fröhlich bei der alten blinden Frau im Wald auf. Sie hatte längst vergessen, dass sie einmal eine Prinzessin gewesen war und dass sie in einem Palast gelebt hatte. Sogar ihr weißes geliebtes Pony vergaß sie.

Eines Tages, sie war schon fast eine junge Dame, kam ein stattliches weißes Pony vorbeigaloppiert. Sein Sattel war mit Juwelen besetzt und sein Zaumzeug mit Perlen bestickt. Röschen schloss das Pony sofort ins Herz. Sie stieg auf, und sogleich galoppierte das Pony mit ihr fort und brachte sie zum Tor des Palastes.

Röschen war, als hätte sie den Palast schon einmal gesehen, konnte sich aber nicht erinnern, wann. Bevor es dunkel wurde, brachte das Pony sie zu dem Häuschen im Wald zurück.

Am nächsten Tag kam es wieder, und wieder besuchten sie zusammen den Palast. Am dritten Tag stand das Tor zum Palast offen. Das Pony trabte hindurch, als der König und die Königin gerade im Park spazieren gingen. Sie sahen das Mädchen auf dem Pony und fanden, dass dies das hübscheste Mädchen sei, das sie je gesehen hatten.

„Wie heißt du, mein Kind?", fragte die Königin.

„Röschen, Eure Hoheit", antwortete Röschen.

„Ach", seufzte die Königin betrübt, „so heißt auch unsere Tochter, die wir seit vielen Jahren vermissen."

Als Röschen auf das Pony stieg, um wieder nach Hause zu reiten, entdeckte die Königin das Hautmal an ihrem linken Fußknöchel. „Mein Gemahl!", rief sie zum König, „sie ist unser Röschen!"

Das ganze Königreich freute sich über die Rückkehr der Prinzessin. Der König wollte die alte Frau mit Gold belohnen. Die aber schüttelte den Kopf. „Ich möchte nur bis ans Ende meiner Tage in Röschens Nähe sein", sagte sie. Und so durfte die alte Frau bei Röschen im Palast leben.

Giraffen-Fitness

Gernot Giraffe zog für sein Leben gern mit Vater Gustav los, um saftige grüne Blätter für ihr Abendessen zu sammeln.

„Und hier, ganz oben, findest du die zartesten und leckersten Blätter“, sagte Gustav Giraffe und reckte seinen langen Hals h-o-o-o-c-h hinauf in die Baumkrone und an die obersten Äste. „Denk daran: Die höchsten Bäume tragen die köstlichsten Blätter. Und die kleinen zarten ganz oben sind die leckersten von allen!“

Eines Morgens fand Gernot jedoch, es sei an der Zeit, allein Blätter sammeln zu gehen. „Die höchsten Bäume tragen die köstlichsten Blätter“, flüsterte er vor sich hin. „Und die kleinen zarten ganz oben sind die leckersten.“

Gernot hielt vor einem sehr hohen Baum und sah hinauf. Dort oben, auf der Spitze, sah er winzige, zarte, lecker aussehende Blätter. Und er s-t-r-e-e-e-c-k-t-e sich, wie er es bei seinem Vater gesehen hatte, so hoch er konnte (was nicht sehr hoch war!) „So ’n Mist!“, dachte er. „Wie soll ich denn an die zarten Blätter gelangen, wenn mein Hals sich nicht streckt?“ Gernot lief enttäuscht und mit herunterhängendem Hals nach Hause.

„Was ist denn los mit dir?“, fragte Mutter Giraffe. Und als er erzählt hatte, was ihn bedrückte, rieb sie ihren Hals zärtlich an seinem. „Dein Hals wächst schon noch, mein Junge“, versicherte sie ihm. „Iss immer schön auf und schlaf genug. Dann wirst du bald an die leckersten und zartesten Blätter auf den höchsten Bäumen des Dschungels herankommen!“

Am Nachmittag probierte es Gernot noch einmal. Patrizia Papagei beobachtete ihn dabei, wie er versuchte, eine Baumkrone zu erreichen. Da sie helfen wollte, flog sie herbei und pickte einige der zartesten Blätter für ihn ab.

Doch als sie Gernot die leckeren Blätter übergeben wollte, nahm er sie nicht an. Stattdessen erbleichte vor lauter Scham Gernots Giraffenmuster.

„Warum kann ich meinen Hals nicht strecken und sie selbst holen?“, jammerte er.

„Aber Gernot!“, sagte Patrizia und wollte ihn trösten. „Dein Hals ist völlig in Ordnung! Iss nur immer schön und schlaf genug. Warte nur ab – dann wächst er von ganz allein!“

„Aber ich will nicht mehr warten!“, erwiderte Gernot trotzig. „Kann ich denn gar nichts tun, um jetzt meinen Hals zu strecken?“

„Na, vielleicht gibt es tatsächlich etwas, das du tun kannst“, sagte Patrizia, nachdem sie einen Augenblick nachgedacht hatte. „Komm mit!“

Patrizia führte Gernot auf eine Lichtung – und er staunte, was er dort zu sehen bekam! Sally Schlange schlängelte sich dort um einen gefällten Baumstamm. „Hallo, Gernot“, zischte sie. „Treibe nur ein bissschen SSSport – SSSchlängeln!“

Auf der anderen Seite waren Emma, Ellen und Erik Elefant dabei, Baumstämme zu heben. „Hallo, Gernot!“, riefen sie. „Kennst du unser Rüsselstrecktraining?“

Und im Fluss hockte Karla Krokodil und brach dicke Äste entzwei. „Prima Übung, um die Kiefergelenke zu lockern“, japste sie.

Leo Löwe trainierte die Jugend – gerade arbeitete er mit Lisa und Luise, seinen Töchtern, an dem löwengerechten Sprung auf Beute. „Willkommen im Dschungel-Fitnesscenter!“, rief er.

Gleich darauf kam Großvater Gorilla auf Gernot zu und begrüßte ihn.

„Und was können wir für *dich* tun?“, fragte er.

„Könnt ihr mir helfen, meinen Hals zu strecken?“, fragte Gernot. „Ich will an die zarten, leckeren Blätter herankommen.“

„Aber du wächst doch noch“, rief Leo Löwe und kam zu ihnen herüber. „Du musst nur tüchtig essen und genug schlafen.“

Gernot ließ enttäuscht den Kopf hängen. Alle wollten ihn wieder nur aufs Wachsen vertrösten! Nur Großvater Gorilla sagte: „Vielleicht können wir mit einem speziellen Hals-Streck-Training ein wenig nachhelfen. Komm mal mit!“ Und es dauerte nicht lange, da begann Gernot mit seinen Übungen.

„Nach links – s-t-r-e-e-e-c-k-e-n! Und nach rechts – s-t-r-e-e-e-c-k-e-n!“, gab Großvater das Kommando.

„Und jetzt: Kinn heben!“, rief Leo Löwe. Und Gernot s-t-r-e-e-e-c-k-t-e seinen Hals nach dem Trainingsast und hob sein Kinn, so hoch er nur konnte.

„Komm Junge – du schaffst es!“, rief Patrizia aus der Baumkrone herab und feuerte ihn an. Doch Gernot bekam den Ast nicht zu fassen. Da ließ Großvater Gorilla Gernot sich hinlegen. Dann rief er Sally Schlange.

„Jetzt du!“, sagte er.

„Aaaaaahkkk!“, japste Gernot, als Sally sich um seinen Hals wand. „Vorsicht! Nicht so fest!“, warnte Großvater.

„So ist's besser!“, sagte Gernot, als Sally sich langsam den Hals entlangwand und all seine Nackenmuskeln z-o-o-o-g.

Vom vielen Trainieren bekam Gernot einen Riesenhunger. Und zu Hause beim Abendbrot nahm sich Gernot DREIMAL nach. Anschließend war er so müde, dass er gleich ins Bett ging und bis zum nächsten Morgen fest schlief.

Gernot liebte Dschungel-Fitness und konnte es kaum erwarten, wieder zu trainieren. Und nach jedem Training wurde sein Appetit größer, und er aß kräftig zu Abend.

„Die Übungen machen mich sooo hungrig“, sagte er, „... und sooo müde!“ Er gähnte und schlief sofort ein.

Giraffen-Fitness

Als Gustav und Gernot Giraffe beim nächsten Mal zusammen zum Blättersammeln loszogen, entdeckte Gernot einige saftig-zarte Blätter oben in einer Baumspitze. „Die hol ich uns!“, sagte er aufgeregt.

„Die sind doch viel zu hoch“, erwiderte Vater Gustav.

Doch Gernot hörte nicht hin. Er streckte ... und streckte ... und streckte sich, bis er den allerhöchsten Zweig im Baum mit seinem Maul erreichte und mit seiner rauen Zunge die zarten Blätter zu fassen bekam!

„Geschafft, Papa!“, rief er glücklich. „Das Training macht's!“

„Ich glaube nicht, dass es am Training liegt“, sagte Mutter Giraffe. „Du hast einfach einen schönen, starken und langen Hals – auf den jede Giraffe stolz wäre!“

„Das bin ich auch!“, sagte Gernot und schnappte sich ein weiteres Bündel zarter, saftiger Blätter. Die kaute er besonders sorgfältig – denn er wusste, wie weit er sich für sie gestreckt hatte!

Susi und die Nixe

Susi hatte Geburtstag, und ihre Eltern hatten ihr ein hübsches meerblaues Kleid mit passenden Schuhen geschenkt.

„Darf ich das schon anziehen?“, fragte sie.

„Ja, aber mach dich nicht schmutzig“, antwortete ihre Mutter. Susi probierte das Kleid und die Schuhe gleich an, die wie der Fischschwanz einer Nixe schimmerten. Susi wollte immer schon eine Meerjungfrau sein. Sie lief zum Nixenfelsen, schaute aufs Meer hinaus und träumte von einem Leben als Nixe. „Das wünsche ich mir zum Geburtstag“, dachte Susi.

Dann schloss sie die Augen. „Ich wünsche mir, ich wäre eine Meerjungfrau.“

Als sie die Augen aufschlug, war ihr Geburtstagskleid verschwunden – und stattdessen hatte sie einen Nixenschwanz! Susi konnte ihr Glück nicht fassen. Ihr Geburtstagswunsch war in Erfüllung gegangen.

Dann aber hörte Susi jemanden weinen. Sie sah sich um. Auf der anderen Seite des Nixenfelsens saß ein Wesen in einem blauen Kleid, das genauso aussah wie Susis neues Geburtstagskleid.

„Warum weinst du?“, fragte Susi das kleine Wesen.

„Weil ich meinen Schwanz verloren habe. Ich bin eine Meerjungfrau, aber ohne Schwanz kann ich nicht nach Hause schwimmen.“ Die Tränen der Nixe flossen ins Meer.

Jetzt begriff Susi, was geschehen war. Durch ihren Geburtstagswunsch hatten sie und die kleine Meerjungfrau die Gestalt getauscht. Susi erzählte der Nixe von ihrem Wunsch. „Wie kann ich uns wieder zurückverwandeln?“, fragte Susi.

„Wenn du meine Tränen aus dem Meer holst, hast du einen neuen Wunsch frei“, sagte die Meerjungfrau.

Susi glitt ins Meer. Jetzt, da sie eine Meerjungfrau war, fühlte sich das Wasser überhaupt nicht kalt an. Leider hatte sie keine Ahnung, wo sie nach den Tränen der Nixe suchen sollte. Als Susi die Meerestiere um Hilfe bat, schauten Krebse, Fische, Hummer und Strandschnecken in alle möglichen Löcher und unter die Steine. Aber sie fanden keine einzige Träne, und Susi war verzweifelt.

Dann hörten sie: „Eins, zwei, drei, eins, zwei, drei …“, und aus einer Unterwasserhöhle tanzte ein großer Krake mit einer langen Perlenkette! Beim Tanzen wirbelte er schwungvoll mit seinen acht langen Armen.

„Hallo, kleine Nixe!“, rief der Krake.

„Kannst du mir helfen?“, fragte Susi. „Ich suche nach Nixentränen, aber ich weiß nicht, wo ich anfangen soll.“

„Oh! Nun, diese Perlen hier sind genau das, was du suchst. Das passiert nämlich mit den Tränen der Meerjungfrauen – sie verwandeln sich in Perlen! Ich schenke sie dir, wenn du mir hilfst, die Kette abzunehmen“, sagte der Krake und lachte.

„Oh, vielen herzlichen Dank!“, rief Susi und entwirrte die Perlenkette.

„Auf Wiedersehen, kleine Nixe!“ Lachend und singend tanzte der Krake davon. „Eins, zwei, drei, eins, zwei, drei …“

Blitzschnell schwamm Susi mit den Perlen zum Nixenfelsen zurück. Die Nixe freute sich sehr. Susi schloss die Augen. Sofort trug sie wieder ihr Kleid, und die Nixe hatte ihren Schwanz wieder. „Danke, Susi“, sagte die Nixe. „Hoffentlich sehen wir uns bald wieder.“

Susi winkte zum Abschied, als die Nixe fortschwamm. Sie sah an ihrem neuen Kleid hinunter. Vorne auf dem Kragen waren lauter kleine strahlende Perlen aufgenäht, die wie winzige Tränen aussahen.

Das Tor zum Herzen

Herzen sind wie Türen leicht aufgeschlossen.
Such den Schlüssel, gebrauch ihn unverdrossen:
Sag eins der Zauberworte stets zuvor,
Denn „Danke!“ und „Bitte!“ öffnen jedes Tor.

Janny

Janny, oh Janny,
Wo gehst du hin?
Ich will dir folgen,
Denn nach dir steht mir
der Sinn!
Ich geh durch alle Straßen un
Such dich auf dem Feld
Janny, oh Janny,
Ich folg' dir durch die
ganze Welt!

Mutter Heller

Die alte Mutter Heller
Lebte in einem Kohlenkeller
Allein mit Katze und Hund.
Wer weiß, was sie dort aß,
Was der Hund, was die Katze fraß?
Auf jeden Fall lebten sie nicht gesund.

Zwei kleine Hunde

Zwei kleine Hunde
Saßen am Kamin.
Sagt der eine zu dem
Anderen kleinen Hund:
„Wenn du nicht redest –
Warum soll ich dann reden?“

Der kleine Mann

Ich hatte einen kleinen Mann,
Nicht größer als mein Daumen.
Ich tat ihn in ein Glas hinein,
Zu essen kriegt er Pflaumen.
Ich gab ihm ein paar Veilchen,
Die steckte er in eine Vase,
Er kriegt ein seidenes Taschentuch
Und putzt sich damit seine Nase.

Familie Rotkehlchen

Rotkehlchen und Rotkehlchens Sohn,
Die flogen einst zum Bäcker davon:
„Dein Brötchen – mit Rosinen oder ohne?“
Doch Vaters Frage interessierte den Sohn
nicht die Bohne!

Rumpdidumpdi

Rumpdidumpdi, klecks, klecks
Hätt ich ein lecker Essen,
Ich würd es essen jetzt!

Tochter Zion

Tochter Zion, freue dich,
Seufze laut, Jerusalem.
Siehe, dein König kommt zu dir
Ja, er kommt, der Friedensfürst.

Leise rieselt der Schnee

Leise rieselt der Schnee,
Still und klar liegt der See.
Weihnachtlich glänzet der Wald.
Freue dich, ’s Christkind kommt bald.
Bald ist heilige Nacht,
Chor der Engel erwacht.
Hör nur, wie lieblich es schallt:
Freue dich, ’s Christkind kommt bald.

Süßer die Glocken nie klingen

Süßer die Glocken nie klingen
Als zur Weihnachtszeit.
Es ist, als ob Engelein singen
Wieder von Frieden und Freud.

Lasst uns froh und munter sein

Lasst uns froh und munter sein
Und uns recht von Herzen freun.
Lustig, lustig, trallalalala,
Bald ist Weihnachtsabend da.

Erst

Erst in einer Trage,
Dann in den Wagen
rein,
Als drittes auf nem Esel
Zuletzt auf einem Schwein.

Die Katze lief im Schnee

Ojemine, ojemine,
Die Katze lief im weißen Schnee,
Da taten ihr die Pfötchen weh.
Sie leckt’ sich ihren wunden Zeh
Und sehnt sich nach dem weichen, grünen Klee.

Bären Ahoi!

An einem schönen Sommertag gingen drei Jungen, die schon lange Freunde waren, zum Picknick ans Flussufer. Sie hatten ihre Schwimmsachen mitgenommen und außerdem Käse, Brot und Gurken. Und natürlich ihre Teddybären, denn die durften bei keinem Ausflug fehlen!

Am Flussufer fanden sie ein Boot, das dort festgebunden war. Die drei Freunde sprangen mit ihren Teddybären hinein und spielten „Piraten auf See“. Sie spielten Sturm und Meuterei, Piratenkämpfe und Schiffe kapern. Dabei balancierten sie auf dem Bootsrand entlang … Und es dauerte nicht lang, da landeten alle drei im Wasser. Anschließend schwammen sie im Fluss und jagten einander, und schon bald hatten sie sich so weit vom Boot entfernt, dass sie nicht mehr zu sehen waren.

Die drei Bären, die im Boot zurückgeblieben waren, verstanden sich leider nicht so gut miteinander wie die Jungen. Oskar war ein kleiner honigfarbener Bär und befreundet mit Moppel, der dunkles, struppiges Fell und einen runden Bauch hatte. Beide konnten aber Toby nicht besonders gut leiden; er war größer als Oskar und Moppel und schikanierte sie oft. Immer wollte er den Boss spielen!

Als die Jungen außer Sichtweite waren, stellte sich Toby denn auch sogleich auf die Hinterpfoten und übernahm das Kommando. Das Boot wankte gefährlich hin und her. Oskar und Moppel sahen einander mit großen Augen an und zitterten vor Schreck.

„Ich bin ein furchtloser Matrose!“, rief Toby. „Ich habe die sieben Weltmeere bezwungen, und ich bezwinge sie wieder!“ Dabei band er das Seil los und gab dem Boot einen kräftigen Stoß.

„Auf, auf, Matrosen – zur See!“, rief Toby laut. „Tut, was ich euch sage, oder ich lasse euch über Bord gehen!“ Das kleine blaue Boot begann, langsam auf die Mitte des Flusses zu treiben. Gleich darauf drehte es sich ein wenig – und als die Strömung es erfasst hatte, glitt es schneller und schneller den Fluss hinab.

„Toby!“, schrie Oskar entsetzt. „Wir bewegen uns!“

„Natürlich bewegen wir uns, du Dummkopf!“, knurrte Toby. „Schließlich sind wir wagemutige Piraten auf hoher See. Und wenn mich meine Piratennase nicht täuscht, wartet hinter der nächsten Flussbiegung eine fette Beute auf uns!“

Oskar und Moppel aber klammerten sich ängstlich aneinander, als das Boot immer weiter flussabwärts trieb. „Hilfe!“, riefen sie laut. „Toby, halt das Boot an!“ Aber Toby amüsierte sich. „Haha“, rief er. „So ist das Leben auf See!“

Oskar blickte Hilfe suchend über den Bootsrand. Aber zu sehen, wie die Wiesen und Häuser so schnell an ihnen vorüberzogen, machte ihn ganz seekrank. Und so duckte er sich wieder an Moppels Bauch.

„Achtung, Toby!“, rief er plötzlich. „Wir laufen auf Grund! Tu was!“

Aber Toby tat gar nichts. Mit einem „Bums!“ schlug das Boot gegen das Ufer, und Toby fiel vornüber. Das Boot aber drehte sich und driftete langsam zurück auf die Flussmitte zu.

„Toby!“, schrie Moppel mit aller Kraft. „Rette uns!“

Aber Toby saß unten auf dem Bootsboden und rieb sich die verletzte Stirn. Auch er hatte durch den Aufprall einen Schrecken gekriegt, und jetzt zitterten ihm die Bärenknie.

„Ich weiß nicht, wie man ein Segelboot steuert“, jammerte er kleinlaut. Und dann versteckte er sein Gesicht in seinen zottigen Pfoten und begann zu weinen. Das Boot trieb im Zickzackkurs weiter den Fluss hinab, und die kleinen Bären klammerten sich ängstlich an die Seitenplanken. Der Fluss wurde immer wilder, und nach einer Weile hörten sie von fern die Schreie der Möwen.

„Oh Toby“, rief Moppel verzweifelt. „Wir treiben hinaus aufs Meer! So tu doch endlich was!“

„Keiner liebt mich!“, winselte Toby vor sich hin. „Wir werden untergehen und auf den Meeresboden sinken, und niemand wird mich vermissen!“

Toby war so jämmerlich zumute, dass er keinen klaren Gedanken mehr

fassen konnte. Oskar aber hatte das Seilende des Segels gefunden und machte sich daran zu schaffen. „Lasst uns versuchen, das Segel zu hissen. Vielleicht treibt uns der Wind zurück ans Ufer!“

„Der Wind wird uns eher hinaus aufs Meer tragen“, jammerte Toby erneut, aber Oskar kümmerte sich nicht um ihn. Er band das Segel los, und sobald der Wind es erfasst und aufgebläht hatte, gewannen sie an Fahrt. Oskar kroch ins Bootsheck und drückte mit aller Kraft gegen das Steuerruder. Und so segelten sie quer über die Bucht ... und landeten sicher an dem flachen Sandstrand auf der anderen Seite.

„Oh Oskar, du bist ein Held!“, jubelte Moppel, als er sicher war, dass das Boot sich nicht mehr bewegte, und umarmte ihn. „Du hast uns gerettet!“

Was für eine Überraschung, als die drei Bären auch die drei Jungen erblickten, die über den Strand auf sie zugelaufen kamen – die hatten inzwischen auf der Suche nach dem Boot und ihren Bären die Küstenwache alarmiert. Und es regnete lauter Küsse und Umarmungen beim großen Wiedersehen!

Toby aber war von diesem Tag an klüger – und auch viel netter!

Max macht alles nach

Der kleine Tiger Max hatte eine schlechte Angewohnheit. Er machte alles und jeden nach! Wenn der Papagei zum Beispiel rief: „Hallo Polly, hallo Polly! Wie geht's? Wie steht's?", wiederholte Max: „Hallo Polly, hallo Polly! Wie geht's? Wie steht's?" Wenn der Papagei dann böse wurde und rief: „Sei still, Max, sei still!", wiederholte Max auch diese Worte. Du kannst dir vorstellen, wie das den Papagei ärgerte!

„Heute mache ich alles nach, was ich sehe", beschloss Max eines Tages. Und damit ging der Ärger richtig los.

Als Erstes sah er eine Fledermaus, die zum Schlafen kopfüber im Baum hing. „Ich will auch so schlafen", sagte Max. – „Kannst du aber nicht", sagte die Fledermaus, „das können nur Fledermäuse." – „Hmm." Max dachte nach, kletterte auf den nächsten Ast, legte die Füße darüber und ließ sich hängen.

„Gute Nacht", sagte er und schloss die Augen. Aber auf einmal landete er mit einem lauten Plumps auf dem Boden.

„Hab ich dir doch gleich gesagt!", sagte die Fledermaus. Max rappelte sich auf, lief weiter und traf einen Storch, der auf einem Bein stand.

„Warum tust du das?", fragte Max.

„Das ist bequem", sagte der Storch.

„Wie lange hältst du das aus?"

„Ewig!", meinte der Storch. „So können aber nur Vögel stehen."

„Hmmm." Max hob ein Bein.

„Und jetzt noch zwei", sagte der Storch. Max hob alle drei Beine – und fiel um.

„Ich hab es dir doch gleich gesagt!", lachte der Storch.

Max rappelte sich auf, lief weiter und begegnete einem braunen Chamäleon, das auf einem grünen Blatt saß.

Chamäleons sind tolle Tiere: Sie können nämlich ihre Farbe wechseln. Das Chamäleon sah Max kommen und wurde so grün wie das Blatt. Max konnte es nicht mehr sehen.

„Wo bist du hingelaufen?“, fragte Max und suchte überall.

„Ich bin noch da“, sagte das Chamäleon. „Guck mal.“ Es sprang auf eine rote Blume und wurde … rot!

„Guck du mal“, sagte Max und legte sich ins Gras. „Jetzt bin ich grün.“

„Nein, bist du nicht“, sagte das Chamäleon. „Nur Chamäleons können die Farbe wechseln.“

„Hmm. Das glaube ich nicht.“ Schon wälzte Max sich eifrig im Schlamm hin und her.

„So, jetzt bin ich braun.“ Dann wälzte er sich in weißen Federn. Die Federn klebten am Schlamm fest. „So, jetzt bin ich weiß.“

„Das hält aber nicht“, sagte das Chamäleon.

Max machte sich auf den Heimweg. Seine Geschwister spielten unten am Fluss und sahen eine weiße Gestalt auf sich zukommen.

„Wuu-huu!“, heulte Max und tat so, als wäre er ein Gespenst.

Vor lauter Angst sprangen die Tigerkinder in den Fluss und schwammen, so schnell sie nur konnten, ans andere Ufer.

„Wuu-huu!“, heulte Max und verfolgte sie. Als er nass wurde, wusch das Wasser natürlich Schlamm und Federn ab. Seine Geschwister erkannten Max und wurden ziemlich wütend.

„Du hast uns erschreckt!“

„Das war doch nur ein Witz!“

Seine Geschwister waren erst bereit, ihm nochmal zu verzeihen, als er hoch und heilig versprach, nicht mehr alles nachzumachen.

„Na gut“, sagte Max, und in diesem Augenblick meinte er es auch so!

Kitty-Küsschen

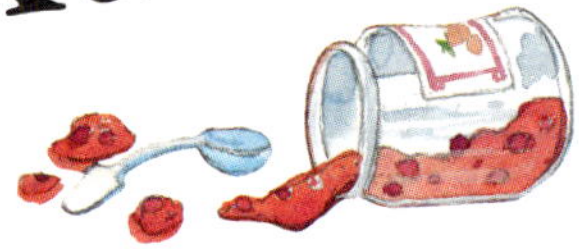

Mutter Katze lag gemütlich in ihrem Körbchen in einer Ecke der Küche und schnurrte zufrieden. Neben ihr lagen, zusammengerollt und fest schlafend, vier wunderschöne Katzenbabys – ein silbergraues namens Willi, ein schwarzes namens Winnie und ein getigertes mit Namen Wonker.

Und dann war da noch Kitty – das süßeste, kuscheligste Kätzchen, das du je gesehen hast!

Willie hatte große blaue Augen – die alles sahen! Als er und Kitty im Garten Hummeln jagten, war er es, der den Sprinkler entdeckte.

„Pass auf, Kitty!“, rief Willie. „Du wirst nass!“

„Plitsch, platsch, flipperdi-flatsch!“, sang Kitty. „Mir doch egal!“ Kitty stöberte mit ihren kleinen rosa Nase zwischen den Blumen umher und quietschte vor Vergnügen, als der Sprinkler sie plötzlich besprühte.

„Kitty!“, prustete Willie und schüttelte sich das Wasser aus den Ohren. „Schau nur, was du gemacht hast!“

Aber Kitty rollte sich vor Lachen auf dem Boden und kicherte: „Oh Willie – was für ein Spaß!“

„Du meine Güte!“, sagte Mutter Katze, als die Kätzchen mit nassen Pfoten in die Küche kamen.

„Willie! Du hättest Kitty nicht so nass werden lassen dürfen! Jetzt muss ich euch beide abtrocknen!“

Kitty kicherte und zuckte, als Mutters raue, rosa Zunge ihr Fell wieder weich und weiß leckte. „Zucker und Honig, das kitzelt nicht wenig!“, sang sie.

Aber Willie war längst nicht so fröhlich. „Auu! Miauuu!“ heulte er, als Mutters Zunge ihn trocken leckte.

Mit Winnie ging Kitty gern auf Entdeckungstour. Winnie hatte die süßeste Katzennase überhaupt und konnte die besten Leckerbissen schon von weitem erschnüffeln! „Hmm! Riecht nach Milch und Marmelade!“, sagte Winnie, und ihre Nase und ihre Barthaare zuckten aufgeregt. Kitty streckte sich und zog ein wenig am Eckzipfel der Tischdecke.

„Vorsicht, Kitty!“, rief Winnie. „Du ziehst alles mit runter!“

„Miau, miau, miauch, die Milch will in mein' Bauch!“, sang Kitty und zog noch ein bisschen an der Decke. Und noch ein bisschen ... Und schon fielen Milchkännchen und Marmeladenglas mit lautem Krach zu Boden!

„Oh Kitty!“, quietschte Winnie. „Was hast du gemacht?“

Überall lagen Marmelade- und Milchpfützen! Und Kitty konnte kaum maunzen vor Lachen. „Oh Winnie!“, kichert sie. „Was für ein Spaß!“

Mutter Katze schlug die Pfoten über dem Kopf zusammen, als sie das Malheur sah. „Meine Güte!“, sagte sie. „Wie konntest du Kitty sich nur so verschmieren lassen, Winnie! Jetzt muss ich euch beide waschen!“

Kitty kicherte, als Mutter Katze sie sauber leckte. „Gribbel-grubbel-grabbel-glas, Lecken kitzelt und macht Spaß!“

Winnie aber war alles andere als fröhlich. „Auu! Miauuu!“, schrie er, als Mutter Katzes Zunge ihm die Marmelade aus dem Fell leckte.

Kitty spielte gern mit Wonker. Denn Wonker führte sich wie ein gefürchteter Tiger auf, der wilde Tiere hetzte oder Mutters Schwanzspitze hinterherjagte. Heute jagten die beiden hinter einer fetten Maus im Gemüsebeet her. „Da drüben ist eine gefährliche Schlammpfütze, Kitty“, flüsterte Wonker. „Pass auf, dass du da nicht hineintrittst!“

„Milli-molli-mütze, wen kümmert schon die Pfütze?“, sang Kitty, als sie durch den dicken, klebrigen Schlamm kroch. Und ihr schönes weißes Fell war bald mit dickem braunem Schlamm überzogen, und sie sah aus, als trüge sie lange braune Stiefel!

Wonker hielt sich die Augen zu. „Ich kann nichts sehen!“ Kitty lachte und lachte – und schüttelte den Schlamm von ihren Pfoten ... und auf den blinden Wonker!

Mutter Katze jaulte, als sie ihre beiden verdreckten Katzenkinder sah. „Wonker! Wie konntest du nur Kitty so dreckig werden lassen!“, rief sie. „Das dauert Stunden, bis ich euch beide wieder sauber habe!“

„Piddel-paddel-puut, oh wie tut das gut!“, sang Kitty.

Dem armen Wonker aber ging es gar nicht gut. „Auu! Miauuu!“, weinte er und jammerte ununterbrochen, während Mutter Katze ihm die getrockneten Erdklumpen abbiss und das Fell sauber leckte.

Mutter Katze sah auf ihre Kinder und schüttelte den Kopf. „Ich versteh das einfach nicht“, sagte sie. „Ihr seid bisher immer so brave Kinder gewesen!“

Willi, Winnie und Wonker waren wütend auf Kitty. Die aber schnurrte behaglich und schlief fest.

„Das waren wir nicht!“, riefen alle drei auf einmal. „Wir haben Kitty gesagt, sie soll vorsichtig sein! Wir wollen nicht andauernd geleckt werden!“, weinten die Katzenbrüder. „Und wir wollen auch nicht nass oder dreckig werden – oder uns das Fell mit klebrigem Zeug verschmieren!“

Mutter Katze blickte in den Katzenkorb. „Kitty?“, flüsterte sie. Kitty öffnete ein grünes Auge und sagte: „Aber Mammi, ich mag es einfach, wenn du meine Nase küsst und mich sauber leckst, wenn ich schmutzig bin!“

„Was bist du nur für ein putziges Kätzchen!“, sagte Mutter Katze und leckte sie zärtlich quer übers Gesicht. „Du kriegst doch Kitty-Küsschen, so oft du willst! Dafür musst du dich nicht erst schmutzig machen!“

„Genau!“, sagte Willie. „Uns wär’s auch lieber, du würdest das nicht mehr machen.“

„Aber wir verzeihen dir – noch einmal!“, schnurrten Winnie und Wonker und waren ihrer kleinen Schwester schon nicht mehr böse.

Kitty versprach, ihre Brüder nie wieder zu bekleckern. Dann rollten sich alle drei dicht an Mutter Katzes Bauch zusammen und schliefen sofort ein!

König Neptuns freier Tag

Die kleine Nixe Trini arbeitete im Palast von König Neptun. In diesem wunderschönen Palast gab es mehrere Springbrunnen und ein Denkmal des Königs in der Mitte des Hofes. Trini arbeitete gerne dort. Aber zwei freche Haie bewachten den Palast.

Heute hatte König Neptun Geburtstag. Er rief Trini zu sich und sagte: „Ich nehme mir heute frei. Bitte richte mir ein Geburtstagsfestessen für heute Abend aus. Bis zu meiner Rückkehr trägst du die Verantwortung." Und schon war er fort!

Die Haie waren entzückt. Sie dachten, sie könnten sich den ganzen Tag vergnügen, weil der König nicht da war.

„Ich trage die Verantwortung, deshalb müsst ihr tun, was ich sage", ermahnte Trini sie streng, aber die Haie kicherten nur und beachteten sie gar nicht weiter.

Trini machte sich an die Arbeit. Sie bat einen Fischschwarm, Krabben und besonders saftigen Seetang zu sammeln, und sie sagte den Krebsen, dass sie glatte, schimmernde Muscheln suchen sollten, die sie als Teller verwenden wollte. Dann schickte sie ihre Nixenfreundinnen nach Korallen aus, um den Tisch festlich zu schmücken.

Die Haie aber hatten nur Unfug im Sinn und brachten alles durcheinander. Als sie die Fische mit einem Netz voller Leckereien kommen sahen, rissen sie ihnen alles aus den Flossen und fraßen es auf.

Als die Krebse mit ihren Muscheltellern zurückkamen, nahmen die Haie die Muscheln und warfen sie einander zu.

„Hört sofort auf!", rief Trini, aber die Haie taten so, als wäre nichts geschehen. Dann bemerkten sie die Nixen und machten sich als Nächstes einen Spaß daraus, sie über den Hof zu jagen.

Trini hatte eine Idee. Sie musste die Haie austricksen. Während sie die Nixen über den Platz jagten, quetschte Trini sich durch einen Spalt in das hohle Denkmal von König Neptun. Die Haie amüsierten sich prächtig, aber die Nixen ließen ihre hübschen Korallen fallen und schwammen rasch davon. Die Haie schüttelten sich vor Lachen.

Dann schwammen sie zum Königsdenkmal und überlegten, was sie noch alles anstellen könnten.

Plötzlich dröhnte eine Stimme wie Donnerhall: „Sofort aufhören! Ich bin es, König Neptun, der Herrscher der Meere und Ozeane." Die Haie bekamen Angst. Dann kommandierte die Stimme laut: „Tut, was Trini sagt, oder ich verbanne euch aus meinem Reich!"

Zu guter Letzt befahl die Stimme aus dem Denkmal den Haien, die Teller aufzuheben, neue Krabben und Seetang zu holen und die Tische für das Festessen zu decken. Während sie damit beschäftigt waren, kroch Trini aus dem hohlen Denkmal hinaus.

So klappte bei Trinis Festessen doch noch alles wunderbar. Alle waren gekommen, sogar die Haie, aber sie mussten draußen vor dem Palast Wache halten, während die Gäste sich drinnen an Leckereien, Tanz und Musik erfreuten. König Neptun genoss den Abend sehr und fragte Trini, ob sie ihn auch weiterhin bei besonderen Aufgaben unterstützen würde.

Trini wurde rot und antwortete: „Mit dem allergrößten Vergnügen, Eure Majestät."

Fips

Ein kleiner Hund mit Namen Fips
Erhielt vom Onkel einen Schlips
Aus gelb und roter Seide.

Die Tante aber hat, o denkt,
Ihm noch ein Glöcklein drangehängt
Zur Aug- und Ohrenweide.

Hei, ward der kleine Hund da stolz.
Das merkt sogar der Kaufmann Scholz
Im Hause gegenüber.

Den grüßte Fips sonst mit dem Schwanz;
Jetzt ging er voller Hoffart ganz
An seiner Tür vorüber.

Christian Morgenstern

Hopp, hopp hopp

Hopp, hopp, hopp –
Pferdchen, lauf Galopp!
Über Stock und über Steine,
Aber brich dir nicht die Beine.
Hopp, hopp, hopp –
Pferdchen, lauf Galopp!

Die Schnicke-Schnacke-Schnecke

Schnicke-Schnacke-Schnecke,
Kriechst dort um die Ecke.
Langsam, langsam kommst du her,
Oh, dein Häuslein, das ist schwer.
Schnicke – Schnacke – Schneck,
Kommst gar nicht vom Fleck.

Langsam

Langsam, langsam,
Nur ganz langsam
kriecht die kleine Schnecke;

Langsam, langsam,
Nur ganz langsam,
Übers Geländer, um die Ecke.

Schnell, schnell,
Rasend schnell
Rennt die kleine Maus;

Schnell, schnell,
Rasend schnell,
Rundherum ums Haus.

Katzen

Katzen können Mäuse fangen,
Haben Krallen, scharf wie Zangen,
Kriechen durch die Bodenlöcher
Und zuweilen auf die Dächer,
Jaulen wie ein Dudelsack –
Nicht nur nachts, nein, auch am Tag!

Eine kleine Schildkröte

Eine kleine Schildkröte
Lebte in einer Schachtel.
Sie schwamm im Teich,
Kroch über die Felsen –

Und schnappte nach der Wachtel.
Sie schnappte nach Fliege
Und nach Fisch.
Sie schnappte auch nach mir.

Sie fing die Wachtel,
Fing Fliege und Fisch.
Doch mich fing sie nicht …
… dafür dank ich dir!

Unser Vöglein

Unser Vöglein schlägt die Flügel,
Schlägt die Flügel, schlägt die Flügel.
Unser Vöglein schlägt die Flügel –
Fliegt bald auf und davon!

So klein wie eine Maus

So klein wie eine Maus,
So breit wie eine Brücke,
So hoch wie ein Haus,
So dünn wie eine Nadel.

Monster-restaurant

Nimm dich in Acht vor Monster-Suppen, denn Monster kochen gern mit Schuppen. Matsch-Makkaroni, Schlangen aus Lakritz hau'n den stärksten Magen um – kein Witz!

Nimm dich in Acht vor Monster-Eintöpfen: Ein kniestiges Knorpel-Gemisch aus pechschwarzer Tunke mit Rübenköpfen, die schmecken schlichtweg mörderisch!

Nimm dich in Acht vor dem Monster-Drink. Das ist Limonade – grün, lila und pink, gemischt mit Erbsen und Mückenknien und, Junge, das stinkt … beinahe zum Fliehen!

Nimm dich in Acht vor Monster-Schleim, Rattenschwänzen und klebrigen Schnecken. Kipp's in den Abfluss insgeheim, sonst wirst du an der Brühe schlicht verrecken.

Nimm dich in Acht vor Süßigkeiten mit Drachenfüßen für Monsterfratzen, gezuckerten Krallen und Schokotatzen – zum Kotzen sind diese Köstlichkeiten.

Nimm dich in Acht vor Monster-Snacks aus Autowracks und Teer am Stück, vor brodelnd braunem Monsterspeck. Gib sie lieber gleich zurück.

Nimm dich in Acht vor der Monster-Rechnung, denn selten hat man so geblecht. Von den Speisen wird dir vielleicht übel, von den Preisen – wetten? – wird dir schlecht!

Sturmgebräu

Zauberer kochen gern. In ihrem großen Zauberkessel mixen sie ihren Zaubertrank. Und sie haben alle notwendigen Dinge bei der Hand, um einen riesigen Zaubereintopf für alle ihre Zaubererfreunde zu brauen!

Nun besteht ein gewaltiger Unterschied zwischen dem, was wir, du oder ich, unter „Eintopf" verstehen und was ein Zauberer darunter versteht. Zum Beispiel: Wir gehen in den Supermarkt um die Ecke und kaufen dort alles, was wir für einen leckeren Eintopf benötigen. Nicht so der Zauberer: Er geht zum nächsten Teich! Der Lieblingseintopf von Zauberern heißt „Sturm" – und wenn du weißt, was da hineinkommt, verstehst du, warum!

Zunächst nimmt der Zauberer eine Handvoll Katzenbarthaare und kocht sie in zwei Litern dreckigem Teichwasser. Dann fügt er die Schwänze von drei jungen Hunden hinzu, eine Schöpfkelle voll Augäpfel und zwei Tassen Froschschleim. Das Ganze wird vorsichtig umgerührt, und zwar siebzehn Minuten lang, bevor ein gigantisches Feuerwerk, ein Korb voll alter Blechdosen sowie ein Beckenpaar und eine Schlagtrommel hineinkommen. Sobald die Fensterscheiben anfangen zu zittern und der Himmel sich verdunkelt, kommt der Sturm auf, der sich mit dem Eintopf zusammenbraut! Und wenn es Katzen und Hunde regnet und die erste eklige Froschdusche herunterkommt, ist der Eintopf fertig – und der Zauberer hat den Sturm zusammengebraut!

Das Wolkenschloss

In einem fernen Land stand auf dem Gipfel eines Berges ein großes graues Granitschloss. Das Schloss wurde fast von den Wolken verborgen, darum wurde es Wolkenschloss genannt. Am Fuße des Berges befand sich ein kleines Dorf. Vom Dorf aus konnte man nur die hohen Mauern und Türme des Schlosses sehen. Niemand im Dorf war je bis dorthin gelangt, weil es so geheimnisvoll aussah und weil man glaubte, es sei verboten.

Im Dorf lebte eine arme Familie mit sieben Kindern. Ein jedes von ihnen zog in die Welt, um sein Glück zu suchen. Zuletzt war nur noch ein Kind übrig, das hieß Raphael. Sein einziger Besitz war eine Katze namens Jenny, die eine ausgezeichnete Mäusefängerin war. Raphael wollte Jenny nicht allein zu Hause lassen, wenn er aufbrach – und er wollte das Wolkenschloss erkunden! Dann aber hatte er eine Idee.

„Ich werde Jennys Dienste im Wolkenschloss anbieten. Sie werden sich über eine gute Mäusefängerin freuen, und vielleicht kann auch ich dort Arbeit finden“, dachte er.

Seine Eltern waren davon überhaupt nicht begeistert, aber sie konnten ihn nicht umstimmen. So machte sich Raphael eines Tages zusammen mit Jenny auf den Weg. Als er der Straße folgte, die sich den Berg hochwand, kam er durch ausgedehnte Tannenwälder, und es wurde immer kälter und nebliger. Plötzlich, nach einer Kurve, standen die beiden vor einer riesigen grauen Steinmauer. Sie folgten der Mauer, bis sie an eine Tür gelangten.

Raphael klopfte an die Tür. „Wer ist dort?“, fragte eine Stimme.

Raphael schaute nach oben. Aus einem offenen Fenster sah ihn ein Gesicht misstrauisch an.

„Ich möchte anfragen, ob Ihr vielleicht meine Katze einstellen wollt. Sie ist eine gute Mäusefängerin“, sagte er.

Das Fenster schlug zu, und im nächsten Moment wurde die Tür von einem alten Mann geöffnet. „Du sagtest Mausefängerin?“, fragte er und zog eine Augenbraue hoch. „Nun gut, doch sie muss ganze Arbeit leisten, sonst wird mein Meister uns alle bestrafen!“

Raphael schickte Jenny los, damit sie sich bewähren konnte. Dann fragte er den Alten, ob es auch für ihn Arbeit gebe.

„Du kannst in der Küche helfen. Aber das ist harte Arbeit!“, sagte der Alte.

Raphael fing sofort an – und er hatte viel zu tun! Den ganzen Tag schälte er Gemüse, säuberte Pfannen und schrubbte den Boden. Gegen Mitternacht war er völlig erschöpft. Er wollte sich gerade auf einem Haufen Stroh niederlassen, als er bemerkte, dass Jenny fort war. Er suchte nach ihr in den dunkelsten Gängen, stieg die Wendeltreppen empor und schaute in jeden Winkel und hinter jede Tür, aber er fand sie nicht.

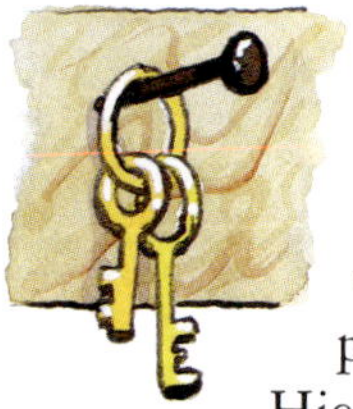

Als er bemerkte, dass er sich in dem großen Schloss hoffnungslos verlaufen hatte und gerade darüber nachdachte, wie er wohl je wieder zurück in die Küche finden sollte, sah er plötzlich Jennys grüne Augen in der Dunkelheit leuchten. „Hier, Jenny!“, rief er leise. Aber sie blieb, wo sie war.

Sie saß vor einer Tür und lauschte. Raphael legte das Ohr an die Tür. Als er jemanden weinen hörte, klopfte er vorsichtig an. „Wer ist dort?“, sagte eine Mädchenstimme.

„Ich bin's, Raphael, der Küchenjunge. Was ist passiert? Darf ich reinkommen?“, fragte er.

„Wenn du nur könntest“, schniefte die Stimme. „Ich bin Prinzessin Rosa. Als mein Vater starb, hat mein Onkel mich eingesperrt. Nun fürchte ich, dass ich nie wieder hier herauskomme!“

Raphael stemmte sich gegen die Tür, aber sie ließ sich nicht öffnen. „Keine Angst“, sagte er, „ich hole dich heraus.“

Raphael hatte erneut eine Idee. Als er mit dem alten Mann sprach, hatte er einen Schlüsselbund gesehen, der hoch über dessen Kopf im Dachgebälk hing. Er hatte sich schon darüber gewundert, dass man die Schlüssel so hoch hängte, dass niemand sie erreichen konnte. Nun wusste er, warum. Es musste ihm gelingen, an die Schlüssel heranzukommen!

Raphael und Jenny gingen zu dem alten Wachmann, der in einem Sessel unter den Schlüsseln schlief. Schnell wie ein Blitz kletterte Jenny auf die Sessellehne, dann auf ein Regal hinter seinem Rücken und hinauf bis zu den Schlüsseln. Sie nahm die Schlüssel zwischen die Zähne und trug sie vorsichtig wieder hinunter. Doch als sie vom Regal sprang, stolperte sie über eine Vase. Sie fiel hinunter und zerbrach.

Der alte Mann wachte auf und brummte: „Wer ist dort?“ Aber er sah nur noch Jennys Schwanz hinter der Tür verschwinden. Raphael und Jenny liefen den Weg zurück zu der verschlossenen Tür, gefolgt von dem alten Wachmann.

„Lauf in die andere Richtung", rief Raphael seiner Katze zu und rannte die Treppenstufen zu Rosas Verlies hoch, während der Alte Jenny verfolgte. Raphael probierte einen Schlüssel nach dem anderen aus – und der letzte passte! Er drehte ihn im Schloss und öffnete die Tür. Dort stand das hübscheste Mädchen, das er je gesehen hatte!

„Schnell! Wir dürfen keine Zeit verlieren!", rief er. Er nahm ihre Hand, und sie liefen hinaus.

„Gib mir die Schlüssel!", sagte sie und führte ihn zu einer Tür im Keller. Sie schloss sie mit einem anderen Schlüssel auf, und die beiden gingen hinein. Drinnen war ein kleiner Schrank mit einer Schatulle voller Schmuck. „Das ist mein Erbe. Mein Onkel hat es mir gestohlen!", sagte Rosa.

Sie nahm die Schatulle, und sie rannten hinaus zu den Ställen und sattelten ein Pferd. Plötzlich sahen sie Jenny, dicht gefolgt von dem Alten. Mit einem großen Satz sprang die Katze hinter Raphael und die Prinzessin auf den Rücken des Pferdes. „Los geht's!", rief Raphael.

Und das war das letzte Mal, das jemand das Wolkenschloss sah. Raphael heiratete die Prinzessin, und sie lebten glücklich und zufrieden bis ans Ende ihrer Tage.

Die gelben Glockenblumen

Die Feen der Hügelhütte hatten viel zu tun. Der Garten stand voller Blumen – und ihre Aufgabe war es, für sie zu sorgen. Man sah sie nie, denn sie arbeiteten nachts und versteckten sich bei Tag. Knospe, eine der jüngsten Feen, war zugleich eine der fleißigsten. Ihre Aufgabe war es, sämtliche Glockenblumen blau zu färben.

Im Garten der Hügelhütte wuchsen viele, viele Glockenblumen. Sie wuchsen unter dem alten Apfelbaum dicht an dicht, wie ein dicker blauer Teppich. Eines Abends war Knospe krank und konnte sich kaum rühren.

„Ich bin schrecklich erkältet“, sagte sie zu ihrer Freundin Blüte und nieste laut. „Ich glaube, ich kann mich heute Nacht nicht um die Glockenblumen kümmern.“

„Ich wünschte, ich könnte dir helfen“, erwiderte Blüte. „Aber ich muss heute Nacht alle Blüten mit Duft besprühen, damit sie morgen gut riechen. Frag doch die Zwerge, ob sie helfen können!“

Aber ach! Niemand bat Tips und Taps, die Gartenzwerge, gern um Hilfe. Sie konnten doch nur angeln oder auf dem Teich surfen und anderen einen Streich spielen! Knospe war bei dem Gedanken nicht geheuer.

„Kein Problem!“, riefen Tips und Taps, als Knospe sie dennoch ansprach, weil sonst niemand da war. „Überlass das einfach uns.“ Doch als Knospe am anderen Morgen aufwachte, hatten die Zwerge einige der blauen Glockenblumen ... GELB! angestrichen.

„Hast du gesehen, was sie gemacht haben?“, sagte sie verzweifelt zu Blüte. „Was wird Julia bloß denken?“ Julia lebte mit ihren Eltern in der Hügelhütte – und sie spielte jeden Tag im Garten. Auch an diesem Morgen kam sie heraus und wollte auf den Apfelbaum klettern. Als sie auf ihrem Lieblingsast saß, blickte sie herab. Irgendetwas war anders.

„Diese Blumen waren doch blau?“, dachte sie. „Mama“, rief sie und lief in die Küche, „ich habe dir ein paar Blumen gepflückt!“

„Gelbe Glockenblumen?“, sagte Mutter. „Ich erinnere mich gar nicht, sie gepflanzt zu haben.“

In der folgenden Nacht war Knospe immer noch krank. „Ihr müsst die gelben Glockenblumen umfärben!“, sagte sie zu den Zwergen. Doch die kicherten nur.

Am nächsten Morgen kam Julia in den Garten gelaufen und kletterte wieder auf den Apfelbaum. Heute waren die Blumen unter ihr – ROSA! Sie pflückte einen Strauß für ihre Mutter, die sie in die Vase mit den gelben Glockenblumen steckte. Als Blüte Knospe davon erzählte, stöhnte Knospe: „Ich hab geahnt, dass so etwas passiert!“

Aber sie war noch immer zu krank, um zu arbeiten. „Mach dir keine Sorgen“, sagte Blüte. „Ich kümmere mich darum.“ Und Blüte sorgte dafür, dass die frechen Zwerge die rosa Glockenblumen wieder umfärbten. Und dabei hielt sie die ganze Nacht Wache! Die Zwerge brummten verärgert.

Am nächsten Morgen waren alle Glockenblumen blau. Und Knospe ging es jetzt schon viel besser. „Ich bin froh, wieder arbeiten zu können!“, sagte sie zu Blüte.

Als Julia und ihre Mutter in den Garten kamen, fanden sie alles so vor, wie es sein sollte. Die Glockenblumen waren allesamt blau.

„Das müssen die Feen gewesen sein!“, scherzte Julias Mutter.

„Vielleicht waren es ja wirklich Feen“, dachte Julia an diesem Abend, als sie einschlief.

Die Geburtstags-party

Lina kam gerade die Treppe herunter, als die Post durch den Briefschlitz und auf die Fußmatte fiel. Ein Umschlag trug das Bild eines Hasen und Linas Namen in großen Buchstaben. Sie nahm ihn auf und lief in die Küche. „Mama, sieh mal!“, rief sie. „Ein Brief – für mich! Von wem der wohl ist?“

„Na, dann lass uns mal nachsehen“, antwortete Mutter.

In dem Umschlag steckte eine Einladung zu Lauras Party, Linas Freundin. „Super – eine Party!“, rief Lina. „Ich kann's kaum erwarten.“ Und mit Mutters Hilfe schrieb sie „Ja!“ auf die Karte für die Rückantwort. Doch dann machte sich Lina Sorgen. „Was schenke ich Laura nur zum Geburtstag?“

Mutter hatte eine Idee. „Morgen gehen wir in die Stadt und suchen etwas ganz Besonderes!“ Und so gingen Mutter und Lina am nächsten Tag in den Spielwarenladen. „Was mag Laura am liebsten?“, fragte Mutter.

„Hasen“, antwortete Lina. „Die liebt sie!“

„Komm mal mit“, lächelte die Mutter. „Ich hab da was gesehen.“

Mutter ging mit Lina in eine Ecke des Spielwarenladens, in der lauter Kuscheltiere saßen. Und dort saß auch ein süßer kleiner Hase, mit blauen

Hosen und einer winzigen Karotte in der Hand. „Meinst du, Laura wird ihn mögen?“, fragte Mutter.

„Und wie!“, sagte Lina. Und so kauften sie den Hasen und buntes Geschenkpapier.

Zu Hause packte Lina den Hasen in das bunte Geschenkpapier. Dann malte sie eine Karte mit einem Hasen vorne drauf und schrieb ihren Namen mit rotem Buntstift auf die Innenseite. „Mama?“, fragte Lina. „Was werden wir auf der Party machen?“

„Ihr werdet viele Spiele spielen“, antwortete die Mutter.

„Ich kann's kaum erwarten!“, sagte Lina.

Endlich war Lauras Geburtstag. Lina zog ihr hübsches Partykleid an. Mutter gab ihr Lauras Geschenk und die Karte mit auf den Weg. „Mama? – Was, wenn ich das Essen nicht mag?“, fragte Lina.

„Keine Sorge“, lachte Mutter. „Auf Partys gibt es immer viele leckere Sachen – versprochen!“

„Ich kann's kaum erwarten!“, rief Lina und lief hinaus.

Laura öffnete Lina selbst die Tür. Hinter ihr standen bereits viele Kinder, aber Lina sah niemand, den sie kannte.

„Hallo Lina“, sagte Laura und umarmte ihre Freundin. Lina gab Laura das Geschenk. Und während Laura auspackte, breitete sich ein Lächeln über ihr Gesicht aus. „Oh Lina!“, rief sie. „Der ist ja süß!“

Alle wollten den kleinen Hasen im Arm halten. Lina fühlte sich schon wohler. Auch war sie ein bisschen stolz auf ihr Geschenk, dass bei allen ankam.

„Zeit zum Spielen!“, rief Lauras Mutter. Lina blieb unsicher an der Tür stehen und sah zunächst zu.

„Ich kenne das Spiel nicht“, flüsterte sie.

„Mach mir einfach alles nach“, sagte Laura und nahm ihre Freundin bei der Hand. Und es dauerte nicht lange, da lachte Lina – denn Partyspiele machten viel Spaß!

Dann kündigte Lauras Mutter auch schon die Geburtstagstafel an. Lina konnte es kaum erwarten, zu sehen, was es zu essen gab, denn sie hatte mächtig Hunger!

„Oh!“, staunte Lina, als sie all ihre Lieblingsspeisen auf dem Buffet sah – Würstchen, Pizza, Kuchen ... und Erdbeerpudding! Und es gab Luftballons und Pappteller und -becher, und überall waren lustige Hasen drauf!

Lina saß neben Laura und staunte. „Warte, bis du meinen Geburtstagskuchen siehst!“, lachte die Freundin. Und dann kam Lauras Mutter mit ihm herein: Der Kuchen hatte die Form eines Hasen und war mit fünf brennenden Kerzen bespickt! Laura blies alle Kerzen aus, und alle Kinder sangen so laut sie konnten: „Zum Geburtstag viel Glück!“

Lauras Gäste ließen es sich schmecken. Und nachdem jedes Kind ein Stück Hasentorte gegessen und dazu Saft getrunken hatte, spielten sie „Überraschungspaket“.

Lina mochte das Spiel sehr. Es war aufregend, darauf zu warten, dass die Musik aussetzte, und zuzusehen, wie jemand anfing, das Paket aus dem Papier auszupacken – bis die Musik wieder einsetzte und das Paket weitergereicht wurde. „Ich kann's kaum erwarten, bis ich dran bin!", dachte Lina und verfolgte gespannt das Spiel. Und dann setzte die Musik aus, als sie das Paket in den Händen hielt. Lina platzte beinahe vor Aufregung. Sie riss das letzte Stück Papier auf – und drinnen war ein Puzzle!

Doch schon bald kamen Mütter und Väter, um ihre Kinder abzuholen. „Danke für den niedlichen Hasen!", sagte Laura.

„Danke für die super Party!", sagte Lina. Zum Abschied gab Laura jedem Kind einen Luftballon und einen Anstecker – mit einem Hasen drauf!

Auf dem Heimweg fragte Mutter, ob es Lina gefallen habe. „Und wie!", sagte Lina. „Die Spiele, Lauras Freunde, das Essen ... alles war super! – Mama?", fragte Lina. „Wann hab ich endlich Geburtstag?"

„In vier Wochen", sagte Mutter. „Warum?"

„Kann ich auch eine Party haben?", fragte Lina. „Ich habe viele Freunde, die ich einladen will. Und ich weiß genau, welche Spiele wir spielen. Und ich wünsche mir einen Riesen-Dinosaurier-Kuchen!"

„Ich kann's kaum erwarten!", lachte Linas Mutter.

Die Nixe im Pool

Leon und Lara verbrachten ihre Ferien am Meer. Ihre Eltern hatten ein wunderbares Haus mit einem großen Swimmingpool gemietet. Das Tollste war aber ihr Schlafzimmer, von dem aus man direkt auf den Strand sehen konnte. In der ersten Nacht stürmte es, und der Wind heulte. Die Wellen überfluteten den Strand und leckten an der Hauswand. Die Kinder lagen wach in ihren Betten und lauschten dem Sturm.

Am nächsten Morgen war es wieder ruhig. Die Kinder standen früh auf und sahen aus dem Fenster. Die Gartenmöbel waren umgefallen, der Rasen lag voller Seetang, und im Pool schwamm eine Meerjungfrau!

Ja, wirklich! Eine Meerjungfrau im Swimmingpool! Sie schwamm auf und ab. Als Leon und Lara aus dem Haus auf sie zustürmten, floh sie in eine Ecke des Pools. Sie hatte Angst.

„Es tut mir Leid, dass ich in eurem Pool geschwommen bin“, sagte sie. „Ich habe es nicht böse gemeint.“

„Das macht doch nichts“, sagte Lara freundlich. „Wir wollten dich nicht erschrecken.“

„Bestimmt nicht“, sagte auch Leon. „Wir wollten dich nur kennen lernen. Wir haben nämlich noch nie eine Meerjungfrau getroffen.“

„Ich heiße Marina“, sagte die Meerjungfrau. „Als es anfing zu stürmen, habe ich gerade mit meinem Freund, dem Delfin Uli, im Meer gespielt. Eine große Welle hat mich über den Strand getragen, und jetzt bin ich hier. Aber wo ist Uli?“

„Wir helfen dir, Uli zu suchen“, sagte Lara sofort. „Vielleicht sehen wir ihn von unserem Zimmer aus.“

Kaum waren ihre Eltern weggegangen, schoben Leon und Lara Marina in einer Schubkarre ins Haus.

„Ich hatte immer nur den Himmel über mir", überlegte Marina. „Das Haus fällt mir doch nicht auf den Kopf, oder?"

„Auf keinen Fall", versicherte ihr Leon lächelnd.

Die beiden Kinder zeigten Marina viele Dinge, die sie noch nie im Leben gesehen hatte. Die kleinen Leute im Fernseher fand sie sehr seltsam, Laras Teddy mochte sie auf Anhieb, aber Betten hielt sie für die albernste Erfindung, die sie je gesehen hatte. Doch so lange sie auch aus dem Fenster schauten, der Delfin Uli war nirgends zu sehen.

„Ich muss gleich nach Hause", sagte Marina traurig. „Ich kann nicht so lange an Land bleiben und muss unbedingt Uli finden. Im Sturm habe ich auch noch mein Muschelhorn verloren, sonst könnte ich ihn ja rufen."

„Wir bringen dich noch ans Meer", sagte Leon.

„Und helfen dir, das Horn zu suchen", sagte Lara.

Sie hoben Marina wieder in die Schubkarre und schoben sie zum Strand hinunter. Den Rest des Tages verbrachten sie mit der Suche nach ihrem Muschelhorn. Sie wollten schon aufgeben, als Lara plötzlich eine große Muschel aus dem Sand ragen sah. Leon nahm einen Stock und buddelte es aus. „Mein Horn!", rief Marina. Sie wuschen den Sand ab, und Marina blies hinein. Ein wunderschöner Klang breitete sich über den Wellen aus, und sofort ertönte eine Antwort. Auf hoher See entdeckten sie etwas Blaugraues. Es sprang weit aus dem Wasser und schwamm auf sie zu. Das war Uli!

Marina juchzte vor Freude und schwamm ihm entgegen. Sie warf ihm die Arme um den Hals und drückte ihn. Dann wandte sie sich wieder den Kindern zu.

„Vielen Dank für eure Hilfe!", rief sie.

„Bis zum nächsten Jahr!", riefen Leon und Lara. Dann sahen sie zu, wie Marina und Uli elegant ins Meer hinausschwammen.

Allein in einem Boot

Allein in einem Boot, Boot, Boot,
Kam ich auf See in Not, Not, Not.
Sah mich beinah schon tot, tot, tot,
Da aß ich schnell mein Brot, Brot, Brot.
Gestärkt nun rief ich: „Zapperlot! –
Ich bin doch kein Idiot!“

Die Eule und die Katze

Die Eule und die Katze
Fuhren hinaus aufs Meer.
Die Katze schlug ängstlich mit der Tatze,
Das Boot wankte hin und her.
Da nahm die Eule die Gitarr
Und sang ein Lied mit dem Wind:
„O du meine Katz, welch ein schönes Paar
Wir zwei in dieser Nacht sind,
Welch ein glückliches Paar –
Welch schönes Paar wir sind!“
Die Katz sprach zur Eul: „Du bist ein Galan!
Und, ach, so schön kannst du singen!
Lass uns ein Paar sein von nun an.
Doch wie kommen wir zu zwei Ringen?“
So fuhr’n sie übers Meer, und nach Jahr und Tag
Erblickten sie von weitem einen Strand.
Ein kleines Schweinchen, so rosig wie nie,
Mit Ringen in der Nase dort stand.
„Ach, schenk uns, liebes Schweinchen, deine Ringelein
Zur Hochzeit!“ Das Schweinchen grunzt: „Gern!“
Und so luden sie bald zu ihrem Feste ein.
Und alle Tiere kamen, von nah und fern.

Kleiner Matrose

Hey, mein Admiral, draußen auf dem Meer,
Der Abschied von dir fiel mir so schwer.
Komm zurück, bring mir das Glück –
Und verlass mich nimmermehr!

Wenn alle Meere …

Wenn alle Meere ein Meer wärn,
Was für ein Riesenmeer wär das!
Und wenn alle Bäume ein Baum wärn,
Was für ein Riesenbaum wär das!
Und wenn alle Äxte eine Axt wärn,
Was für eine Riesenaxt wär das!
Und wenn alle Männer ein Mann wärn,
Was für ein Riesenkerl wär das!
Und wenn der Riesenkerl die Riesenaxt nähm
Und fällte damit den Riesenbaum,
Und der fiel direkt in das Riesenmeer …
Einen Riesenplatsch gäb das in meinem Traum!

Ein Schiff in den Wellen

Ein Schiff in den Wellen auf hoher See,
Mit vollen Segeln im Wind.
Schwer beladen ist es, doch, oh je!,
Mit den schönsten Dingen für das liebste Kind!
Die Kajüte ist voll mit süßem Konfekt,
Silberne Segel blähen sich im Tanz.
Rote Äpfel rollen übers Deck,
Von den Masten strahlt goldener Glanz.
Darunter stehn zwanzig Matrosen,
So gespannt, dass sich keiner bewegt.
Vor ihnen zwanzig Mäuse,
Ihre Hälse sind in Ketten gelegt.
Der Käpt'n jedoch, eine Ente,
Trägt auf dem Rücken einen Sack.
Und als das Schiff in Bewegung sich setzt,
Ruft er laut „Ahoi!“ und „Quack! Quack!“

Tanz für Papa

Tanz für Papa,
Tanz für Mama,
Tanz für Papa,
Meine kleine Maus.
Sollst haben einen Fisch
Heut Abend auf dem Tisch,
Sollst haben einen Fisch,
Wenn 's Boot kommt nach Haus.

Fietje fährt zur See

Fietje, der kleine Hafenkater, liebte Fisch über alles. Jedes Stückchen, das die Fischer wegwarfen, fraß er auf. Manchmal, wenn niemand hinguckte, stibitzte er sogar einen ganzen Fisch, der eigentlich auf dem Markt verkauft werden sollte.

„Bekommst du denn nie genug davon?“, fragte ihn seine Freundin, die Möwe. Fietje schüttelte nur den Kopf und knabberte weiter an einer leckeren Sardine. Er war einfach unersättlich!

Eines Tages hatte Fietje einen großartigen Einfall. „Es gibt nur einen Ort, an dem ich lieber wäre als im Hafen“, vertraute er der Möwe an, „nämlich auf einem Boot. Als Bootskater könnte ich so viel Fisch fressen, wie es mir gefällt.“

Also schlich er sich am nächsten Morgen, als gerade keiner der Fischer Acht gab, an Bord der Salzigen Sardine, dem größten Fischkutter im Hafen. Die Fischer waren so beschäftigt, dass ihnen nicht auffiel, wer sich da unter einer alten Regenjacke versteckt hatte.

Die See war ruhig, das Boot lief aus, und Fietje träumte selig von all dem Fisch, den er schon bald zu fressen bekommen würde.

Als die Fischer ihre Netze einholten, wollte Fietje seinen Augen nicht trauen. Er war im Katzenhimmel! Noch nie im Leben hatte er so viele Fische auf einmal gesehen. Es gab Makrelen, Kabeljau, Heringe. Und es gab Fietjes Lieblingsfisch: Sardinen!

Der Fang war so groß, dass niemand bemerkte, wie ein paar der Fische unter der alten Regenjacke verschwanden. Auch merkte niemand, wie die Gräten an der anderen Seite wieder herausflogen.

Fietje fraß, bis er nicht mehr konnte. Dann rollte er sich zusammen, um ein Nickerchen zu machen. Doch kaum war er eingeschlafen, da passierte etwas Merkwürdiges.

Die Salzige Sardine fing an zu quietschen und zu ächzen. Dann schlingerte sie mächtig. Wasser sprühte über Deck, als das Boot sich mit den Wellen hob und senkte. Auf und ab, auf und ab schaukelte das Schiff auf der rauen See.

In Fietjes Kopf drehte sich alles, und sein Magen spielte verrückt und tat weh. Ojeh, wie sehr er sich jetzt wünschte, nicht so viel Fisch gefressen zu haben. Und wie sehr er sich wünschte, an Land geblieben zu sein.

„Ich werde ertrinken", jammerte Fietje, als eine besonders hohe Welle über seine Regenjacke spülte und ihn beinahe von Deck riss.

Bis auf die Haut durchnässt spähte Fietje aus seinem Versteck hervor, um zu sehen, was die Fischer taten.

Er war verwirrt. Statt umherzulaufen und zu schreien, verrichteten sie seelenruhig ihre Arbeit. Einer von ihnen, den Fietje für den Kapitän hielt, pfiff sogar ein Liedchen. Und ein anderer aß ein Wurstbrötchen.

Für die Fischer war das anscheinend ein ganz normaler Arbeitstag und normaler Wellengang.

Als die Salzige Sardine endlich wieder im Hafen anlegte, konnte Fietje gar nicht schnell genug von Bord springen.

„Wie geht es einem denn so als Bootskater?", fragte die Möwe später am Abend spöttisch.

„Och, weißt du", erwiderte Fietje, nachdem er ein Stück Sardine hinuntergeschluckt hatte, „Boote sind nicht schlecht, aber der Hafen ist mir lieber. Außerdem: Was soll ich kleiner Kater schon mit diesen Unmengen von Fisch anfangen?"

Großmutter zaubert

Sonja mochte ihre Großmutter sehr. Jeden Tag, wenn sie von der Schule nach Hause kam, saß Großmutter in ihrem Schaukelstuhl am Kamin und strickte. Sie strickte so schnell, dass es manchmal aussah, als würden die Nadeln Funken schlagen.

„Wusstest du schon", sagte Großmutter dann, „dass ich eine Hexe bin?"

Wenn Großmutter das sagte, lachte Sonja, weil sie überhaupt nicht aussah wie eine Hexe. Zwar begleitete sie unsere Katze beinahe auf Schritt und Tritt; aber Großmutter hatte ein freundliches Gesicht, gütige Augen und trug auch keine schwarzen Kleider. Aber manchmal war Sonja doch misstrauisch, und wenn Großmutter es nicht sah, schaute Sonja in ihren Kleiderschrank, um nachzusehen, ob sie dort einen Zauberstaub aufbewahrte oder einen Hexenhut. Aber sie fand noch nicht einmal ein Zauberbuch.

„Ich glaube nicht, dass du eine Hexe bist", sagte Sonja.

„Bin ich doch", sagte die Großmutter, „und eines Tages werde ich zaubern. Das wirst du daran erkennen, dass meine Nadeln von alleine stricken." Seitdem sah Sonja die Nadeln stets ehrfürchtig an, aber wenn Großmutter sie nicht in Händen hielt und damit strickte, lagen sie immer ganz ruhig in ihrem Strickkörbchen.

Eines Tages spielte Sonja im Garten, als sie jemanden weinen hörte. Das Weinen kam aus der Richtung eines alten Baumes. Als sie sich dem

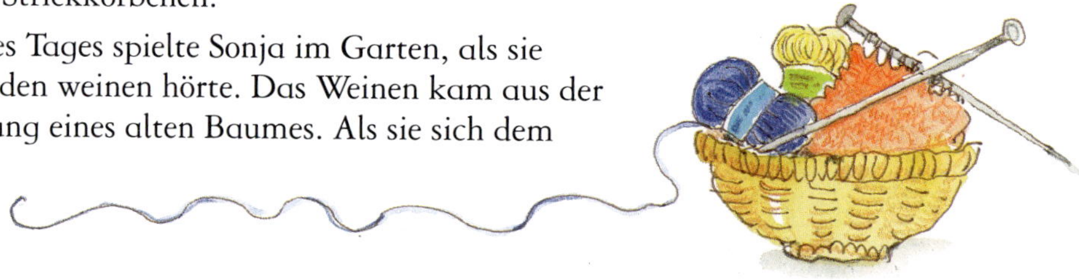

Baum näherte, wurde das Weinen lauter, aber sie konnte nicht ausmachen, wo es herkam. Da sah sie am Baumstamm herab und erblickte zwischen den starken Wurzelsträngen einen kleinen Mann auf einem Stein. Er war niedlich angezogen, mit einer gelben Samtweste und Knickerbockern. An den Füßen trug er schöne glänzende Schuhe, und auf seinem Kopf saß ein Hut mit drei Ecken und einer Feder. Als der kleine Mann Sonja sah, hörte er auf zu weinen und betupfte seine Augen mit einem feinen weißen Taschentuch.

„Warum weinst du?", fragte Sonja und hockte sich neben ihn, um ihm in die Augen sehen zu können.

„Oje, oje", seufzte der kleine Mann. „Ich bin der Schneider der Feenprinzessin, und sie hat mich gebeten, ihr ein schönes Kleid für den Maiball zu schneidern, der heute stattfindet. Aber eine böse Elfe hat mich übers Ohr gehauen und meinen schönen Stoff in hässliche Fledermausflügel verwandelt. Jetzt werde ich das Kleid nicht mehr rechtzeitig schneidern können, und sie wird sehr böse sein." Er begann wieder zu weinen.

„Weine nicht", sagte Sonja. „Ich kann dir helfen. Meine Großmutter hat einen Korb voller Stoffreste. Ich schaue mal nach, ob ich darin etwas Schönes finden kann. Sie wird schon nichts vermissen, denn du wirst nicht viel Stoff brauchen." Da sah der kleine Mann hoffnungsvoll zu ihr auf.

„Warte hier", sagte Sonja. „Ich gehe hinein und komme gleich wieder." Sie lief über den Gartenweg durch die Hintertür ins Haus. „Großmutter!", rief sie. Sie erwartete, die Großmutter in ihrem Stuhl hin und her schaukelnd und stricken zu sehen. Doch stattdessen hatte sie die Augen geschlossen und sprach mit sich selbst. Der Schaukelstuhl stand ganz still, das Strickzeug lag auf dem Schoß – und die Nadeln bewegten sich von alleine und tanzten auf und ab!

Einen Moment lang war Sonja furchtbar erschrocken. Dann dachte sie: „Ich hoffe nur, dass Großmutter nichts Böses zaubert. Doch nun kümmere ich mich besser um den kleinen Mann."

Sie lief zurück in den Garten. Der Schneider saß unter dem Baum, umgeben von einer Menge prächtiger Stoffe, die in der Sonne glänzten.

„Ich habe noch nie so schöne Stoffe gesehen", rief er und kam aus dem Staunen nicht heraus. „Aber wo kommen sie her? Ich habe doch nur die Augen für einen Augenblick geschlossen, und als ich sie wieder öffnete, lagen sie da vor mir!"

„Seltsam", sagte Sonja, „wenn ich mich nicht täusche, dann hat Großmutter hier ihre Finger im Spiel."

„Was für wunderbare Stoffe ...!", sagte der Schneider. „Ich weiß nicht, wie ich ihr jemals danken soll. Jetzt kann ich das schönste Kleid im ganzen Feenland schneidern. Die Prinzessin wird heute Nacht im prächtigsten Gewand aller Zeiten tanzen."

Er hielt inne und fuhr dann fort. „Ich stehe auch dir gegenüber in tiefer Schuld, denn du hast mir zuerst geholfen. Ich würde mich freuen, wenn du zum Maiball kommst."

„Vielen Dank für die Einladung", sagte Sonja, aber wunderte sich ein wenig. Sie wollte den kleinen Schneider ja nicht verletzen, aber war sie nicht viel zu groß für einen Feenball?

„Ich muss mich beeilen mit dem Kleid", sagte der kleine Mann und langte hastig nach seiner Schere. „Bis heute Abend." Und er verschwand.

Sonja ging zurück ins Haus. Großmutter saß wie immer am Kamin. Sonja glaubte, sie habe nur geträumt, denn alles war hier wie gewohnt. Wie konnte sie sich nur einbilden, sie habe einen Feenschneider im Garten gesehen! Und die Großmutter könne zaubern!

Am Abend lag Sonja lange wach und dachte darüber nach, ob die Feen wirklich einen Ball feierten. Wie gern wäre sie dabei! Plötzlich glaubte sie ein Klopfen am Fenster zu hören. War das etwa der Feenschneider dort draußen, oder bildete sie sich das nur ein?

Mitten in der Nacht erwachte Sonja von einem leisen Geräusch am Fußende ihres Bettes. „Großmutter, bist du das?", fragte sie, halb im Schlaf.

„Ja, mein Schatz", sagte die Großmutter. „Ich konnte nicht schlafen, und da habe ich gestrickt. Aber plötzlich fingen die Nadeln von allein an zu stricken. Da wusste ich, dass es Zeit für den versprochenen Zauber ist. Also: Was wünschst du dir, Sonja?"

„Ich, hm ...", stammelte Sonja und traute sich kaum, ihren geheimen Wunsch auszusprechen. „Ich möchte schrecklich gern zum Maiball", sagte sie dann.

„Das sollst du auch, mein Schatz", antwortete Großmutter und sagte noch etwas; das aber konnte Sonja nicht mehr verstehen, denn ein ganz leises Rauschen schien alle anderen Geräusche plötzlich zu verschlucken.

Sonja spürte, wie sie augenblicklich schrumpfte, und als sie an sich heruntersah, trug sie ein wunderschönes Kleid und glänzende Sandalen. Dann flog sie mit seidenen Flügeln durch das Fenster und zum Fest.

Am nächsten Morgen erwachte Sonja in ihrem Bett. War alles nur ein Traum gewesen? Der Ball, die Froschkapelle, der Tanz mit dem Feenprinzen? Da bemerkte sie etwas Glitzerndes unter ihrem Kissen. Und was meinst du, was das war? Ein kleines Stück feinster Seide!

Drei Rosen im Garten

Drei Rosen im Garten,
Drei Tannen im Wald.
Im Sommer ist's lustig,
Im Winter ist's kalt.

Ich traf 'nen Mann

Als ich die Treppe hinaufgegangen war,
Sah ich 'nen Mann, der war gar nicht da.
Auch heute war er wieder nicht da,
Als ich ihn oben an der Treppe sah.

Spinne was

Spinne was –
Zeig mir das,
Sitz mit der Spindel am Feuerlein.
Nimm die Tass',
Trink aus das Nass,
Dann ruf ich alle Nachbarn herein.

Wiegenlied

Suse, bruse, wie weht der Wind,
Wiegt unser Kindchen,
Dann wächst es geschwind.

Guter Mond

Guter Mond, du gehst so stille,
In den Abendwolken hin.
Bist so ruhig und ich fühle,
Dass ich ohne Ruhe bin.

Der Abend

Die Lüfte hauchen kühl und mild
Vom dunklen Buchenwald:
Es zittert auf dem See sein Bild,
Mit Abendrot durchstrahlt.

Mäh, Lämmchen, mäh!

Mäh, Lämmchen, mäh!
Das Lämmchen lief im Schnee.
Es stieß sich an ein Steinchen,
Da tat ihm weh sein Beinchen,
Da sagt das Lämmchen: Mäh!

Der Affe und das Einhorn

Ein feister Affe
Sah in träger Ruh
Von einem Erker
Eines Eichhorns Sprüngen
Auf einer nahen Eiche zu.
„Wie müsst' es dir“,
So hub er staunend an,
„Bei dieser deiner Kunst gelingen,
Zum höchsten Glück
Dich schnell emporzuschwingen!“

FRIEDRICH ADOLF KRUMMACHER

Schlaf, Kindlein, schlaf

Schlaf, Kindlein, schlaf,
Dein Vater hüt' die Schaf.
Dein' Mutter schüttelt's Bäumelein,
Fällt herab ein Träumelein.
Schlaf, Kindlein, schlaf.

Der goldene Schlüssel

Ein goldenes Schloss bin ich.
Ich bin ein goldener Schlüssel.
Ein silbernes Schloss bin ich.
Ich bin ein silberner Schlüssel.
Ein kupfernes Schloss bin ich.
Ich bin ein kupferner Schlüssel.
Ein bleiernes Schloss bin ich.
Ich bin ein bleierner
Schlüssel.

Teddys Tränen

„Buuuh-huuuuuu! Wie komme ich nur nach Hause?“

Marlis, die kleine Fee, flog gerade über einen Müllberg, als sie unmissverständliche Laute von der anderen Seite eines großen Hügels mit lauter stinkendem Abfall hörte.

„Du liebe Güte. Das klingt nach tausend Teddytränen“, sagte sie sich. „Mal sehen, ob ich helfen kann.“

Sie hielt sich die Nase zu und flog hinab – und tatsächlich: Inmitten von faulen Kartoffel- und braunen Bananenschalen saß ein alter, trauriger Teddybär. Marlis hockte sich neben ihn, nahm seine Pfote und ließ sich erzählen, was passiert war.

„Mathilde, meine Besitzerin, sollte ihr Zimmer aufräumen. Sie ist unglaublich unordentlich, aber auch sehr süß und nett“, seufzte Teddy. „Sie warf die alte Decke in den Mülleimer – und mit ihr aus Versehen auch mich, denn sie hatte nicht bemerkt, dass ich mich für ein Nickerchen dort hineingewickelt hatte. Dann kamen Männer, schütteten mich auf einen großen stinkenden Lastwagen und brachten mich hierher. Aber ich will nach Hause!“ Und sogleich begann Teddy wieder, herzerweichend zu weinen.

„Aber, aber“, sagte Marlis. „Ich werde dir schon helfen, nach Hause zu kommen. Aber dazu brauche ich zwei dicke Teddytränen.“ Sie schraubte ein kleines Glas auf und fing darin zwei salzige Tränen von Teddys Wangen auf.

„Wozu brauchst du die denn?“, fragte Teddy verwundert.

„Für eine kleine Zauberei!“, sagte Marlis. „Warte hier! Ich verspreche dir, dass ich wiederkomme.“ Dann schwang sie ihren Zauberstab einmal hin und her – und verschwand.

Teddy zog die alte blaue Decke über die Schultern und versuchte, nicht zu weinen. So blieb er die ganze Nacht hindurch sitzen. Dabei war ihm kalt, und er fühlte sich einsam. Wie gern wäre er wieder in seinem warmen und freundlichen Zuhause!

Derweil war Marlis sehr beschäftigt. Sie flog hin und her durch die Nachbarschaft, bis sie aus einem offenen Fenster ein ganz leises Schluchzen vernahm. Sie sauste hinab auf das Fenstersims und schaute hinein. Da lag ein kleines Mädchen weinend in seinem Bett, und die Mutter saß daneben.

„Ich will meinen Teddy wiederhaben!“, weinte das Mädchen.

„Wenn du nicht so unordentlich wärst, Mathilde, dann würdest du deine Sachen nicht ständig verlieren“, sagte die Mutter leise.

„Aber ich habe doch heute aufgeräumt!", jammerte Mathilde und schluchzte.

„Versuch jetzt zu schlafen", sagte die Mutter und küsste Mathilde. „Morgen suchen wir deinen Teddy – versprochen!"

Marlis sah, wie die arme Mathilde weiter in ihr Kissen weinte, bis sie endlich eingeschlafen war. Da kam sie ins Zimmer geflogen, nahm ihr kleines Schraubglas hervor und rieb ganz sacht Teddys Tränen auf Mathildes schlafende Augen.

Kleine Sterne blitzten auf, der Zauber wirkte sofort, und Mathilde begann zu träumen. Sie sah einen alten Autoreifen, zerrissene Zeitungen, Blechdosen und Orangenschalen, eine alte blaue Decke ... Warte mal, das war doch ihre alte Decke! Und da hineingewickelt … Saß da nicht ihr Teddy, dem dicke Tränen die weichen Teddywangen hinunterkullerten?

Am nächsten Morgen wachte Mathilde auf und erinnerte sich sofort an ihren Traum. Sie lief geschwind die Treppe hinunter in die Küche, wo ihre Mutter mit dem Frühstück beschäftigt war.

„Mama, ich weiß, wo er ist! Wir müssen zum Müllberg und Teddy retten!", rief Mathilde und erzählte, was sie im Schlaf gesehen hatte.

Die Mutter versuchte, Mathilde zu erklären, dass sie nur einen Traum gehabt habe, aber davon wollte Mathilde nichts hören – und so fuhren sie zum Müllberg.

Als sie dort ankamen, war ein großer Bagger gerade dabei, den Müll in eine Zerkleinerungsmaschine zu schaufeln. Und in der Schaufel

saß Teddy, der sich verzweifelt am Rand der Kippe festklammerte!

Und da erschien plötzlich Marlis in der Luft über ihm.

„Keine Angst, Teddy, wir retten dich!“, rief sie. Dann schwang sie ihren Zauberstab, und über Teddy erschien ein glitzernder Sternenschweif. Mathilde sah hinauf und entdeckte den Teddy sofort.

„Da!“, rief sie laut und zeigte aufgeregt auf ihn. „Mama, tu etwas! Er wird sonst zerquetscht!“

Die Mutter lief zum Führerhaus des Baggers und winkte mit den Armen, bis der Fahrer sie bemerkte und gerade noch rechtzeitig den Motor abstellte.

Bald darauf hielt Mathilde wieder ihren Teddy im Arm – und wieder gab es Tränen. Nur waren es diesmal Freudentränen! Und von nun an war Mathilde das ordentlichste Mädchen, das man sich vorstellen kann.

Ganz genauso – Ehrenwort!

Racker liebte Wasser. Er liebte das Tropfen und Triefen, das Plantschen und Platschen.

Racker war so versessen darauf, dass er immer, wenn es irgendwo Wasser gab, … einen Weg fand, hineinzufallen!

Aber Mama liebte Racker, und deshalb seufzte sie jedes Mal nur – und wischte die ganze Bescherung auf. Racker liebte Matsch.

Er fand es toll, hineinzustapfen, darin herumzupatschen, darin herumzurutschen und zu schlittern.

Racker war so begeistert davon, dass er immer, wenn es irgendwo Matsch gab, einen Weg fand, sich von oben bis unten vollzumatschen.

Aber Papa liebte Racker, und deshalb seufzte er jedes Mal nur – und schrubbte den ganzen Dreck ab.

Racker liebte Farbe. Er liebte es, zu spritzen und zu klecksen, zu schmieren und zu pinseln. Racker hatte einen solchen

Spaß dran, dass er immer, wenn es irgendwo Farbe gab, einen Weg fand, sich über und über vollzuklecksen. Aber Rackers Bruder liebte ihn sehr, deshalb seufzte er jedes Mal nur – und wusch den Kleinen wieder ab.

Racker fand gern heraus, wie die Dinge funktionierten. Er liebte es, zu probieren und zu experimentieren, zu rütteln und zu schütteln, etwas aufzuschrauben und auseinander zu bauen.

Racker war nicht zu stoppen, und immer wenn er da war, funktionierte nichts sonderlich lange.

Doch Oma liebte ihren kleinen Enkel Racker, und deshalb seufzte sie jedes Mal nur – und räumte den ganzen Schrott und alle Einzelteile stillschweigend weg.

Racker liebte seine Mama, seinen Papa, seinen Bruder und seine Oma. Und ihr könnt es glauben: Mama, Papa, Bruder und Oma liebten Racker ganz genauso – Ehrenwort!

Liebe Miezekatze

Liebe kleine Miezekatze,
Ach, dein Fell ist so warm.
Ich will dir gar nicht wehtun,
Drum kratz mich nicht am Arm.
Ich ziehe nicht an deinem Schwanz
Und scheuche dich nicht fort.
Komm, Miezekatze, schenk mir ’nen Tanz
Und zeig mir deinen geheimen Ort.

Der Vogel singt

Der Vogel singt, die Katze schnurrt:
Guten Morgen, Guten Morgen!
Die Taube auf dem Dache gurrt:
Guten Morgen, Guten Morgen.
Die Kuh macht muh, die Katze miau:
Guten Morgen, Guten Morgen.
Der Hund im Hof macht laut wau-wau.
Guten Morgen, Guten Morgen!

Kleiner roter Kater

Kleiner roter Kater, wo warst du so lang?
Bei der Königin in London auf einem Empfang.
Kleiner roter Kater, trafst du auch ihren Sohn?
Nein, nur ein ängstlich Mäuslein unter dem Thron.

Katze im Teich

Welch ein schlimmer Streich,
Die Katze jault im Teich!
Wer warf sie hinein?
Der kleine Tom Gemein.
Wer zog sie heraus?

Der kleine Benni Kraus.
Was war das für ein schlechter Spaß?
Dic arme Katze ist ganz nass!
Sie fing doch nur mal eine Maus
In diesem oder jenem Haus.

Schlafe, mein Prinzchen

Schlafen, mein Prinzchen! Es ruhn
Schäfchen und Vögelchen nun.
Garten und Wiese verstummt,
Auch nicht ein Bienchen mehr summt.

Luna mit silbernem Schein
Gucket zum Fenster herein.
Schlafe beim silbernen Schein,
Schlafe, mein Prinzchen, schlaf ein!

FRIEDRICH WILHELM GOTTER

Das Lied vom Monde

Wer hat die schönsten Schäfchen?
Die hat der goldne Mond,
Der hinter unsern Bäumen
Am Himmel droben wohnt.
Er kommt am späten Abend,
Wann alles schlafen will,
Hervor aus seinem Hause
Zum Himmel leis und still.

A. H. HOFFMANN VON FALLERSLEBEN

Bäh-bäh, schwarzes Schaf

Bäh-bäh, schwarzes Schaf,
Schenk mir deine Woll.
Gut, mein Herr, gut, mein Herr –
Drei Säcke werden voll:
Der erste für den Herrn,
Der zweite für die Dame,
Der dritte für den kleinen Bub.
Wie war doch gleich sein Name?

Schlummerlied

Schlaf Kindlein, schlaf!
Es war einmal ein Schaf.
Das Schaf, das ward geschoren,
Da hat das Schaf gefroren.
Da zog ein guter Mann
Ihm seinen Mantel an.

CHRISTIAN MORGENSTERN

Dornröschen

Vor vielen Jahren lebten ein König und eine Königin, die hatten nur einen Wunsch.

„Ach, wenn wir doch ein Kind hätten!“, seufzten sie oftmals gemeinsam.

Da trug es sich zu, als die Königin einmal im Bade saß, dass ein Frosch aus dem Wasser ans Land kroch und zu ihr sprach: „Dein Wunsch soll erfüllt werden! Noch ehe ein Jahr vergeht, wirst du eine Tochter zur Welt bringen.“

Was der Frosch gesagt hatte, das geschah, und die Königin gebar ein Mädchen, das war so schön, dass der König vor Freude ein großes Fest vorbereiten ließ. Er lud nicht nur Verwandte, Freunde und Bekannte, sondern auch die Feen seines Reiches dazu ein, damit sie dem Kind hold und gewogen wären. Dreizehn Feen lebten in seinem Reich. Weil er aber nur zwölf goldene Teller besaß, von denen sie essen sollten, wurde eine von ihnen nicht eingeladen.

Das Fest wurde in aller Pracht und in ausgelassener Stimmung gefeiert, und als es zu Ende war, beschenkten die Feen das Kind mit allen ihren Wundergaben: die eine mit Tugend, die andere mit Schönheit, die dritte mit Reichtum, die vierte mit Klugheit ... und so weiter – mit allem, was es auf der Welt zu wünschen gibt. Doch als elf Feen eben ihre Wünsche getan hatten, trat plötzlich die dreizehnte in den Saal.

Sie wollte sich dafür rächen, dass sie nicht eingeladen worden war, und ohne jemanden anzusehen, trat sie an die Wiege des Kindes, schwang ihren Zauberstab und rief mit lauter Stimme:

„Die Königstochter soll sich an ihrem fünfzehnten Geburtstag an einer Spindel stechen und tot umfallen!" Und ohne ein weiteres Wort verließ sie den Saal.

Alle waren erschrocken. Da trat die zwölfte Fee hervor, die ihren Wunsch noch übrig hatte. Weil sie den bösen Spruch zwar nicht aufheben, aber abmildern konnte, sagte sie:

„Es soll kein Tod sein – sondern ein hundertjähriger tiefer Schlaf, in den die Königstochter fällt."

Der König, der sein Kind vor diesem Unglück bewahren wollte, ließ alle Spindeln im Königreich verbrennen. An der Tochter aber erfüllten sich sämtliche Gaben der Feen – denn sie war so schön, so freundlich und verständig, dass jeder, der sie ansah, sie lieb haben musste.

Es geschah, dass der König und die Königin an dem fünfzehnten Gebrutstag ihrer Tochter fort mussten. Das Mädchen blieb allein im Schloss zurück. Neugierig ging es überall herum und besah sich alle Stuben und sämtliche Kammern. Zuletzt kam es auch in den alten Turm. Dort stieg sie die Wendeltreppe hinauf und gelangte zu einer kleinen Tür. Hinter der Tür lag ein kleines Stübchen, darin saß eine alte Frau an einer Spindel und spann mit flinken Fingern Flachs.

„Guten Tag, altes Mütterchen“, sagte die Königstochter. „Was ist das für ein Ding, das da so lustig herumspringt?“

Und neugierig trat sie an das Spinnrad heran und wollte auch spinnen. Kaum hatte sie aber die Spindel berührt, da erfüllte sich der Zauberspruch der Fee – und die Königstocher stach sich in den Finger.

Sie fiel sofort in einen tiefen Schlaf. Und dieser Schlaf verbreitete sich über das ganze Schloss:

Der König und die Königin, die gerade nach Haus gekommen waren, fingen an einzuschlafen – und der gesamte Hofstaat mit ihnen. Auch die Pferde im Stall schliefen, die Hunde im Hof, die Tauben auf dem Dach – und die Fliegen an der Wand. Ja, das Feuer auf dem Herd wurde still und schlief ein. Und der Koch, der den Küchenjungen an den Haaren ziehen wollte, weil der einen Teller zerbrochen hatte, ließ ihn los und schlief.

Rings um das Schloss aber wuchs einen Dornenhecke, die jedes Jahr höher wurde und bald das ganze Schloss umzog und so hoch darüber hinaus wuchs, dass nichts mehr von ihm zu sehen war – selbst nicht die Fahne auf dem Dach. Im Land aber verbreitete sich die Sage von dem schönen schlafenden Dornröschen –

denn so wurde die Königstochter genannt. Daher kamen von Zeit zu Zeit junge Königssöhne und versuchten, durch die Hecke in das Schloss einzudringen. Das gelang ihnen aber nicht, denn die Dornen hielten – als wären es Hände – fest zusammen, und die Jünglinge blieben darin hängen und starben jämmerlich.

Nach langen, langen Jahren kam wieder einmal ein Königssohn ins Land und hörte von Dornröschen, die nun schon seit hundert Jahren hinter der Dornenhecke schlief und mit ihr der König und der ganze Hofstaat. Auch von den zahlreichen Jünglingen, die in der Hecken hängen geblieben und gestorben waren, erfuhr er. Doch der Jüngling sprach:

„Ich fürchte mich nicht, will hingehen und das schöne Dornröschen sehen."

Nun waren gerade die hundert Jahre aus dem Spruch der zwölften Fee vergangen – und der Tag nahte, an dem Dornröschen wieder erwachen sollte. Als der Königssohn sich der Dornenhecke näherte, stand sie in voller Blüte, und die Zweige bogen sich von selbst auseinander und ließen ihn unbeschadet hindurch.

Im Schlosshof sah er die Pferde und Jagdhunde liegen und schlafen. Auf dem Dach hockten die Tauben und hatten das Köpfchen unter die Fittiche gesteckt. Und als er den Palast betrat, schlief der Wachposten vor dem Eingang. Es schliefen die Fliegen an den Wänden, und die Magd saß schlafend vor dem Huhn, das gerupft werden sollte. Da ging er weiter und sah im Saal den gesamten Hofstaat liegen und schlafen, und zuletzt sah er, dass auf dem Thron der König und die Königin saßen und schliefen.

Endlich gelangte der Jüngling zu dem Turm und öffnete die Tür zu der kleinen Stube, in der Dornröschen schlief. Sie war so schön, dass er seine Augen nicht abwenden konnte und ihr einen Kuss gab. Da schlug Dornröschen die Augen auf, erwachte – und blickte ihn freundlich an. Dann stiegen sie zusammen die Wendeltreppe herab. Und der König und die Königin erwachten und der gesamte Hofstaat – und alle sahen einander mit großen Augen an.

Die Pferde im Hof erhoben und schüttelten sich. Die Jagdhunde sprangen auf und bellten. Die Tauben auf dem Dach schlugen mit ihren Flügeln und flogen ins Feld. Die Fliegen an der Wand krochen weiter, die Magd schneuzte sich und rupfte das Huhn fertig ... Und der Koch gab dem Küchenjungen eine Ohrfeige, dass er schrie.

Dann wurde die Hochzeit des Königssohns mit Dornröschen in aller Pracht gefeiert – und sie lebten vergnügt bis ans Ende ihrer Tage!

NACH DEN BRÜDERN GRIMM

Die Nixen-kirmes

Jakob war ein hervorragender Schwimmer, und er tauchte für sein Leben gern. Obwohl er auch Muscheln und Schwämme suchte, tauchte er am liebsten nach Perlen. Perlen sind die Edelsteine der Meere, und er sammelte sie alle. Eines Tages entdeckte Jakob beim Tauchen eine Inschrift auf einem Felsen. Staunend schwamm er heran und las: HEUTE NIXENKIRMES! Natürlich hatte Jakob schon von Nixen gehört, aber er hatte noch nie eine gesehen! Er holte noch einmal tief Luft, tauchte in Richtung Kirmes und versteckte sich hinter einem Felsen. Von dort aus beobachtete er das Geschehen und staunte nicht schlecht:

Viele, viele Nixen amüsierten sich auf der Kirmes. Einige ritten auf Delfinen, andere schwammen um die Wette oder scharten sich um die Stände. Und an einem dieser Stände konnte man eine Perle gewinnen, wenn man es schaffte, einen Reifen darüber zu werfen. Wenn man an einem anderen Stand einen Hebel umlegte und drei Muscheln untereinander erschienen, kamen hundert weiße Perlen aus einem Loch im Boden! Zwei Nixen entdeckten Jakob und schwammen neugierig auf ihn zu.

„Du bist aber ein komischer Fisch!“, neckte ihn die blonde Nixe.

„Ich glaube, das ist kein Fisch, sondern ein Junge!“, lachte die dunkelhaarige Nixe.

„Hallo“, sagte Jakob. Offenbar konnte er unter Wasser sprechen und atmen! „Darf ich auch auf die Kirmes? Ich würde gern ein paar Perlen gewinnen!“

„Ach, was willst du denn mit den ollen Perlen?“, fragte die eine. „Das hier ist doch viel besser!“

Sie öffnete die Faust und zeigte Jakob einen Kamm. Einen rosa Plastikkamm mit einer Blume. Die Nixe hatte ihn in einem Felsenteich gefunden. Ihrer Meinung nach gab es nichts Schöneres und Wertvolleres. Jakob versprach ihr einen Haufen solcher Kämme in allen möglichen Farben zu besorgen, wenn sie ihm nur verriet, wie er eine Perle gewinnen konnte.

„Ist doch kinderleicht“, sagte sie. „Du musst nur das Delfinrennen gewinnen!“ Also nahm Jakob am Delfinrennen teil. Es war aber nicht so einfach, wie er gedacht hatte. Er musste feststellen, dass Delfine rutschig und schwer zu reiten waren und dass man unter Wasser unmöglich durch einen Reifen springen konnte.

Außer, man war eine Nixe!

Bald konnteJakob nicht mehr lange bleiben, dabei hatte er noch keinen einzigen Preis gewonnen. Am allerletzten Stand entdeckte er die größte Perle, die er je gesehen hatte. Sie war riesig – fast so groß wie eine Kokosnuss! Die Nixen zeigten Jakob, was er tun sollte. Er musste die Perle mit einem Schwamm umwerfen. Jakob konnte sein Glück nicht fassen – denn wenn er etwas konnte, dann mit Schwämmen werfen!

Die Nixen scharten sich um ihn, während er zweimal daneben traf. Sie lachten, aber beim dritten Mal holte er die Perle vom Sockel.

„Du hast gewonnen!“, riefen die Nixen aufgeregt. „Die Perle gehört dir!“

Jakob schwamm fröhlich zu seinem Boot zurück. Am nächsten Tag kam er mit einer bis zum Rand gefüllten Schachtel wieder. Als die Nixen die hübschen Plastikkämme sahen, tanzten sie auf den Wellen und küssten ihn auf beide Wangen. Danach traf Jakob die Nixen immer beim Tauchen, und stets hatte er einen besonders schönen Kamm für sie dabei.

Die Ferien der Frau Maus

Frau Maus war aufgeregt. Das Jahr war anstrengend gewesen. Zuerst musste ihr kleines Haus einem Rundum-Frühjahrsputz unterzogen – und anschließend ein Vorrat von Nüssen und Beeren für den Winter angelegt werden. Und jetzt, wo die Sonne heiß auf die Bäume und Blumen ihres Zuhauses schien, wollte sie sich einen wohlverdienten Urlaub genehmigen. Aber Urlaubsvorbereitungen machten mindestens so viel Arbeit wie der Rest des Jahres. Es gab noch so viel zu tun!

Zuerst holte sie ihren kleinen Koffer hervor, öffnete ihn und legte ihn aufs Bett. Dann lief sie zum Schrank und holte ihre hübschen Urlaubskleider heraus. Sie trug sie zurück zum Koffer, faltete sie ordentlich und legte sie hinein. Dann wählte sie die Schuhe aus: Ein Paar Sandalen zum Laufen, ein Paar feine Schuhe zum Einkaufen. Noch ein feines und zierliches Paar Ausgehschuhe – und ein weiteres Paar, für alle Fälle!

„Ich brauche auch Sonnenhüte“, dachte sie. Also wanderten zwei davon ebenfalls in den Koffer. Dazu kam noch ein Mantel – mit Kapuze, falls es regnete –, ein Paar Handschuhe und ein Schal, für kühle Tage. Für die sonnigen Tage steckte sie noch eine Sonnenbrille, Sonnencreme und einen Sonnenschutz ein.

Aber – oh je! – jetzt war bereits so viel im Koffer, dass er sich nicht mehr schließen lassen wollte! Frau Maus setzte sich auf ihn, sie sprang auf ihn ... doch das verflixte dumme Ding ließ sich einfach nicht schließen!

Also räumte sie alles, was sie hineingelegt hatte, wieder heraus, lief zum Schrank und holte den größten Koffer, den sie besaß, hervor. Diesmal passte alles wunderbar hinein, und sie schloss den Koffer mit einem Seufzer der Erleichterung.

Jetzt war sie für die Reise ans Meer bereit! Und schon bald saß sie im Zug, der Koffer lag über ihr im Gepäcknetz, und sie aß ein Haselnusssandwich und blickte neugierig aus dem Fenster, ob sie schon das Meer sehen konnte. Endlich – als der Zug aus einer Kurve herausfuhr – da war es! Ein weites blaues Meer, das sich auf der Oberfläche kräuselte und in der Sonne glitzerte – und lauter weiße Möwen, die über den Klippen kreisten.

„Jetzt freue ich mich auf einen schönen ruhigen Nachmittag", sagte Frau Maus und konnte es kaum erwarten, dass der Zug endlich anhielt.

Das Gästehaus war sehr gemütlich und so nah an der Küste, dass sie die klare, salzige Luft riechen konnte, als sie das Fenster öffnete. „So kann das Leben auch sein", dachte sie. „Angenehm und ruhig."

Als sie ihre Kleider eingeräumt hatte, zog sie ihren Badeanzug an, setzte ihren Sonnenhut auf und packte ihre Badetasche. Jetzt war es Zeit für ein geruhsames Sonnenbad!

Am Strand fand sie eine ruhige Stelle, schloss ihre Augen und schlief schon bald ein. Aber nicht für lange! Eine Familie von Wühlmäusen traf am Strand ein – und sie suchten alles andere als Ruhe dort. Die Kinder der Familie johlten mit kreischenden Stimmen, spritzten sich gegenseitig mit Wasser nass und spielten so wild mit ihrem Strandball, das er wieder und wieder auf Frau Maus' sauberes Handtuch rollte.

Als sie dachte, dass es kaum noch lauter werden könnte, erschien eine Bande Frettchen. Also – wenn du jemals am Strand in der Nähe von einer Bande Frettchen gesessen hast, dann weißt du, was das bedeutet! Ihr lautes Schreien und Singen ließ Frau Maus' Kopf beinahe zerspringen!

Sie hielt es keinen Augenblick länger aus. Sie überlegte, wo sich vielleicht doch noch ein ruhiges Plätzchen finden ließe, als sie draußen im Meer einen Felsen erblickte.

„Dort, auf diesem Felsen", dachte sie, „finde ich bestimmt meine Ruhe." Also packte sie all ihre Sachen zusammen und schwamm hinüber zu dem Felsen. Er war ein wenig wackelig – aber auf jeden Fall war es ruhig hier! Sie krabbelte hinauf, breitete ihr Handtuch auf einem flachen Hubbel aus, und schon bald war sie wieder eingeschlafen.

Da fing der Felsen an, sich langsam hinaus aufs Meer zu bewegen! Denn es war in Wirklichkeit gar kein Felsen, sondern eine Schildkröte, die an der Wasseroberfläche eingeschlafen war! Und nun schwamm sie hinaus, dem Sonnenuntergang entgegen – mit Frau Maus auf ihrem Rücken, die eingeschlafen war und nichts von ihrer weiteren Reise bemerkte.

Endlich erreichte die Schildkröte eine einsame Insel und blieb vor ihr im Wasser liegen, um sich auszuruhen. Da erwachte Frau Maus, sah den leeren Strand – und ohne zu wissen, dass sie auf einer schwimmenden Schildkröte geschlafen hatte, sprang sie ins Wasser und schwamm an den Strand, von dem sie dachte, es sei der, den sie gerade verlassen hatte.

Doch die Schildkröte schwamm davon ... Und es dauerte nicht lang, da merkte Frau Maus, was geschehen war. Im ersten Augenblick packte sie Panik. Aber dann besah sie sich den idyllischen, von Palmen beschatteten Strand, den sie ganz für sich allein hatte, und dachte an den lauten bevölkerten anderen.

„Nun ja – vielleicht ist dies gar kein schlechter Ort, einen wirklich ruhigen Urlaub zu verbringen“, dachte sie. Und genau das tat sie dann auch.

Tag für Tag verbrachte sie faulenzend an dem einsamen Strand, ohne dass irgendjemand ihre Ruhe störte. Sie ernährte sich von Kokosnüssen und Früchten, welche die Insel reichlich bot, und es fehlte ihr nichts. Sie baute sich sogar ein Bett aus Palmblättern!

Eines Tages aber sehnte sie sich nach ihrem kleinen Haus im Wald und fand, es sei an der Zeit, zurückzufahren. Da nahm sie eine Kokusnusshälfte und knabberte den leckeren Inhalt aus. „Daraus baue ich mir ein Boot“, dachte sie.

Gesagt getan: Sie steckte ein Palmblatt senkrecht in den Boden der Nuss. Und nachdem sie das Boot zum Ufer getragen hatte, ergriff der Wind das Palmblatt und blähte es wie ein Segel auf. Und Frau Maus trieb in ihrem Nussboot auf dem Meer genau auf das Gästehaus zu, wo sie ihren Koffer abholen wollte.

„Das war wirklich der ruhigste Urlaub, den ich je hatte“, dachte sie auf dem Weg dorthin. „Vielleicht komme ich nächstes Jahr wieder!“

Wie eine Ente im Teich

Die Ente schwamm mit stolzgeschwellter Brust über den Teich – gefolgt von eine langen Reihe flauschiger Entchen. Der kleine Ernst blickte ihnen aus sicherer Entfernung im warmen Entennest nach. Er wünschte, er wäre mutig genug, um mit ihnen zu schwimmen – aber er hatte solche Angst vor dem Wasser! Stattdessen hatte er sich schlafend gestellt, und so zogen die anderen ohne ihn los.

Als sie am Abend wiederkamen, erzählten sie dem kleinen Ernst lauter Geschichten von den gefährlichen Tieren, die sie am anderen Ufer getroffen hatten. „Da gibt es ein riesiges Tier mit heißem Atem, genannt Pferd“, sagte Ella. – „Und ein dickes stinkendes Tier, das Schwein heißt“, erzählte Erwin.

„Aber der Gefährlichste von allen“, sagte Emma, „ist der große graue Vogel mit Namen Reiher. Das Schwein sagt, der frisst kleine Enten zum Frühstück!“ Da quakten alle kleinen Entchen vor Erschrecken laut auf. Am nächsten Morgen scheuchte Mutter Ente ihre Kleinen schon früh zur Morgenparade aus dem Nest.

Der kleine Ernst hielt seine Augen fest geschlossen, bis alle davongeschwommen waren. Plötzlich sah er über sich den grauen Vogel kreisen!

„Hilfe! Wartet auf mich!", piepste er und sprang ins Wasser.

Da drehten sich die Entchen um und lachten. „Reiher wird dich nicht fressen, Ernstchen. Das war nur ein Trick, um dich zum Schwimmen zu bringen. Und du machst das wahrhaftig wie eine Ente im Teich!"

Weißt du, wie viel Sternlein stehen?

Weißt du, wie viel Sternlein stehen
An dem blauen Himmelszelt?
Weißt du, wie viel Wolken gehen
Weithin über alle Welt?

Gott, der Herr, hat sie gezählet,
Dass ihm auch nicht eines fehlet
An der ganzen großen Zahl.

Weißt du, wie viel Kinder frühe
Stehn aus ihrem Bettlein auf,
Dass sie ohne Sorg und Mühe
Fröhlich sind im Tageslauf?
Gott im Himmel hat an allen
Seine Lust, sein Wohlgefallen,
Kennt auch dich und hat dich lieb.

Wenn die Sonne untergeht

Wenn die Sonne untergeht,
Der Mond noch nicht am Himmel steht,
Zeigst du schon dein kleines Licht.
Blinke, blinke, verlösch nur nicht!

Dem Wanderer in dunkler Nacht
Zeigst du den Weg – und folgt er mit
Bedacht,
Führst du ihn durch helles Blinken
Nach Haus. Er soll dir dankend winken.

Mit deinem zarten, hellen Schein
Sollst du das Licht meiner Träume sein.
Bist von uns so weit und fern ...
Blinke, blinke, kleiner Stern!

Heidschi bumbeidschi

Aber heidschi bumbeidschi, schlaf lange,
Es ist ja die Mutter aus 'gangen.
Sie ist ja aus'gangen und kommt nimmer heim
Und lässt ihr klein Mädele ganz allein.
Aber heidschi bumscheidschi bum-bum,
Aber heidschi bumbeidschi – bum-bum.

Wer hat die schönsten Schäfchen?

Wer hat die schönsten Schäfchen?
Die hat der goldne Mond,
Der hinter unsern Bäumen
Am Himmel droben wohnt.

Dort weidet er die Schäfchen
Auf seiner blauen Flur,
Denn all die weißen Sterne
Sind seine Schäfchen nur.

Und soll ich dir eins bringen,
So darfst du niemals schrein,
Musst freundlich wie die Schäfchen
Und wie ihr Schäfer sein.

A. H. Hoffmann von Fallersleben

Die Blümelein, die schlafen

Die Blümelein, die schlafen
Schon längst im Mondenschein.
Sie nicken mit dem Köpfchen
Auf ihren Stängelein.
Es rüttelt sich der Blütenbaum,
Er säuselt wie im Traum.
Schlafe, schlafe, schlaf du, mein Kindelein!

Sandmännchen kommt geschlichen
Und guckt durchs Fensterlein,
Ob irgendwo ein Liebchen
Nicht mag im Bette sein.

Und wo er nur ein Kindchen fand,
Streut er ins Aug' ihm Sand.
Schlafe, schlafe, schlaf du, mein
Kindelein!

Der Frosch auf Brautschau

Der Frosch auf der Suche nach einer Braut
Hat sich allein nicht recht getraut.
Meister Ratte kam und sprach: „Nur Mut!"
Nimm mich doch mit – und deinen feschen Hut."
„Wohl an, lass uns suchen das Fräulein Maus!",
Rief der Frosch, und so zogen sie hinaus.
Sie erreichten das Haus der Mäusebraut.
Der Frosch klopfte, hüstelte, quakte laut:
„Fräulein Maus, Herr Ratt' ist hier – doch gefallen tun Sie mir!"

Die Kuh, die über den Mond sprang

Hopp! Hopp! Hopp! Harry, der Hase, hoppelte in weiten und hohen Hüpfern über die Wiese.

„Ich springe sooo hoch in die Luft, schaut alle her!“, rief er den anderen Tieren auf dem Bauernhof zu. Und bei jedem Sprung hüpfte sein weißes Schwänzchen mit in die Höhe.

„Toll!“, sagte Susi, das Schaf. Sie war schon immer leicht zu beeindrucken.

„In der Tat nicht schlecht“, sagte Schelm, der Schäferhund. „Aber nicht ganz so gut wie ich: Schaut her, ich springe mit einem Satz über das Gartentor.“ Und damit machte er einen Satz über das Tor und war auch schon hinaus auf die Weide gesprungen.

„Fantastisch!“, rief Susi voller Bewunderung.

„Ja, fantastisch“, wiederholte Pjotr, das Pferd, und schüttelte spöttisch seine Mähne. „Aber nicht so fantastisch wie das, was ich euch zeigen werde. Ich springe sogar über die Hecke – schaut her!“ Und im nächsten Augenblick nahm er einen weiten Bogen im Galopp, schwang sich in die Luft – und segelte mit angezogenen Beinen über die Hecke hinweg.

„Unglaublich!“, staunte Susi, das Schaf.

„Ja, unglaublich“, murmelte Karla, die Kuh, und kaute dabei in aller Seelenruhe an ihrem Grasbüschel weiter. „Aber längst nicht so unglaublich wie das, was ich kann. Denn ich springe sogar über den Mond!“

„Na, na – ich fürchte, das können wir wirklich nicht glauben, Karla“, sagte Pjotr, das Pferd, und schüttelte seine Mähne vor so viel Dreistigkeit. Glaubte Karla denn, sie könnte ihn für dumm verkaufen? „Niemand kann über den Mond springen. Da erzählst du uns ein Märchen.“

„Ich kann's aber“, erwiderte Karla störrisch. „Ich kann es auch beweisen! Ihr könnt mir ja dabei zusehen, wenn ihr wollt!“

Und natürlich wollten das alle sehen!

„Dann kommt heute Nacht hierher auf die Weide“, muhte Karla gelassen. „Aber erst bei Vollmond!“

In dieser Nacht, als die Sterne hell leuchteten und der volle Mond hoch am Himmel stand, traf sich eine bunt gemischte Tierschar auf der Weide, die gespannt darauf wartete, dass Karla erschien.

Denn auch die anderen Tiere auf dem Bauernhof hatten von Karlas Mondsprung gehört – und das wollten sie nicht verpassen!

„Nun komm schon“, sagte Schelm, der Schäferhund, nachdem die Tiere bereits eine Weile ungeduldig gewartet hatten. „Willst du uns nun deinen Sprung über den Mond zeigen – oder lieber doch nicht?“

Und alle Tiere lachten, denn sie hielten, was Karla gesagt hatte, für pure Angeberei und glaubten nicht, sie würde tatsächlich über den Mond springen können.

„Nur Geduld, ich zeig's euch schon“, sagte Karla und schaute in den

Nachthimmel. „Aber zuerst müsst ihr mit mir kommen – dies ist nicht der richtige Ort.“ Und mit Karla voran zogen die Tiere quer über die Weide zum anderen Ende – dort, wo der rauschende Bach die Weide von dem angrenzenden Wäldchen trennte.

„Jetzt alle mal einen Schritt zurücktreten bitte! Gebt mir ein wenig Platz zum Anlauf“, sagte Karla. Alle Tiere gehorchten kichernd und starrten erwartungsvoll auf die Kuh: Was würde sie als Nächstes tun?

Karla stolzierte zurück bis zur Mitte der Weide, drehte um und rannte nun in hoher Geschwindigkeit auf die Tiere und den Bach zu. Die Tiere drückten sich erschrocken aneinander und ließen zwischen ihnen einen Korridor frei. In den kam Karla nun hereingerannt … und im allerletzten Moment sprang sie in die Luft, schwebte für einen Augenblick über dem rauschenden Bach ... und landete sicher auf der anderen Seite.

„Geschafft!“, rief Karla. „Na, krieg ich denn keinen Applaus?“ Die Tiere schauten einander verwundert an.

„Du bist ja nur über den Bach gesprungen!“, sagte Pjotr enttäuscht.

„Dann komm näher und schau genau hin“, rief Karla von der anderen Seite. Die Tiere kamen vorsichtig näher zum Rand des Baches und starrten hinein.

Und da, im Wasser – schimmerte glänzend das Spiegelbild des runden vollen Mondes.

„Seht ihr?“, sagte Karla. „Ich bin direkt über diesen Mond gesprungen!“ Und um es ihnen zu beweisen, sprang sie gleich noch einmal darüber, zurück auf die Seite zu den anderen Tieren.

„Ein Super-Trick!“, sagte Schelm, der Schäferhund anerkennend.

„Erstaunlich!“, staunte Susi, das Schaf. „Kann mir das nochmal jemand erklären ...?“

In stiller Nacht

Der schöne Mond will untergahn,
Für Leid nicht mehr mag scheinen,
Die Sterne lan ihr Gützen stan,*
Mit mir sie wollen weinen.
Kein Vogelsang, kein Freudenklang
Man höret in den Lüften,
Die wilden Tier trauern auch mit mir
In Steinen und in Klüften.

FRIEDRICH VON SPEE

(*die Sterne lassen ihren Glanz sehen)

Die drei Hexen

Ich ging einmal nach Butzlabé
Da kam ich an ein' großen See,
Da kam ich an ein Mühlenhaus,
Da schauten drei Hexen
Zum Fenster heraus.
Die erste sprach:
„Komm, iss mit mir!"
Die zweite sprach:
„Komm, trink mit mir!"
Die dritte nahm den Mühlenstein
Und warf ihn mir ans linke Bein.
Da schrie ich laut:
„Oh weh! Oh weh!"
Ich geh nicht mehr nach Butzlabé.

Aus einem ausgetretenen Schuh

Aus einem ausgetretenen Schuh
Kam selten die alte Matrone heraus.
Sie machte gar kein großes Getu
Um die vielen Kinder in ihrem Haus.
Sie gab ihnen selten zu essen,
Und sorgte sich nicht um sie.
Beinahe hätt sie alle vergessen …
Doch zuvor ist das Gedicht schon aus.

Die Henne und das Ei

Großmutter:
„Wer ist wohl die Henne und wer das Ei?"
Kind:
„Großmutter, ich denke, das sind wir zwei!"

Ballade in U-Dur

Es lebte Herr Kunz von Karfunkel
Mit seiner verrunzelten Kunkel
Auf seinem Schlosse Punkpunkel
In Stille und Sturm.
Seine Lebensgeschichte war dunkel,
Es murmelte manch Gemunkel
Um seinen Turm.

DETLEV VON LILIENCRON

Lirum larum Löffelstiel

Lirum larum Löffelstiel,
Alte Weiber essen viel,
Junge müssen fasten,
Brot liegt im Kasten,
Messer liegt daneben –
Ei, was ein lustig Leben!

Bi-Ba-Butzemann

Es geht ein Bi-Ba-Butzemann
In unserm Kreis herum, didel dumm,
Es geht ein Bi-Ba-Butzemann
In unserm Kreis herum.
Er rüttelt sich, er schüttelt sich,
Er wirft sein Säckchen hinter
sich.
Es geht ein Bi-Ba-Butzemann
In unserm Kreis herum.

Frau Gans

Nun wackelt einst von ungefähr
Frau Gans mit ihrem Mann daher,
Und vor den lieben Eltern wandern
Die Kinderchen, eins nach dem andern.

ROBERT REINICK

Nicht weit her

Ein Himmel ohne Sonn,
Ein Garten ohne Brunn,
ein Baum ohne Frucht,
Ein Mägdlein ohne Zucht,
Ein Süpplein ohne Brocken,
Ein Turm ohne Glocken,
Ein Soldat ohne Gewehr –
Sind alle nicht weit her.

Großmutter Hansen

Großmutter Hansen
Ging zum Schrank
Und suchte dem Hund einen Knochen.
Doch als sie hineinsah,
War keiner da –
Der Schrank war leer seit Wochen.
Sie lief zum Angler,
Bat um einen Fisch.
Als sie nach Haus kam,
Saß der Hund auf dem Tisch.

Mollys Pulli

Molly, das Schaf, und Quiek, das Schwein, wollten den anderen beibringen, wie man strickt. Molly war sehr geschickt im Stricken. Nur brauchte sie ihren Freund Quiek für die Vorbereitung der Wolle. Quiek konnte nicht stricken, kein bisschen, aber keiner konnte so gutes Strickgarn spinnen wie er.

Aus Wolle muss zunächst Garn gesponnen werden, erst dann kann man etwas daraus stricken. Beim Spinnen wird die Wolle zu einem gleichmäßigen Faden gezwirbelt. Das war Quieks Aufgabe. Er sammelte all die losen Wollbüschel, die an dornigen Sträuchern auf dem Hof hängen blieben, und spann aus ihnen wunderschöne lange Fäden.

Molly strickte aus Quieks Garn lauter hübsche Sachen. Sie strickte Wollsocken, Wollmützen und die besten Wollpullover der Welt!

Molly und Quiek saßen nah beieinander. Das Schwein lehnte mit dem Rücken an einer niedrigen Hecke, und das Schaf saß auf der anderen Seite. Quieck zupfte Büschel von einem Stapel Wolle unter der Hecke hervor. Auf seinem Spinnrad spann er die Wolle, bis er Garnfäden hatte, die lang genug zum Stricken waren. Dann reichte er Molly das Fadenende. Molly legte den Faden in Schlingen um zwei dicke Stricknadeln. Und dann fing sie an zu stricken …

„Eins rechts, eins links, zwei zusammen“, murmelte sie vor sich hin. Nur Strickerinnen wissen, was diese geheimnisvollen Worte zu bedeuten haben. Es müssen magische Worte sein, weil sie immer und immer wiederholt werden. „Eins rechts, eins links, zwei zusammen.“

Das Werk nahm schnell Formen an. Während es wuchs, erkannten die Tiere, die zusahen, dass da ein Wollpullover entstand mit kleinen dunkelroten Punkten wie die Beeren an der Hecke.

„Eins rechts, eins links, zwei zusammen."

Quiek hatte auf seiner Seite der Hecke alle Hände voll zu tun, um mit Mollys Tempo Schritt zu halten.

„Eins rechts, eins links, zwei zusammen ..."

Molly blickte auf. „Ist es schon so spät? Mir wird ein wenig kalt", sagte sie. Keinem der anderen war kalt.

„Du darfst dir meine Decke umlegen", bot Pepe, das Pferd, an. Es legte Molly seine Decke um die Schultern. Aber Molly wurde es immer kälter!

„Ich wärme mich immer im Stroh auf", rief Amalia, die Kuh. Sie kam mit einem dicken Bündel Stroh herbeigelaufen und deckte Molly damit zu. Doch je mehr Molly strickte, desto kälter wurde ihr!

Quiek wurde es dagegen immer wärmer. Molly beeilte sich, damit ihr Pullover fertig wurde, bevor sie erfror. Je schneller sie strickte, desto schneller musste Quiek das Spinnrad drehen, und schon bald war er in Schweiß gebadet! Dann, endlich, war der Pullover fertig, und Molly schlotterte vor Kälte. Ihre Zähne klapperten sogar. Quiek sackte über dem Spinnrad zusammen und versuchte, wieder zu Atem zu kommen. Ihm war heiß, und er war schrecklich müde. Pepe blickte Quiek streng an.

„Woher stammt bloß die Wolle, die du versponnen hast?", fragte er.

„Ich habe sie von diesem Bündel Wolle dort unter der Hecke genommen", antwortete Quiek ein wenig eingeschüchtert und zuckte mit den Achseln. „Es war schon da, als ich kam."

Pepe blickte vom Spinnrad zur anderen Seite der Hecke. Dort sah er nur Molly. „Molly", sagte Pepe, „ich fürchte, du hast deine eigene Wolle verstrickt!"

Überrascht sprang Molly auf. Die Decke und das Stroh fielen von ihr ab. Rings um ihre Körpermitte war sie völlig kahl. Kein Wunder, dass sie so fror. Ihre ganze Wolle war fort!

„Na ja", meinte Molly, während sie die Nadeln aus ihrem Strickzeug nahm. „Ist nicht so tragisch! Jetzt habe ich einen schönen dicken Pullover, der mich mollig warm hält!"

Paula Post pest durch die Stadt

Paula Post hatte viel zu tun – und sie war stets in Eile. Sie ließ die Leute, die heute auf Post hofften, ungern warten. Und Herr Preis, der Postamtsvorsteher, war die Pünktlichkeit in Person und erwartete sie immer genau um 12 Uhr zurück.

Eines Morgens hatte es Paula Post noch eiliger als sonst. Denn sie hatte verschlafen! „Eil dich, eil dich – los, beeil dich!“, feuerte sie sich selbst an, als sie aus dem Haus rannte.

„Die Leute warten auf ihre Briefe“, sagte Paula zu sich, als sie mit dem Fahrrad zum Postamt fuhr. „Und Herr Preis wird schon ungeduldig sein!“ Sie düste die Straße hinunter, so schnell das Fahrrad nur konnte.

„’tschuldigung, Herr Preis!“, japste Paula, als sie ins Postamt stürzte.

„Guten Morgen, Paula“, sagte Herr Preis. „Deine Posttasche steht schon bereit – und sie ist heute ziemlich voll!“

„Danke, Herr Preis“, antwortete Paula. „Heute muss ich mich wirklich beeilen, mit all den Briefen und Päckchen!“

Paula radelte die Hauptstraße hinunter und bog in den Meissnerweg.

Sie lief so schnell, dass sie den Möbelwagen vor ihr nicht sah – bis es zu spät war! „PASSEN SIE DOCH AUF!", schrie einer der Möbelpacker. – „Ooiiihh!", schrie Paula noch – doch da flog sie bereits in hohem Bogen vom Fahrrad. Und der Inhalt ihrer Posttasche flog ebenfalls!

„Oh neiiin! Das dauert ewig, bis ich die wieder eingesammelt habe!", weinte Paula, als sie sich wieder aufgerappelt und den Staub von den Knien geklopft hatte. „Dabei hab ich es heute sooo eilig!"

Doch Eile hin, Eile her – zunächst musste die Post wieder in die Posttasche. Der Möbelpacker half Paula beim Einsammeln der Briefe, Postkarten und Päckchen. Und so dauerte es nicht lange, bis sie weiterfahren konnte.

Als sie wieder aufs Fahrrad steigen wollte, sah sie, dass nicht nur der Lenker verbogen, sondern auch noch ein Reifen platt war.

„Auch das noch – ein Loch!", jammerte sie, während sie den Lenker zurückbog. „Damit kann ich nicht weiterfahren. Was mach ich jetzt nur?"

„Da werden Sie Ihre Runde heute wohl zu Fuß machen müssen", sagte der andere Möbelpacker.

„Oh, nein – das auch noch!", sagte Paula. „Dabei bin ich heute sowieso schon spät dran!" Paula rannte mitten in ihrem Satz los, um die Post so schnell wie möglich zu verteilen.

Jetzt aber war sie so sehr in Eile, dass sie sämtliche Adressen und Namen durcheinanderbrachte!

Herr Grün im Meissnerweg erwartete ein Buchpaket. Sie aber steckte ihm stattdessen zwei Briefe und eine Gasrechnung durch den Briefschlitz – und zwar die, die an eine Frau Grün adressiert waren.

Frau Grün wiederum, die in der Jakobsgasse wohnte, erhielt die Zeitschrift, die für Holger Jakob bestimmt war!

Und Holger Jakob in der Grünallee erhielt das Buchpaket, auf das Herr Grün schon seit Tagen wartete!

Alle waren aufgeregt und durcheinander – am meisten natürlich Paula Post!

„Ich werd noch plemplem!“, rief sie außer sich.

Nach einer Stunde hatten nicht nur Herr Grün, Frau Grün und Holger Jakob falsche Post erhalten. In der ganzen Nachbarschaft kamen Leute aus ihren Häusern und winkten mit Briefen und Postkarten, die sie in ihren Briefkästen gefunden hatten – die aber gar nicht für sie bestimmt waren! Nun sammelte Paula alles wieder ein. Anschließend rannte sie hin und her und versuchte, so gut es ging, die Lieferungen zu korrigieren. Doch um 11 Uhr war ihre Posttasche noch immer halb voll.

Langsam bezweifelte sie, dass sie das alles noch schaffen konnte – da kam ihr eine brilliante Idee.

„Lukas, sag, darf ich mir dein Skateboard ausborgen?“, fragte Paula eins der Kinder, die auf der Straße spielten. „Ich versprech dir: Ich bring's zurück, sobald die Post verteilt ist!“

„Kein Problem, Paula!“, sagte Lukas.

Nun hatte Paula nie zuvor auf einem Skateboard gestanden. Doch mutig stieg sie darauf – und zitterte und zappelte ...

und torkelte und taumelte ... und schlitterte und schlingerte ... und spurtete und SSSSSSSSAUSTE die Straße hinunter!

„Huuiiiiiiiiiiiiiih!", rief Paula begeistert. „Das bringt's!"

Paula zischte wie der Blitz durch die Straßen. Und es machte ihr solchen Spaß, dass der Rest ihrer Runde im Handumdrehen erledigt war.

„Das ist viel schneller als zu Fuß", sagte sie. „Und macht viel mehr Spaß als Fahrradfahren!"

Endlich waren alle Briefe ausgetragen. Paula gab Lukas das Skateboard zurück, und traf gerade noch rechtzeitig im Postamt ein.

„Erledigt, Herr Preis!", rief sie außer Atem, als sie durch die Tür stolperte. „Gerade noch rechtzeitig!"

„Da bin ich aber froh!", sagte Herr Preis. „Und auch darüber, dass dir nichts passiert ist. Die Möbelpacker brachten dein Fahrrad. Das Loch werden wir wohl gleich flicken müssen."

„Oh, das hat keine Eile", sagte Paula. „Ich hab etwas viel Besseres gefunden ... Damit pest Paula Post von nun an mit der Post durch die Stadt!"

Lola und das Monster

Lola war eine kesse Biene, ein fröhliches, freches Gör: „Nie verzieh ich auch nur eine Miene. Ich esse alles“, sprach sie und: „Ich schwör!“

Schleimige Eier und Spinnenbein – nichts schreckte sie auch nur eine Spur. Alles stopfte sie in sich hinein, sogar die Reste von Opas Rasur.

Einmal, als ihr langweilig war, sah sie hinter der Kellertür Licht. Sie dachte: „Das ist doch sonderbar ... Normal ist es jedenfalls nicht.“

Und plötzlich hatte es Lola eilig. „Geheimnisse machen müde Mädchen munter!“ Schnurstracks und aufs Geratewohl stürmte sie anschließend die Kellertreppe hinunter.

Als sie unten im Keller stand, schlug die Tür zu mit lautem „KLACK!“. Das Licht ging aus, und Lola bebte. Die Angst traf sie wie ein Schlag!

In einer hintersten Kellerecke stand ein strahlend weißes Monsterding. Das summte grausig vor sich hin, und Lola verlor fast den Verstand.

„Hilfe! Rettet mich!“, brüllte das Kind. „Schnell! Kommt zu Hilfe geschwind! Das Monster will mich fressen, echt! Vor Angst ist mir schon richtig schlecht!“

Da sprang die Tür auf, und es kam die Mama! „Was ist denn, mein Mädchen? Bist du etwa krank?“ Dann lachte die Mutter. „Also wirklich, dumme kleine Lola! Das Monster ist doch nur unser alter Gefrierschrank!“

Wenn Monster aufs Kostümfest gehen

Wenn du zu einem Kostümfest gehst, kannst du alles Mögliche sein: Pirat, Prinzessin, ja, selbst König ... aber auch ein Monster wäre fein!

Als Monster darfst du grausig, lärmend, fies und gemein sein. Du kannst immerzu Grimassen schneiden und lauthals nach Essen schreien.

Doch was wählt ein echtes Monster, wenn es um sein Kostüm geht? Kleidet es sich etwa in allerfeinste Stoffe, nur damit es als „Mensch“ durchgeht?

Oder erscheint es im Sonntagsstaat und plaudert höflich und nett? Kostet es vielleicht kleine Knabbereien? Oder tanzt akkurat und adrett?

Monster sind nicht gut im So-tun-als-ob. Sie können nur pfundweise mampfen, und auch beim Tango sind sie eher grob: ein einziges Poltern und Stampfen!

Stille Post aber hassen sie wie Pest, und sie bekleckern sich von unten bis oben. Sie rutschen bei der „Reise nach Jerusalem“ im Monsterschleim herum wie beim Toben.

Monster müssen einfach monsterhaft sein, das wirst du früher oder später entdecken. Ein Monster, und sei es verkleidet zum Schein, kann das Monster in sich nun mal nicht verstecken!

Der Sandmann

Kommt ein Wölkchen angeflogen,
Schwebt herbei ganz sacht,
und der Mond am Himmel droben
Hält derweil schon Wacht.
Abend will es wieder werden,
Alles geht zur Ruh.
Und die Kinder auf der Erde
Machen jetzt die Äuglein zu.
Sandmann, streu in jedes Äugelein
Ein Korn von deinem Traumsand ein!

Komm mit zum Fenster

Komm mit zum Fenster
Und schau hinaus.
Sieh all die vielen Lichter
Über unserem Haus!
Siehst dort du die zwei Sterne?
Sie blinken und spielen zugleich.
Die sähen, ach so gerne,
Auch die zwei Fische im Teich.
Und die zwei kleinen Frösche
Quaken leise durch die Nacht.
Doch ich seh nur mein Baby,
Das jetzt zwei Äuglein zumacht.

Ein Ball fürs Baby

Seht her auf Babys neuen Ball,
So groß und rund und dick.
Seht her auf Babys Hammer,
Der hämmert tock, tock, tick.
Hier seht ihr Babys Soldaten,
Wie sie stehen in Reih und
Glied.
Hört ihr Babys Musik erschallen?
Was für ein schönes Lied!
Und jetzt tönt Babys Trompete –
Träräă! Tröröö!
Trarass!
Da steht Babys großer Schirm,
Bei Regen wird er nass.

Jetzt zeigt Baby uns allen,
Wie es „Verstecken" spielt.
Und das ist Babys Wiege,
Die sanft in den Schlaf es wiegt.

Müde bin ich

Müde bin ich, geh zur Ruh',
Schließe beide Augen zu.
Vater, lass die Augen dein
Über meinem Bette sein!

Wiege, Kindlein, wiege

Wiege, wiege, Kindlein, hoch oben im Baum.
Wind spielt am Körbchen, zerrt am Traum.
Ast bricht, Kindlein fängt an zu schrein;
Körbchen fällt – und mit ihm das Kindelein.

Abends, wenn ich schlafen geh

Abends, wenn ich schlafen geh,
Vierzehn Englein um mich stehn –
Zwei zu meiner Rechten,
Zwei zu meiner Linken,
Zwei zu meinem Häupte,
Zwei zu meinen Füßen,
Zwei, die mich decken,
Zwei, die mich wecken,
Zwei, die mich weisen
In Himmels Paradeisen.

Ade, Papa, ade

Ade, Papa, ade –
Die Jagd ruft dich. Lauf schnell!
Ade, Papa, ade –
Bring fürs Baby ein weiches Hasenfell.

Das Baby in der Wiege

Das Baby in der Wiege
Schaukelt vor und zurück.

Die Uhr auf der Kommode
Macht tick-tick-tick.

Der Regen am Fenster
Macht platsch-platsch-platsch.

Bald scheint die Sonne wieder,
Wir machen klatsch-klatsch-klatsch!

Kleine Kätzchen

Kleines Kätzchen, kuschel dich
Ins warme Bett hinein.
Lass den Mond in dieser Nacht
Wächter deiner Träume sein.

Das kleine Häschen schlummert.
Das kleine Häschen träumt
Von frischen, saftigen Möhren
Und einem treuen Freund.

Es träumt das kleine Mäusekind
In seinem warmen Nest
Von leckeren Käsesorten – kurz:
Von einem Käsefest!

Du, kleines Kätzchen, träume
Von Milch und spielender Jagd
Nach deinem bunten Wollknäuel.
Träume, bis es tagt.

Und du, mein Kind, schlaf sorglos
Und träume süß heut Nacht.
Der Mann im Mond schaut auf dich herab,
Hält einsam seine Wacht.

REGISTER